威廉·A.埃德蒙森 著

侯学宾 译

权利理论译丛

权利导论（第二版）

An Introduction to Rights

Second Edition

商务印书馆
The Commercial Press
创于1897

William A. Edmundson

AN INTRODUCTION TO RIGHTS (SECOND EDITION)

Copyright © 2012 by Cambridge University Press

本书根据剑桥大学出版社 2012 年版译出

This is a simplified Chinese translation of the following title(s) published by Cambridge University Press:

An Introduction to Rights (Second Edition)
ISBN 978-1-107-64819-7

This simplified Chinese translation for the People's Republic of China (excluding Hong Kong, Macau and Taiwan) is published by arrangement with the press Syndicate of the University of Cambridge, Cambridge, United Kingdom.

© The Commercial Press, Ltd. 2023

This simplified Chinese translation is authorized for sale in the People's Republic of China (excluding Hong Kong, Macau and Taiwan) only. Unauthorised export of this simplified Chinese translation is a violation of the Copyright Act. No part of this publication may be reproduced or distributed by any means, or stored in a database or retrieval system, without the prior written permission of Cambridge University Press and The Commercial Press, Ltd.

献给我的良师益友格洛丽亚·凯莉

目 录

第一版序言 ··· 1
第二版说明 ··· 3
引用格式说明 ·· 4
表格目录 ··· 5

第一部分　第一个扩张时期

第一章　权利的史前时代 ··· 9
第二章　人的权利:启蒙运动 ·· 23
第三章　"有害的胡言乱语"? ·· 57
第四章　迈入 19 世纪:巩固与紧缩 ································ 79
第五章　权利的概念衔接 ··· 108

第二部分　第二个扩张时期

第六章　《世界人权宣言》和对功利主义的反抗 ················ 127
第七章　权利的性质:"选择"理论和"利益"理论 ·············· 141
第八章　一种做错事的权利?——论道德权利的两种观念 ······ 157
第九章　结果主义的压力 ··· 167

第十章　什么是干涉？ ……………………………… 187
第十一章　权利的未来 ………………………………… 199
第十二章　结语 ………………………………………… 226

书目注释 ………………………………………………… 229
参考文献 ………………………………………………… 236
索引 ……………………………………………………… 245
译后记 …………………………………………………… 282

第一版序言

本书是对于权利话题的导读。我希望它能引起一般读者的兴趣，但它的目标读者是攻读伦理学、道德哲学、政治哲学、法学、法律哲学、法理学、政治学、政治理论或政府管理学的高年级本科生和研究生。在一本导论性质书籍合适的详细程度上，本书涵盖了权利观念的历史、形式结构、哲学意涵和政治可能性与倾向。

如果不了解权利的历史发展，就不可能理解权利是什么，但此处的目标是聚焦当前的争议，并指明进一步讨论权利在道德和政治思想中适当角色的可能方向。这些争论中最重要的内容在两个层面上展开：一个层面是最广泛意义上的全球政治和政治哲学，另一个层面是较为狭窄意义上的法律哲学家研究权利概念的逻辑。我的目的是通过一种能同时阐明两者的方式讨论政治哲学的实质性问题和法律哲学的概念性问题。

我希望这种方法能阐明一个特别的问题，这个问题与理解权利的两种不同但相关的功能有密切关系，也就是作为禁令（prohibitions）的权利和作为许可（permissions）的权利。前一种权利的作用在传统的讨论中占据主导地位：权利赋予个人一副保护自身免受政治权威侵犯的"道德铠甲"。作为许可的权利的角色强调了道德性"呼吸空间"的重要性，在这一空间中，权利允许个人追求自己选择的事业，无论这些事业是否回应了道德对他的要求。在这里，个人的对手与其说是政治权威，不如说是道德本身。在前一种角色中，权利禁止他人以任何理由对个人做任何事情。在后一种角色中，权利允许个人无视公共道德对他提出的要求。

在这里，我讨论的权利主题还有其他维度。其中一个维度与所谓的权利元伦理学有关，亦即作为权利存在理念基础的哲学预设。正如本书所指出的，这个维度在某种程度上至少能够说明其他维度。但是，对这些不同维度的综合理解——更不用说对其中任何一个维度的完整理解——都超出了《权利导论》这本书力所能及的范围。书目注释详述了我的参考资料，建议读者进一步阅读。

我要感谢下列人士：感谢安迪·奥特曼、布莱恩·比克斯、克拉克·爱默生、马丁·戈尔丁、尼尔·金科普夫、马特·克莱默、彼得·林德赛、查克·马文、基斯·普尔以及剑桥大学出版社的两位匿名书评人对手稿进行的评论；感谢在1999年和2000年参加我的权利研讨会的同仁们的洞察力和耐心；感谢杰里米·沃尔德伦在早期阶段对我的战略性指引；感谢剑桥大学出版社的特里·摩尔，没有他的鼓励，这本书是不可能完成的。我也要感谢我的研究助理基斯·蒂娜、温蒂·阿姆斯特朗、维多利亚·沃特金以及克里斯丁·纳瓦卡玛，感谢他们帮助我准备最终的手稿。这本书中的错误和遗漏都是我的过错，但如果没有别人的慷慨帮助，错误和遗漏会更多。

第二版说明

这个版本扩展了对几个主题的讨论。关于权利的故事绕不开奴隶制,但这个故事比我之前所讲的要复杂得多。这种情况已经得到纠正,特别是关于美国废除奴隶制的历程。本书更需要谈论分配正义和地球上美好事物的权利,也更需要谈论权利和责任如何相关联。进一步阅读的建议书目已经更新。最后,大量的细节和表达错误已经被修改,尽管其他错误肯定仍然存在。

这是一本篇幅很短的书,但人生也很短暂。尽管本书按照时间顺序安排章节,但每一章都是独立的。本书的索引足够详尽,可以让有选择的读者轻松浏览。在我的研究助理詹姆斯·迪乔瓦尼的帮助下,这个版本的索引已经更新。

我想要感谢约翰·博格提议出版第二版,以及感谢布莱恩·比克斯不辞辛劳地研读了手稿的另一个版本。

引用格式说明

为了使阅读更流畅,我没有使用脚注或尾注,而且对作者-日期体系进行了轻微的修改,从而记载我的文献来源。凡是在文章中明显引用的著作及其作者,我都只在括号里加上了页码。如果根据上下文不清楚我援引的是哪部作品或哪个作者,我将根据《芝加哥手册》(第十五版)给出完整的作者-日期引用。在参考文献前面,我还提供了一部分参考书目。

表格目录

表 5.1　霍菲尔德的法律相关关系　　第 110 页

表 5.2　霍菲尔德的法律相对关系　　第 113 页

第一部分

第一个扩张时期

第一章 权利的史前时代

很多人声称权利具有普遍性。每个人只因生而为人就拥有特定的基本权利。但是也有很多人声称权利是一种现代的西方创造物。权利是由一种特定历史文化构成和"建构"出来的事物。这种可以被称为现代的和资产阶级的西方文化,为了自身的目的试图输出这些观念,甚至将其强加给其他文化,无视其他文化的传统路径。而有些人却忽视了这些明显的差异,既主张权利是由西方文化创造的事物,也主张权利属于每个人,仅因其生而为人。

对于这些关于权利性质的相互矛盾的主张,一种调和的尝试是追溯权利话语的历史,并且去考察是否在所有时期的所有人类文化中都承认权利或等同于权利的事物。如果是的话,那么这将会解决如下问题:不管它们是什么,权利都不只是一种现代西方的创造物。另一方面,如果权利并没有获得跨文化的承认,那么这个发现可能让我们不安,因为我们将不得不面对下列困境:我们应当主张现在或过去不承认权利的特定道德文化在某种程度上是存在道德缺陷的文化吗?或者与之相反,我们应当主张一个特定文化拒绝或忽视权利观念这个事实并不能让我们对其道德价值得出任何结论吗?[现在我忽略了第三种可能性,即权利话语被认为是道德话语中一种堕落的和有缺陷的模式,可以将其称为自恋性忧虑(the narcissism worry)。]

这种困境具有实践上的意义。如果我们被"权利并不被所有的文化承认"这一观念说服,那么下列问题将会出现:我们应当采取什么态度对待那些不承认权利的文化?如果这种文化存在于历史中,比如古希腊,那么争论的问题就变成我们是否要称赞古希腊人甚至效仿他们的文化,或者是否要将他们视为在道德上是粗陋的甚至是应受谴责的。另一方面,如果这种文化存在于当代,比如说伊朗,那么争议的问题就是,我们是否要将这种文化视为可以通过外交、经济或者甚至军事手段进行改造、谴责和制裁的备选项。因为如果一种文化不承认权利的存在,但却能够适当地(decently)对待它的成员,这将是令人惊讶的。或者说一种文化未能表现出一种对其成员所拥有权利的承认,那么恰恰基于这个事实,该文化有可能适当地对待它的成员吗?

一种文化承认权利的存在这个发现本身并不能满足我们对于该文化对待其成员的所有可能的关心,因为这个文化承认的权利种类以及权利的分配也有可能存在缺陷。比如说,一种文化可能会宽容不信奉宗教的行为,但不允许公开发表异议,或者另一种文化可能允许所有人享有某些权利,但排除了少数受到歧视的贱民。但是,我们能够意识到,相较于那种与权利观念不相容的文化,承认其成员至少享有某些权利的文化更有机会进行道德改革。

权利是一种现代发明吗?阿拉斯戴尔·麦金泰尔(Alasdair MacIntyre)对于"自然"权利或人的权利做出如下考察:

在中世纪末期之前,在古代的或中世纪的语言中,没有任何一种表述能够恰当地翻译成我们现在所说的"权利":在大约1400年之前,无论是古典时期还是中世纪,在希伯来语、希腊语、拉丁语或阿拉伯语中都没有任何表达权利概念的方式,更不用说在古英语或者甚至在晚近19世纪中叶的日语中。鉴于上述事实,认为人类

仅仅因其为人就应该享有这些权利确实会有些奇怪。(第67页)

在是哪一位用拉丁语写作的中世纪思想家引入我们现代的权利概念这个问题上，麦金泰尔的观点能够解释为什么思想史学家产生了分歧：有人说是奥卡姆的威廉(William of Ockham)，有人说是邓斯·司各脱(Duns Scotus)，还有人说是让·格森(Jean Gerson)。中世纪的思想家为了传达一种语言无法表达的观念，不得不借助于拉丁文这一古典语言进行表述。所以，我们可以预料到会出现上述分歧，因为上述思想史学家中没有一位明确宣称："我正在引介一个在语言中没有先例的概念。"

其他学者对于权利概念进行了类似的考察。在法国大革命后所著作品中，本杰明·贡斯当(Benjamin Constant)认为，我们当代人所理解的"权利"在古典时期并不被人所知。维多利亚时代杰出的法律史学家亨利·萨姆纳·梅因(Henry Sumner Maine)也写道，罗马法的根基并非个人权利，而是由社会地位确定的关系。20世纪的古典学者肯尼斯·多佛(Kenneth Dover)这样写道：

（古典时代的）希腊人在任何时候都不认为自己享有比自己所在城邦当时法律所规定的更多权利；这些权利能够被削减，因为社会就是主权者，而且权利并非不可剥夺。父母有权利去教育他们的孩子，或者个人有权利服用药物或有权利因不系安全带而占用医生和护士的时间，这种观念在希腊人看来似乎太可笑了，以至于不值得被讨论。（第157—158页）

但在这里，我们应当暂停并仔细地思考如何理解这些主张。假定目前我们已经对古希腊的语言资源和常识信念有准确的描述,那么对于权利的存在和性质而言,这又能证明什么结论呢?

在另一种语言中,是否存在一个单词或简洁短语或惯用语来翻译我们使用的一个单词,这一点对运用另一种语言的人获得某种观念的可能性而言几乎不具有决定性。古希腊人没有夸克(quarks)这个词,但是夸克作为特定亚原子粒子的一种组成部分的观念已经确定地转达给他们了。毕竟,我们借用希腊语中的原子(atomos)、电子(electron)、质子(proton)等术语来描述的正是这些东西。因此,如果一种论证认为,一种语言文化因缺乏与权利完全等价的术语就不存在权利概念,那么这并不是一个好的论证。

但这个论证可能更为微妙。麦金泰尔承认,他在语言学上的观察并没有展现出人权不存在:"这只是表明没有人知道人权的存在。"(第67页)这可能会告诉我们什么呢?如果在某种程度上权利的存在依赖于被人所认知,那么它可能告诉了我们一些重要的东西。一些实体的存在确实依赖于被人所认知。比如说头痛(headaches),除了被人感知和认知之外根本就不存在。我们可以设想一个与世隔绝的部落,其中的人们有幸从未头痛过。很自然,他们的语言中将缺乏关于头痛的表述。那么我们是否可以认为头痛这个概念就和这个文化不相干呢?在得出这个结论前,我们可能犹豫不决,因为存在两种可能方式将这个概念引介到这个部落。

一种方式就是类比。如果这个部落知道什么是痛(aches)——可能来自他们之间出现的胃痛,而且他们知道什么是头,那么我们可以将头痛解释为头部像胃一样痛。另外一种简单引介头痛的方式就是猛烈敲击该部落人的头部,这样他们就熟悉这个事物本身了。与之相似,权利概念也可以通过这两种方式被引介进来,一种是类比,另外一种是在不熟悉权利的文化中创立权利。但是这两种方式都需要进一步的检视。

通过类比的方式介绍权利概念，首先会要求我们清晰地了解权利是什么以及与之类似的事物是什么。此时会出现一种忧虑：如果权利并不特别类似于其他任何事物，那么任何类比都会失败；但如果权利太类似于其他任何事物，那么权利将被还原成其他任何事物。举个例子，如果权利类似私人可强制实施的不伤害他人的法律义务（privately enforceable legal duties not to harm），而且另外一种文化熟悉这种私人可强制实施的不伤害他人的法律义务，但不熟悉权利，那么忧虑可能就产生了：我们是否最好放弃有关权利的讨论，除非在这个范围内，权利可以作为私人可强制实施的不伤害他人的法律义务的简称。比起将权利概念引介给其他文化，我们可能更应当将其从我们自己的文化中抹除。我们可以称之为还原性忧虑（the reductive worry）。

另外一种介绍权利概念的方式是在其他文化中创设权利，然而这会产生一种不同于还原性忧虑但与之同等严重的忧虑。就像通过敲打他人的头部教给别人何为头痛是令人讨厌的一样，通过强迫其他文化尊重权利来告诉它何为权利也令人反感。就权利代表的一种道德概念而言，这种强迫似乎特别地令人反感。试图将一种道德概念强加给另一个文化的做法似乎是虚伪的。我们可以称之为帝国主义忧虑（the imperialism worry）。

在展望了我们将会面临的困境之后，结果是权利并不存在于所有时期所有民族的概念性资源中，那么我们应当进一步追问的问题是权利是否具有普遍性。也就是说，我们能将每一种文化解释为至少拥有权利观念的基本雏形吗？还是说我们要被迫信奉某种关于权利的相对主义，这种相对主义要比一个人拥有什么权利在某种程度上取决于他①所处环境的这种单调的老生常谈更加深刻吗？思考下面两个特别的争议点，将会有助于我们集中关注这个问题：第一个争议点与欧洲相关，第二个争议点则与印度有关。

一、中世纪欧洲和贫穷的可能性

第一个争议涉及方济各修道会。圣方济各（St. Francis）过着贫穷的生活，而且他的榜样行为激发了以他名字命名的修道会的成立。世俗（是指对这个世界的依附和对死后世界的忽视）对方济各修道会来说是一种恶，而贫穷是一个人摆脱世俗的标志。但完全的贫穷如何可能呢？当然，即使是圣方济各，也必须吃东西。那么在吃东西时，他不是在支配所食之物吗？这个事实给方济各修道会提出了一个令人烦恼的问题，因为这似乎表明，即使是圣方济各，也不得不成为一个所有者，即使只是拥有一丁点东西，而且"使徒式"贫穷（方济各修道会认为使徒应当遵行的苦行做法）不再是一个根本上隔离于世俗关怀的纯粹状态。方济各修道会的成员邓斯·司各脱提出了解决方案。司各脱强调所有（dominium）或支配（我们将其简称为财产权）与使用或仅仅拥有某个东西（"统治权"）之间的区别。尽管为了生存，一个人必须使用某些东西，但没有必要拥有它们或者将其他人排除在使用范围之外。财产不是自然的，而且这个世界属于人类共有，至少在公民社会出现并吸引我们大多数人进入构建出私有财产的人造关系网络之前是如此。毕竟，使徒式贫穷是可能的，而且方济各修道会的观点一度是罗马天主教会

---

① 原文中在表示泛指某人，不分男女性别时，全书用的都是 she。而在中文里，表示泛指则一般用"他"。为贴近中文阅读习惯，译者在翻译时将 she 译作"他"。——译者注

的官方立场。

在某种重要意义上,方济各修道会的观点与古罗马法学家的理论相一致,后者认为财产并不是在自然中产生的东西,而只有在定义和实施它的人类制度中才会出现。罗马人[除了西塞罗(Cicero)]通常不认为权利具有先验性,或者说权利可能反对和限制已经颁布的或"实在的"法律(众所周知,他们并不怀有我们的那些帝国主义忧虑)。另一方面,基督徒持有一种非常严肃的观念:上帝管理着一个远离和超越任何只具现世性制度或习俗的道德世界,而且上帝给世界确立的"自然性"设计是我们生活应当参考的指南。

但是,使徒式贫穷并不是一个吸引所有教会成员的教义。它具有一种容易引起麻烦的隐喻:我们所有人应当以圣方济各为榜样,生活在一种谦卑的共产主义环境中。作为与之对立的多明我修道会的成员,托马斯·阿奎那(Thomas Aquinas)已经意识到这个问题至少是含混不清的。虽然物质事物在某种意义上只受制于上帝的道德力量,但在另一种意义上,每当物质事物被使用或消费时,它们至少受制于实际上的人类力量。这场争论最终在 1329 年得到解决,教皇约翰二十二世(Pope John XXII)颁布的教皇诏书断然宣称,尽管人类对物质事物的统治是小规模的,但与上帝对宇宙的统治完全相同。教会的官方立场推翻了半个世纪以来受方济各修道会影响而形成的先例,变成了下列主张:财产是自然的和不可避免的,使徒式贫穷是不可能的,此外,原始共产主义也是不可能的。上帝从一开始就让我们成为个人的股份持有者,不管份额多么小。即使在伊甸园里,亚当也对他采集的果实行使了道德性力量和物理性力量,至少对那些没有被禁止触碰的果实来说是这样的。

尽管这个争论现在已经结束了,但在方济各会成员奥卡姆的威廉对约翰二十二世的反驳中,一系列概念性问题得到澄清和明确(如果不是更早的话,谁应该被认为做出了这些改进以及在什么时候,是一个不需要我们进行深入讨论的问题)。直到现在,人们普遍意识到一个至关重要的区别,也就是主观权利(subjective right)与客观权利(objective right)之间的区别。客观意义上的权利可以用如下公式表达:"p 是正当的。"在这个公式中,p 代表一种描述某种实际或可能的事实的命题,就像"信守承诺是正当的",或者"存在一个巴勒斯坦国是正当的",或者"帕尔默继承财产是正当的"。"p 是正当的"这种形式的任何表达都可以同样地由"p 应该是这样的"或"p 是正义的"或"p 是适当的"这样的表达来完成。公式"p 是正当的"表达了被逻辑学家称为一种运算符号的东西:它作用于一个表达 p 命题的句子产生另外一个句子,并且在这种情况下产生的句子是真的,"p 是正当的"碰巧不是 p 为真的一个根据。换句话说,根据我们选择的命题 p,p 命题可能是假的,而"p 是正当的"却可能是真的,反之亦然。比如说,儿童从来不会被虐待是假的,但主张儿童从不被虐待是正当的却是真的(虽然这可能令人尴尬)。

　　主观权利是截然不同的,因为它表达了一个人和其他事物之间的某种关系。规范表达形式是"X 对一个事物拥有某种权利或有权利去做某事",其中 X 代表了一个人或者可能代表了一个由个人组成的群体。两者的根本区别在于,客观权利概念是对某种事务状态的一种整体性道德评价,而主观权利概念是一个人(典型情况)与一个事物或行为或事务状态之间的一种道德性关系。权利理论必须回答的一个问题在于,道德实在是否能完全借由客观权利得到描述。也就是说,通过填充这个公式"……样的世界是正当的",省略号就是一种描述语。摩西十诫可以被理解为是一个只用客观权利表述道德准则的例子,如同十诫中的"你不应该做这个,你应该做那个,诸如此类"或者(翻译过来就是)"做这个是正当的,不做那个是正当的,诸如此类"。

　　主观权利中被加入了某些客观权利可能恰恰没有的东西:主观权利指向个人,而且定义了本质上涉及个人的道德事实。假设我未经圣方济各的许可,就拿走了他的凉鞋。"你不该偷盗",我已经侵犯了客观权利,已经违背了上帝的命令。但是圣方济各身处这一情境的何处呢?我们想加上,"圣方济各对他的凉鞋拥有一种权利"。主张"圣方济各要回他的凉鞋是正当的"是不够的,因为这么做会把圣方济各撇在一边。从某种意义上说,情况远不止圣方济各需要一双凉鞋以及我不当地从他那里多拿了一双凉鞋这个事实这么简单。我们想去主张,圣方济各对那双鞋子拥有一种权利,这样会让人们把注意力集中在他身上。仅仅主张我的不当行为致使他陷入困境无法做到这一点。如果努努力的话,我们也许能够避免使用主观权利概念,但这样做会很麻烦,而且可能也没有意义。我们不需要对主观权利与客观权利之间的精准逻辑关系做出判断,就能意识到主观权利通过客观权利不具备的方式将权利持有者(right-holder)①置于显著位置。

　　在某种程度上,主观权利和客观权利这些术语是不恰当的,因为它们颇具误导性地暗示着,客观权利有一些更为真实的东西,而主观权利在某种程度上是旁观者的主观感受。其实根本不是这回事。主观权利的"主体"是权利持有者,而不是权利旁观者(right-*beholder*)。而客观权利中的"客体"并不是任何特定的客体,比如自然的、物质的或其他的,而是指道德评价或规定的整个对象。

　　让我们假定,一直到主客观权利的区分开始发挥作用时,我们知晓

---

　　① "right-holder"通常被翻译为"权利人",但是本书后续部分会讨论权利的持有者可能包括人之外的事物,例如动物、人工智能等。因此,为了保持统一,全书均使用较为中立的"权利持有者"这一译法。——译者注

和理解的权利概念才站稳脚跟。接下来会产生什么样的影响呢?如果说在一种权利概念出现之前,主观权利概念已经在一种文化中出现,那么,这对我们理解亚洲的当代文化和传统文化有什么启示呢?

二、公元前3世纪的印度和宽容

新加坡前总理李光耀(Lee Kuan Yew)认为,将人权概念强加给亚洲国家是对东方文化价值的漠视,代表了一种文化帝国主义。在西方,新加坡通常被认为是一个繁荣但却具有威权主义甚至专制传统的政权,在那里,嚼口香糖是一种犯罪行为,轻微破坏公共财物就会被处以鞭刑。新加坡应该向西方的人权思想看齐吗?还是西方应当学会尊重东方更具威权主义的传统呢?诺贝尔奖获得者、经济学家阿玛蒂亚·森(Amartya Sen)对李光耀的前提预设——李光耀认为东方的传统在整体上漠视或敌视人权——提出异议。换句话说,如果权利在东方传统中已有落脚之处,那么帝国主义忧虑就是不合时宜的。

但是,权利在东方传统中有落脚之处吗?森举证说明,即便不是所有,至少有一些自由和宽容在印度历史上被强有力的帝王视为有价值的。比如在公元前3世纪,阿育王(Ashoka)颁布法令:"一个人不得毫无理由地尊崇自己的宗教或者贬低其他人的宗教。轻视应该只是基于特定的理由,因为其他人的教派都值得尊重……"(森,1999年)阿育王意图颁布诸如此类的法令去指引民众的日常生活,就像指引公共官僚的公务行为一样。作为一个佛教的皈依者,阿育王派遣僧侣走出印度,从而对整个亚洲产生了影响。

尽管我们可能赞同阿育王提倡的宽容和多样性,但是这足以构成将其归于权利的基础吗？更尖锐的问题是:阿育王的态度必然反映了一种对主观权利的重视吗？也就是说,反映了一种对人们依照合适的方式信仰教派的权利的重视吗？或者说,阿育王可以同样被理解为在宣扬一种客观权利的事物吗？该客观权利是指宽容可以经由每个人扩展到所有人,就像他宣扬的那样,似乎可以被称为另一种"你应该……"吗？

如果让我们感兴趣的权利概念是一个主观性概念,这对解决相对主义忧虑(the relativism worry)有什么帮助呢？有人将会说,一个独特的现代权利概念所包含的内容远比主观权利包含的内容更丰富。其他人会主张,权利是超越政治多数或整体社会福利考量的"王牌"。一些人和麦金泰尔同样主张,在主观性概念中没有任何事物能单独保证权利得到足够的重视,从而匹配我们关于权利的现代观念。其他人已经指出,罗马的《查士丁尼法典》与亚里士多德(Aristotle)的《政治学》已经具有超越主观权利的最低限度的表述,而且在此基础上,他们继续论证古希腊和古罗马运用了一种富有活力的权利观念,后者在本质上与我们今天使用的权利观念一脉相承。

解决这些争议已经超越了本书的范围。我们将理所当然地认为权利概念是一种主观权利,但是我们现在也必须仔细思考这个概念的其他特点。要做到这一点,就有必要进一步追溯更为久远的思想史。权利话语之所以具有如此重要的意义,原因在于它在某种程度上满足了人们觉得应该用某种方式而不是其他方式表达自己的需求。如果我们至少对最早而且(经常)最雄辩地使用权利语言的那些人所面对的历史环境和实践问题有一个大致了解,那么我们就能更好地理解这些感觉上的需要。权利概念是一个实践性(practical)概念,而且我们一定不要忽视关于权利的一个核心事实:正是权利的性质在影响着我们如何为人处世和安排自身的事务。

三、权利修辞的两个扩张时期

如果我们要画一条从左到右的时间线代表历史上权利修辞的流行,那么我们应该展示两个时期,在其中"权利话语"(rights talk)如此盛行,以至于它的流行成了评论和批判的对象。为了方便起见,我将这两个时期称为"扩张时期"。这并不意味着我在暗示任何紧缩反应在过去或现在都可被证明是合理的。我只是想提醒大家注意如下的特性:作为一个历史事实的权利话语经历过盛衰起伏,就像一只双峰骆驼,有两个高峰。

第一个高峰期出现在 18 世纪后期,大约在 1776 年美国《独立宣言》发布到 1794 年法国大革命的恐怖统治结束之间。18 世纪 90 年代产生了对权利概念的几次重要的怀疑主义检讨,在简要考察那些领先于或增进了第一个"驼峰"(也就是第一个扩张时期)的哲学著作之后,我们将更为细致地考察这些怀疑主义检讨。当我们说扩张时期结束时,并不是说时光倒流或者权利变得不再重要。这只是表明,在怀疑论式质疑和实践担忧的积累下,权利修辞不再具有探索性和煽动性,而是变得更为谨慎和仪式化。

今天,我们生活在权利话语的第二个高峰或第二个扩张时期之中。第二个时期开始于"二战"后 1948 年发布的《世界人权宣言》。我们不知道第二个扩张时期是否将会结束,或者是否已经结束,或者何时会结束。在 20 世纪最后 10 年里,人们日益担心"权利话语"已经失控,或者正在被贬低或贬值,或者变得混乱不堪、具有误导性或可有可无。正如我们将要看到的,第二个扩张时期的一些紧缩反应是第一个扩张时期紧缩反应的重现。

这两个扩张时期之间存在两种重要的区别。第一个不同之处是,迄今为止第二个扩张时期并没有呈现出一种会导致伴随法国大革命而产生的混乱与流血的趋势。自1948年以来,权利修辞的扩张主要产生良善的结果,而且扩张过度(如果有的话)只是一种夸张之词。但是,每一个要求现实与话语相匹配的主张(而且有很多)都是对现状的一种挑战,而且权利正被剥夺的感知会引发深深的怨恨和暴力倾向。之所以如此,原因在于关于分配正义和经济平等问题的立场,现在通常从权利而不是(仅仅)从愿望的角度进行争论。人们通常更乐意为了保卫属于自己的东西而斗争,而不会为了获得那些还不属于他们的东西而斗争,社会心理学家称之为"禀赋效应"(endowment effect)。当愿望被表达为权利时,要求交付实现的可能性更大。

两个扩张时期之间的第二个不同之处是隐藏在权利背后的智识和文化背景差异。今天,对于任何道德理论而言,道德怀疑主义和虚无主义显然都是值得考虑的替代品。而在18世纪末,情况并非如此,尽管它恰当地被称为一个理性的时代,但并不是一个祛魅的时代。在第一个扩张时期,人们几乎普遍地认为天地宇宙存在着某种道德秩序,而对于权利是否以及如何融入这种秩序持有争议。然而,在第二个扩展时期,人们日益怀疑是否存在任何宇宙道德秩序,而且对是否存在权利、权利是什么以及权利如何分配问题难以达成一致的困难往往会加剧这种怀疑。没有理由认为在缺乏一种客观的道德秩序的情况下,人们就不能和平与和谐地生活在一起。即使不存在对这种秩序的共享信念,人们也有可能和谐地生活在一起。但更加难以想象的是,如果没有这样的秩序或者对这个秩序的共享信念,我们如何才能过一种正义的生活。如果权利话语是任何对正义适当解释的必要组成部分,那么这种话语(就像正义观念本身一样)必须通过某种方法把自身置于人们如何融进自然秩序的更大范围的解释中。什么让我们拥有了对抗他人的权利,即使这些权利与所有既定的惯例相悖？什么让我们拥有了对抗他人的权利,即使他人侵犯我们的权利会让他们高兴？现在,这些问题以及类似的关于权利的问题变得如此尖锐,以至于权利再次将自身推到了道德话语的前沿阵地。

尽管我们不能在本书中完全回答这些问题,但我们可以更为清楚地了解权利是什么以及权利话语的最低限度的前提是什么。我们还可以探讨,如果权利话语事实上是一种历史产物的话,那么它是否代表了一种道德进步,并且如果这样的话,权利的实现对我们又意味着什么更多的进步(如果有的话)。

第二章　人的权利：启蒙运动

在被称为启蒙运动的现代思想史时期，权利概念首次变得毫无疑问地重要。启蒙运动开始于17世纪早期并一直延续到18世纪结束。在这个时期，教会和古希腊的权威（在文艺复兴时期已经被重新发现）都开始遭到质疑，自然世界的秩序开始被认为能够通过不同的方式获得理解，这些方式与文艺复兴时期的学者和神学学者至今习惯使用的方式有所不同。弗朗西斯·培根（Francis Bacon）从经院派方式转向研究世界的经验方式，这种转向标志着这个时期的开端。而且我们可以将两场政治革命看作该时期的结束（如果不是高潮的话）：美国和法国的两场革命界定了第一个扩张时期。一开始，一种新的、反教条的和充满好奇的研究自然的方法被应用到人类事务中，其结果至今仍在不断显现。

至少早在中世纪晚期，一种主观权利概念就出现在天主教神职人员之间的争论中。所谓的主观性，就是以一种重要但却尚未具体言明的方式聚焦于权利持有者。然而，如果将这种概念的出现视为道德进步的显著标志，那就大错特错了。权利历史上更为奇特且声誉最差的一个时期与权利概念在为人类奴隶制辩护中发挥的作用有关。在我们所言的主观性意义上，权利在多明我修道会回答方济各修道会的共产主义问题上发挥了一种关键性作用。对于我们所使用的东西，我们有权排除其他人使用，而且如果我们愿意，还可以通过赠予或交换将排他性使用的权利转让给其他人。但是多明我修道会的回答隐藏着更深层次的问题：如果使用某物会自然地赋予使用者对它们的财产权，那么一个人不能获得对自己身体的财产权吗？如果一个人对自己享有财产权，为什么他不可以赠予或交换，或者将其置于危险中呢？换句话说，如果人们能够符合自然地获得他们所使用事物的财产权——然后他们也可以以此进行交易或冒险——那么为什么他们不能通过交易或者用他们的身体和自由作为赌注，从而符合自然地奴役自己呢？

14   正如理查德·塔克（Richard Tuck）指出的那样，对于西班牙和葡萄牙的神职人员而言，新大陆的发现使得上述问题不再只是学术问题。多明我修道会对方济各修道会的回答似乎能够为殖民非洲人和美洲印第安人提供一种直接的辩护。奴隶可以被认为将对自身的统治置于危险境地或者将其用于交易，就像任何人可以将他们通过使用而获得的动产用来交易或者用来冒险一样。一些西班牙的多明我修道士不愿接受这种隐喻，而是论证上帝的律法禁止人们用自由换取任何生命本身之外的东西。但是其他人，比如西班牙人西尔弗斯特罗·马佐里尼（Silvestro Mazzolini）和葡萄牙人路易斯·德莫林纳（Luis de Molina），他们完全同意人成为自己自由的天然主人，以至于在某种程度上他可以放弃自由或用自由来交易。

主观权利概念的出现本身并不必然是一种道德进步的工具。正是在这种具有暗示性但却模糊的背景下，我们转向启蒙运动中政治、法律和道德理论上第一位也可能是最重要的一位人物——许霍·德赫罗特（Huig de Groot），现在通常用他的拉丁语名字称呼他，即胡果·格老秀斯（Hugo Grotius）。

一、胡果·格老秀斯

格老秀斯因其著作《战争与和平法》而声名远播,该书出版于三十年战争中期的1625年。这场战争牵扯到了所有的欧洲力量,而且在很大程度上也是一场天主教、路德教派和加尔文教派之间互相斗争的宗教战争。和现在一样,当时荷兰的经济福利严重依赖于海上贸易。格老秀斯是荷兰的一名律师,对于将国际法和战争法确立为严肃的学科,他不仅有专业上的兴趣,也有哲学上的兴趣。荷兰作为一个贸易国家,不得不与具有更强大海上力量的西班牙和葡萄牙相抗衡。毫不奇怪,一个弱国的代表希望诉诸正义来解决其与强国之间的争端。虽然已经有一个值得尊敬的致力于研究"地方性"(municipal)法律的传统,也就是特定国家的法律(尤其是罗马共和国的法律),但格老秀斯不得不攻克另外一个更为古老的传统,该传统对国与国之间的正义而不是国内正义抱有怀疑态度。根据怀疑论者的观点,在国家之间,除了必要的自我保存之外,不存在任何自然"法则"。但是格老秀斯论证说,这种怀疑主义忽视了人类"对社会的强烈渴望"(1646年,第11页)以及对有序与和平社会的强烈渴望。

格老秀斯认为人类具有一种社会性。在某种程度上,即使是动物和儿童,都能克制自身以使他人受益,更何况成熟的人类拥有独一无二的语言能力和理解能力。相较于单纯的同情,人类的社会性和理解力结合在一起,使得正义成为可能。因此,正义是人类本性的一种表达,而且格老秀斯确信,这种表达具有充分的确定性,可以允许他表达支配这种人性的法则(laws)。此外,这种自然法的观念将具有"某种程度的正确性,即使我们应该承认,只有带着最大程度的罪恶,才能承认上帝是不存在的……"(第13页)。通过这种看似温和的语词,格老秀斯提出了将道德研究从神学中分离出来的可能性,这种分离背离了数个世纪以来坚持神学必然包含道德研究的基督教传统。格老秀斯显然认为,如果要和平解决不同宗教信仰的国家之间的争端,这种分离是必不可少的。(格老秀斯本人不是一个神学的怀疑论者:他那本广泛传播的书的标题被翻译为《基督教的真理》。)

格老秀斯在另外一个方面也颇具创新性。他决心将整个正义问题作为一个权利问题进行分析,在他之前还没有任何人这么做过。在此意义上,格老秀斯着重强调,一项权利"指向一个人"。事实上,权利是"个人所具有的一种道德品性,它使(这个人)有可能合法地拥有某些东西或合法地做某些事情",也就是说,正当地拥有某些东西或做某些事情(第35页)。格老秀斯的权利观被认为是一种主观权利。他写道:"在这种权利范围内,克制自己不占有他人之物,返还我们占有的任何他人之物……履行承诺的义务,以及根据人们应受的报应将惩罚施加到他们身上。"在他的分析中,全部这些都事关尊重和行使权利的问题(第12—13页)。政府能够被理解为人类之间达成的契约,为了促进社会交往的目的而形成。他总结道,战争本身通常是因侵犯权利而引起的,"除非是为了强制实施权利,否则战争不应该发生"(第18页)。

格老秀斯赋予主观权利的卓越地位代表了思想史上一次新的转向。在格老秀斯的理论中,权利并不局限于财产,还被假定性地扩展到个人的全部行动(actions),在其中他享有一种天赋自由。这些权利如何被人知晓呢?对此,格老秀斯表现出了一种极其乐观的态度:

> 因为自然法的诸原则总是相同的,因而可以很容易地被纳入一种体系化的形式;自然法的诸原则并不像实在法的要素那样,后者因为历经变化,而且在不同的地方都是有差异的,所以不属于体系化讨论的范畴……我关注的是把与自然法有关事物的证据同某些毋庸置疑的基本概念联系起来,这样就没有人能够在不使自己受损的情况下否定它们。因为这种法律的诸原则本身是显而易见的和清晰的,几乎和我们通过外部感官感知的事物一样明显……而且,我还利用了哲学家、历史学家、诗人的证词,以及最后还有演说家的证词……因为当许多人在不同的时间、不同的地方,申言同一件事是确凿无疑的时候,那应当指向的是一个普遍的思想。(第21—23页)

他继续将自然法真理与算术的真理进行比较,即使上帝也不能毫无道理地改变或否认这些算术的真理。由此,格老秀斯提出了了解权利的三种途径:一种是通过类似于感官感觉的真切感知,一种是通过类似于逻辑和数学推理的纯粹智力,一种是通过在不同时间和空间对佐证的共识。

这样构建的权利似乎能够限制政府的权威,因为一个对人类本性一无所知或存有误解的君主很容易颁布道德上不正确的法令。但格老秀斯拒绝接受运用权利控制主权者的正当权力的观念,并提出了一个在现在和17世纪看来似乎同样令人感到惊讶的建议:

> 基于个人所有权,每个人都被允许使得自身成为任何他所喜欢的人的奴隶,无论是从希伯来法还是从罗马法来看,这都是显而易见的。那么,为什么一个拥有法律能力的民族却不被允许使自

身服从于某一个人……通过明确的方式把统治的法律权利转让给他,不为自己保留丝毫呢?(第 103 页)

尽管格老秀斯告诫我们,不要将实际的法律制度解释为建立在一项屈膝(abject)服从于君主的契约之上,但他也承认这种解释的逻辑可能性与正当性,甚至是可能的合理性。可转让性(alienability)就是不可撤销地将某物转让给另一个人的权力,这构成格老秀斯设想的权利观念的组成部分。实际上,格老秀斯将多明我修道会关于权利必不可少的可转让性从证明奴隶制的正当性转到证明政府的正当性。在人们为自己建立的各种国家中,权利持有者的天赋社会性和假定具有的良好判断力将最终决定权利分配的形态。但是,难道就没有一种理想的政府形式能够衡量这种分配吗?格老秀斯反对那种主张单一和最佳的政府形式的观念:

> 事实上,正如存在多种多样的生活方式,没有哪一种当然比其他的更好,在这些生活方式中,每个人都可以自由选择他喜欢的那种生活方式;同样,一个民族也可以选择自己想要的政府形式。一个民族在这一问题上所拥有的法律权利的范围是不可以用这种或那种政府形式的优越性来判定的,而是应当通过这个民族的自由选择来判定,毕竟人们对这种或那种政府形式持有不同的观点。(第 104 页)

在这里,格老秀斯又一次与过去决裂。尽管从柏拉图(Plato)到圣奥古斯丁(St. Augustine)的早期思想家关心的问题是阐明理想型政治国家,但格老秀斯却一笔带过,否认了解决这个问题的可能性。这个问题是无法解决的,原因其实很简单,因为不存在各色人等都可以过的某种单一的最佳生活方式,因此也就没有某种单一的最佳政治国家来促成某种最佳生活方式。用现代术语来说,格老秀斯是一个价值多元主义者(pluralist)。

政府在本质上是由对美好生活持有不同看法的各色人等组成的契约,如果这种多元主义与上述理念相结合,就会产生比格老秀斯所愿意描述的更具革命性的影响。人们天生拥有的自由选择要被理解为已经行使过了,而且政府形式要被理解为已经被决定了,人民没有剩余的选择权。格老秀斯的意图与其说是革命的,不如说是和平的与保守的,但他所运用的具有潜在争议性的权利概念对后来的思想家来说,既是一种挑战,也是一种诱惑。

格老秀斯的三个伟大创新包括:(1)将正义视为一个尊重和行使个人权利的问题。(2)将权利研究从神学中分离出来。(3)承认不同民族在不同情况下行使权利所产生的不同但具有同等正当性(政府)形式的可能性,这使得政治哲学不再追求理想的政府形式。然而,如果只关注格老秀斯这三个方面的思想,就会混淆他对人类社会性的重视。自然不仅规定了正义的法则,还规定了某种"爱的法则"(law of love),尽管后者不是"完全"义务性或强制性的,但遵循它仍然应当受到称赞,而不遵循它也许应当受到责备。因此格老秀斯区分了完全的和不完全的权利(perfect and imperfect rights):完全的权利可以通过法律程序或自助得到强制执行;不完全的权利则不是指向"自有之物"(one's own)的可强制执行的权利,而更像是一个人值得接受帮助或获得尊重。

我们应当如何理解完全权利与不完全权利之间的区别呢?格老秀斯对下列问题进行了发人深省的思考:是否可以牺牲一个无辜的公民来使国家免遭灾难?他认为,显而易见,牺牲可能被强加于人,但会面临这样一个问题：如果无辜的公民进入政治社会只是为了获得自己的利益，那他怎么可能有义务(obligated)牺牲自己呢？如果公民没有义务牺牲自己，国家怎么可以不顾他的抗议而牺牲他呢？或者，从权利的角度来看，如果国家没有权利要求无辜的公民牺牲自己，那么国家又怎么拥有一种在违背公民意志的情况下把公民当作牺牲品的"完全"的权利呢？

格老秀斯的回应很微妙。从如下一个事实来看，即"按照恰当称谓的法律，一个公民没有放弃自己的义务；但这并不意味着爱允许他在其他方面这么做。因为确切地说，有许多义务不属于正义的范畴，而是属于情感的范畴。这些义务不仅在赞美中得到履行……甚至不能无故被忽略"。但是，格老秀斯在将爱和感情列为义务的基础后，又立即补充道："这种义务似乎很清楚，也就是一个人应该把大量无辜者的生命看得比他自己的生命更重要。"（第579页）现在，义务的基础似乎不在于被要求牺牲的人感受到的真实感情，而在于收支账簿两边的数字。在这个意义上，"爱的法则"是一种非个人的法则，它可以命令我们且可以无视我们个人在为他人做出牺牲时所可能重视的那些价值。

这些推理并未导向一种严格正义的义务，而是导向一种爱的义务，也就是做出牺牲的义务。但是格老秀斯指出："仍然存在的问题是，他是否可能被迫去做在道德上受到约束的那些事情。"（第580页）如果像格老秀斯同意的那样，不能强迫一个富人去施舍乞丐，那么又怎么能强迫一个无辜的人牺牲自己的生命来拯救多数人呢？一项不完全或不可强制执行的权利是爱的法则所能提供的最大限度的权利。然而，格老秀斯赞同古代权威人士们的观点：即使诸如接受救济的权利等其他不完全的权利不可以被强制执行，但为了拯救国家而牺牲无辜者可以被适当地强制执行。这种关键性区别的基础是什么？格老秀斯做了这样

的评论:

> （普通民众）各部分之间的关系是一回事,而上级与从属于他们的下级之间的关系则完全是另外一回事。因为平等者之间不能相互强制,除非是按照一种严格意义上的权利来履行义务。然而,一个上级可以强迫一个下级去做一些美德要求的其他事情,因为这包含在上级的正当权利之内。(第580页)

格老秀斯总结道,如果一个"上级"可以在饥荒时期强迫人们为一个公有粮仓捐款,那么也可以强迫一个无辜的人牺牲自己来拯救多数人。然而,令人迷惑的地方是,在其他人手中属于一种不可强制执行的不完全权利,如何在作为"上级"的国家权威手中就变成了一种可强制执行的完全权利。对于那些满足于有些权利不可强制执行的人来说,这个谜团并不令人担心。但是,格老秀斯不是那种知足的人,而且我们也将重新回来讨论这个问题。至少就一方面而言,格老秀斯不愿意接受至高无上的国家权威;因为格老秀斯曾卷入了一场宗教论战(讽刺十足的是,这是一场关于宿命的争论)并站错了队,但所幸没有遭受终身监禁,他把自己藏在一个装书的箱子里潜逃出来,从而获得了自由。

二、托马斯·霍布斯

1588年,激发出格老秀斯思想的西班牙海上力量在英格兰引起了广泛的恐慌,以至于托马斯·霍布斯(Thomas Hobbes)的母亲听到无敌舰队即将到来的消息时就早产了。正如霍布斯自己所述,他"生于恐惧之中"。后来他进入牛津大学学习,其余生的大部分时间都在英格兰最为显赫的两个家族——查兹沃斯(Chatsworth)和哈德威克(Hardwick)——中做私人秘书,在此期间,他为了逃避迫害,在焦虑不安中多次前往欧洲大陆避难。

霍布斯摒弃了格老秀斯那种人类具有天然社会性的信念。按照霍布斯的判断,没有政府强加的约束,生活将是"孤独、贫穷、肮脏、野蛮和短暂的"(第89页)。在他看来,为了避免"自然状态"的悲惨境况,一种主权性权力的存在是必要的(第140页),"自然状态"是一种"一切人反对一切人"(第88页)的战争状态。霍布斯的伟大思想是他详尽阐释了格老秀斯的如下思想:国家和国内法,以及它们的正当性,在某种意义上源自国家内臣民之间达成的一种契约。尽管这是一种激进的思想,但霍布斯和格老秀斯的目的是一样的,都具有保守性。霍布斯在英国王位继承纠纷引发的政治动荡时期著书立说。霍布斯认为,诉诸君权神授将招致持续的冲突,因此,政权的正当性必须有一个不易被宗教和王朝统治纠纷渗透的根基。

权利观念通过如下方式融入霍布斯的理论。在自然状态下,每个人都有权获得他认为对其生存所必需的一切东西。

> 自然权利就是每个人都拥有的自由,可以按照每个人自身的意愿运用自身的力量来保护自己的天性;也就是说,保全他自己的生命;因此,他会选择最合适的方法去做任何符合他判断和理性的事情。(第91页)

例如,如果你和我都断定我们需要苹果树上的果实来维系生存,那么此时我们对果实都享有权利,而且在追求各自的权利时,我们之间会发生冲突。一个人拥有的权利并不是天然地恰好与他人拥有的权利相兼容。用霍布斯自己的话来说:"因为人类的境况……就是一切人反对一切人的战争状态……因此,在这样的境况下,每个人对每样事物都有权利;甚至是对他人的身体也拥有权利。"(第91页)如果我断定自己生存下去就得奴役你,而你同样断定你要生存下去就得奴役我,那么我们之间就处于战争状态。这种战争状态并不能通过诉诸霍布斯所构想的自然权利而得到解决。在一个资源有限的世界——就像我们所处的世界那样——里,权利冲突是不可避免的,除非人们同意将他们的权利交给一个有能力裁决争端和分配共同体中稀缺资源的君主。自然状态中的人确实有权交出权利,并且在认识到这样做来保护自己的必要性时,他们创造了国家,一个至高无上的"利维坦",一个"人造人"(Artificiall Man),它只拥有那些已经转交给它的道德权利和权力。

一旦主权者被创造出来,人们就不再保留任何权利了吗? 霍布斯的回答是,他们只保留反抗被杀或被监禁的自然权利,因为这种权利是唯一一种假如人们不保留它就会让人感到非常荒谬的权利。人们建立政府是为了逃离自然状态和他们生存时的不确定前景。他们必须被理解为已经放弃了一切,但又只是那些对逃离这种不安全状况而言所必需的权利。但是,如果主权者判处我绞刑,那么我没有义务甘受绞刑。鉴于生存是交出权利的真正理由,因而我不可能放弃反抗刽子手的权利。

然而,这并不意味着主权者有义务不对我施以绞刑。这仅仅意味着主权者对我施以绞刑并不是错的,而我的反抗同样也没有错。然而,我必须被理解为已经放弃了对抗主权者的所有其他权利(如果主权者判处你绞刑,我可能不会拒绝执行对你的处罚)。霍布斯承认,其他"保留的"自然权利都无助于反抗主权者,并且任何一项"公民"权利,如果主权者选择将它扩展至全体公民,那么这项权利是否存在,将完全取决于主权者是否使用特权收回该权利。在霍布斯看来,主权者是不能不公正的;尽管主权者可能要对上帝负责,但他不用对他的臣民负责。

霍布斯的理论激怒了许多人,因为他的理论前提有一种不可否认的吸引力:一种令人振奋的对人性的冷淡态度,承认自然权利属于每个人和所有人,以及将政府理解为基于被统治者之间契约的规定。然而,霍布斯根据这些假设推导出的结论却正当化了最极端的专制主义。这与多明我会修士使用主观权利来证明奴隶制正当性的做法有着惊人的相似性,霍布斯的理论利用权利思想正当化了一个可能相当暴虐的政府。可以毫不夸张地说,自霍布斯以降,政治哲学的历史就是一个从他的理论里吸引人的部分中抽出令人讨厌的元素的麻烦不断的故事。

三、 塞缪尔·普芬道夫

三十年战争促使格老秀斯和霍布斯从权利的角度思考政治问题,而1648年的《威斯特伐利亚条约》终结了这场战争,并在欧洲建立了一个主权民族国家的体系,随之实现了(相对)和平。普芬道夫(Samuel Pufendorf)是第一个接受挑战的思想家,为由此产生的国际秩序赋予融贯的知识形态。尽管普芬道夫的第一部作品是在他被关押期间完成的,当时正值瑞典与丹麦交战,但是他最具影响力的著作是他在荷兰、德国和瑞典担任一系列学术职务期间完成的。后来,他在瑞典担任国王查理十一世(Charles XI)的顾问。普芬道夫对格老秀斯和霍布斯的思想进行了细致思考,并在很多细节问题上进行了挑战和纠正,但是在很多方面,他的任务是巩固和系统化,而不是创新。

普芬道夫挑战霍布斯的一个观点,与霍布斯草率地将权利赋予自然状态下的人的观点密切相关。普芬道夫论证道:"必须承认,并不是每一种做某事的自然能力都可以被适当地认为是一项权利,只有在关涉到一些道德影响的时候才会如此……"他写道,马可以在牧场上吃草,但如果将马描述为在行使一项吃草的权利,那就太异想天开了。就像这种采集和吃草的能力,一项"自然能力"只有在对其他同类的生物产生道德影响的时候,才能成为一项"真的权利"。一匹马所能做的任何事都不会对其他马产生这种影响,因此赋予马吃草的权利纯粹是一种异想天开。但是与之相似,把采集橡子的权利归于一个人是没有意义的,除非他的采集行为改变了其他人的道德境遇,"使得其他人在使用这些物品时不会违背他的意志来妨碍他或与他竞争。当然,试图把所有其他人都有权阻止自己行使的那种能力指定为一种权利,是荒谬的"。那么,在行使一种能力产生一种权利之前需要什么样的影响呢?普芬道夫的答案是,如果没有其他人对假定的权利持有人负有义务,那就不会产生任何"可被恰当地称为权利"的东西(1672年,第291页)。

因此,普芬道夫最早注意到权利的一种重要特性——至少是那种"真正的"或者"可被恰当称呼"的权利——我们可以将其定性为权利和义务的相关性(the correlativity of rights and duties)。在赋予一个人权利的同时也要赋予其他人某种具有相关性的不干涉义务。对于财产权而言,问题会直接显现出来:这种具有负担性的不干涉义务来自何处?普芬道夫的回答说,这是由于"人类的自然平等",这种义务或责任只能产生于其他人的同意,不管是"明示还是推定"。因此,"在他们之间对分配和安置达成一致之前,自然并不会去界定某些东西属于一个人,某些东西属于其他人"(1672年,第391页)。初始的分配被认为是一致同意或惯习性,而不是自然的。在此之后,对尚未分割的事物的进一步占有要遵循先占原则,这本身是一种惯习规则,而不是一种自然法则。

普芬道夫也接受和详尽阐述了格老秀斯对完全权利和不完全权利之间的区分。对格老秀斯而言,这种差异在于完全权利的可强制执行性和不完全权利的不可强制执行性。普芬道夫论证道,两种权利在功能和确定性程度上存在着典型性差异。完全权利是通过他人特定行为的作为或不作为而享有的权利。比如说,我对自身生命的(完全)权利与你不杀我的义务相关,同时我期待你遵守诺言的(完全)权利与你履行承诺的义务相关。但是我表达感谢或急需帮助的(不完全)权利并不与特定的义务相关,以至于产生了这样一个问题:此种义务的履行"等同于,抑或不足以构成这种义务存在的理由"(1672年,第119页)。这种差异反映了以下两种法律之间更深层次的潜在差异:第一种法律"只是有助于社会存在",从而创造了完全的、精确的和可强制执行的权利,第二种法律仅仅有助于"改善存在"(1672年,第118页)。

格老秀斯发现人类天生具有社会性,而普芬道夫和霍布斯一样,持有一种更为悲观的看法。但是普芬道夫认为,人类对安全的渴望是对我们与生俱来的邪恶的一种矫正,因为"为了安全,人类必须是社会性的"。这个结论为"他所谓的基本自然法提供了基础:每个人都应当尽其所能培养和保持社会性。……任何违反社会性的行为都应被禁止"(1673年,第36页)。除了人对自己应尽的自然义务,上帝规定了每个人对他人应尽的三种基本义务。第一种义务是一种不伤害其他人的义务(这是三种义务中最容易遵守的义务,因为它只是要求不作为)。第二种义务是一种"珍视他人并视对方为天生与己平等的人"的义务。第三种义务是"只要自己方便的话,每个人都应当对他人有所裨益"(1673年,第56、61、64页)。

我们必须履行的所有其他义务都是通过达成同意和契约的方式产

生的。正是通过一系列这样的契约,才出现了"常规性"(regular)国家。在其中,"所有人都将自己的意志置于影响国家安全的当权者意志之下,所以他们愿意做统治者想做的任何事情"。一旦国家建立起来,无论通过一般性的法律文件还是在裁决特定纠纷的过程中,政府可以决定"什么必须被认为是自己的,什么是他人的;在那个国家中,什么是合法的,什么是非法的;什么是好的,什么是坏的;(以及)每个人保留了怎样的天赋自由……"(1673年,第139页)普芬道夫还主张建立一个更强大、更集权的国家,而不是更小、更松散、更具地方性的联合体。加上他强调尊重每个人平等的尊严和积极培养社会性的自然义务,这种立场将最终构成现代欧洲福利国家的智识基础。

四、约翰·洛克

作为医生的约翰·洛克(John Locke)因对科学基础知识的兴趣而进入哲学领域,但是他进入政治哲学领域并非源自自己的选择。由于对牛津的教学感到厌烦,并且发现自己对于成为牧师并无使命感,洛克在沙夫茨伯里勋爵(Lord Shaftesbury)家当了一名医生。伴随着沙夫茨伯里被任命为大法官,洛克成了种植和贸易委员会的秘书。颇具讽刺意味的是,洛克在委员会的工作不仅助长了西非的奴隶贸易,而且还提出了一种对奴隶贸易的新的论证:不是征服,不是天生的低劣,而是种族原因[贝尔纳斯科尼和曼(Bernasconi and Mann),2005年]。由于清教徒和天主教徒在英国王位继承上的冲突,沙夫茨伯里的前途遭变,洛克也受到影响。他被迫从英格兰逃到荷兰。洛克在威廉(William)和玛丽(Mary)即位后重新回到英格兰,双王即位完成了光荣革命,并承诺在不受宗教争议影响的基础上解决王位问题。

洛克希望反驳两种截然不同但都支持绝对君主制的论证。这两种论证都建立在诉诸权利观念的基础上。一种是罗伯特·费尔默(Robert Filmer)的论证,他主张英国君主的正当性源于赋予亚当的神授权利,这种权利通过继承传给现在的国王。另一种从权利出发走向专制主义的论证是霍布斯的观点。先抛开洛克对费尔默的反驳,我们集中关注他对霍布斯的回应,洛克在《政府论·下篇》(1690年)中发展了这种观点。尽管洛克没有指名道姓,但很明显霍布斯是洛克心目中的一个对手。在洛克看来,霍布斯对于权利的理解错在哪里呢?

洛克运用了霍布斯关于自然状态的观念,也运用了把国家解释为一种改善自然状态的方式的国家正当性观念。洛克和霍布斯一样,在一定程度上根据平等分配给所有人的权利来定义自然状态。不过,在阐述什么是"自然"权利以及如何分配这些权利时,洛克与霍布斯之间截然不同。

在洛克的解释中,自然状态包含的道德复杂性要比霍布斯所认识到的大得多。对霍布斯而言,自然状态中的居民有权利去做任何他们认为对个人生存实属必要的事情。洛克的自然状态与之截然不同。这是一种"互惠"自由的状态,"而不是一种放任状态"。每个人都有一种保护自己的自然权利,但没有为了保护自己而伤害他人的权利(除非为了自卫而反抗暴力袭击的人)。此外,每个人都有一种拥有私人财产的自然权利,而且也必须得到其他人的尊重。虽然上帝最初将地球交给了全体人类,但"自然法"允许每个人在不需要他人同意的情况下,通过"混合劳动"这种简单的办法来占有他认为合适的土地、庄稼、兽群和猎物。只要一个人把"足够的和一样好的"共同财产留给别人去享用,并且不允许糟蹋自己已拿走的东西,那么他就拥有对这种私有财产的自然权利。每个人都拥有一种获得伤害赔偿的自然权利,以及惩罚任何违反"自然法"的人的"自然执行权"(第4—7、17—19页)。在其他著作中,洛克也承认一种良心自由的自然权利。

对于洛克而言,由于这些道德特征,自然状态并不必然是一种战争状态,但确实也伴随着不便,主要是对那些被利益蒙蔽双眼的人而言,自然法比较含混不清,并且缺乏一种既定的"实在"法和中立法官去裁决纠纷与执行判决,只留给个人去"诉诸上天"。这些不便会破坏"财产"的安全。洛克故意征用"财产"这个术语来简明地指"生命、自由和财产"的自然权利,这使得联合成一个共同体对于理性的人而言颇具吸引力。与其诉诸上天,一个有组织的社会的成员可能会求助于某种世俗权力,将其作为仲裁者来裁决争端和强制救济。正如洛克所言,当许多个体意识到这样做的好处,并放弃自己对他们联合而成的群体的自然执行权时(但与此同时保留其他权利),"政治社会或公民社会"就形成了(第14、48—50页)。

这一系列自然权利限制了政府正当产生的方式,限制了政府一旦存在就可以正当寻求的目标,也限制了政府为达到这些目标可以正当地采取的措施。自然权利的背景以及它们转让的路径在控制着政府的发展历程。就像洛克指出的那样:"人生而自由、平等和独立,未经他人同意,任何人都不能被剥夺这种身份,不得服从他人的政治权力。"(第54页)那些拒绝同意的人依然处于自然状态,但是那些已经做出同意的人随之将一种立法权力授予已同意之人的大多数或者若干代表。可以想象的是,该权力也会只授予一个人,在此种情况下,此人会成为他们的君主。

同意不必然是明示,它可能是并且更具代表性的情况是默示。也就是说,可以通过占有或享受任何政府的任何部分统治来表达同意,或许只是"在高速公路上自由行驶……事实上,这会影响到政府领土内的任何人"。那么一个人的同意能持续多久呢？那些通过身处领土之内或在领土内拥有财产而做出默示同意的人,可以通过终止他们的"享受"和"通过捐献、交易或其他方式退出上述占有",从而使得自身获得自由。然而,那些做出明示同意的人会受到永久约束,且不能恢复到自然状态,"除非因为任何灾难,政府逐步被解散,或者因某些公共行为使得政府死亡……"（第 68—69 页）

洛克承认,人们可以认同君主政体,但是在他看来（就像格老秀斯一样）,屈服于一种绝对的专断权力是不理性的,因为这将会把一个人的财产（在最宽泛意义上定义这个概念）暴露在比自然状态下更不安全的状态之中。此外,一个人不可能转让一种比自己已有权利更大的权利,因为一个人对自己并不享有绝对的专断权利,更不用说对别人了,所以一个人不能把这种权利转让给政府。因此,如霍布斯所言,绝对专制的政府不可能具有正当性,如马佐里尼和德莫林纳所言,基于同样的原因,自愿奴役也是不可能的。被统治者的同意是政府的唯一正当性基础,但是同意专制主义是不理性的。而且同意专制主义也是不可能的,因为一个人不能把自身无权拥有的东西转让给其他人。

通过这种方式,洛克回答了 17 世纪英格兰面临的紧急状态,他展现出一个君主政体如何能够通过自然权利的转让被建构起来,甚至一个君主政体如何运用一种宽泛的特权"在没有规则的情况下追求公益"（第 95 页）,而诸如某个残暴君主制这样的绝对专制主义并不能因此被建构起来。正确理解权利的话,权利既不能导致无政府状态,也不能导致暴政,但是能够解释和证成光荣革命的结果,这个结果让威廉和玛丽登上了英国王位。

但是,一旦政府开始运行,那么自然权利究竟如何影响国家与个人之间的关系呢？如果一个人被政府侵害，而且政府本身并没有提供任何看似足够的救济，那么一个人为了寻求救济，又能做什么呢？对于那些明示同意政府的人而言，回归自然状态并不是一种选择，而对于那些只是默示同意的人而言，这也不是一种明智的选择。根据洛克的观点，如果他们希望终止被统治状态，其财产就必须被清算，而且他们必须离开领土。但是国家必须尊重权利，如果国家不尊重权利，它就是在超越权限（ultra vires）行动，超越了自身应有的权力，而且不能强加服从的义务。此外，一个长期滥用权力的政府一直受制于大多数人享有的自然权利，后者能够剥夺或改变立法权力。"那么一个君主的命令可以被反对吗？每当一个人发现自己被侵害并认为君主做得不对时，他就可以反抗君主吗？"洛克不得不面对这样一种反对意见：权利不是倾向于"统治和秩序，而是无政府与混乱"（第 115 页）。

洛克的回答很复杂，他强调抵抗和革命只是一种最后的手段，但他总结道，"如果一系列对权力的滥用……全部倾向于以相同的方式，使得人们得以看见其意图"，也就是说，政府意在系统性地且不加补偿地侵犯人们的自然权利，那么人们便确实恢复了他们的自然权利，从而建立一个新政府，并反抗和推翻现任政府，人们会认为是政府在挑起战争。因此，洛克为君主政体下受侵害的臣民开辟了一条道路，他们可以正当地解除政治约束并形成新的政治纽带，如果他们这样选择的话，新的政治纽带可能是共和制而非君主制。

五、 美国的《独立宣言》

历史印证了洛克著作中所描述的这种可能性。1776 年，大不列颠北美殖民地的代表们宣布脱离英王乔治三世（George III）的统治，获得主权独立。《独立宣言》主要是托马斯·杰斐逊（Thomas Jefferson）的手笔，他深受洛克思想的影响。在殖民地居民为他们明显叛离英国的行为辩护时，权利发挥了显著作用：

> 我们认为如下真理是不言自明的：人人生而平等，造物主赋予他们若干不可剥夺的权利，其中包括生命、自由和追求幸福的权利。为了保障这些权利，人们才在社会中建立政府，政府的正当权力经由被统治者的同意而产生。在任何时候，如果任何政府形式破坏了这些目标，人民就有权改变或废除它，创立一个新的政府，并基于上述原则以此种形式组织其权力，使其看起来最有可能实现他们的安全和幸福。

《独立宣言》接着详细列举了殖民地居民在乔治三世统治下遭受的"一系列暴政"，就像洛克描述的那样，这是一个民族恢复其重新组建政府和推翻暴君统治的自然权利所需的先决条件。权利运动正在进行之中。

然而，美国的权利运动并非一帆风顺。反叛的殖民地可以被分为几乎数量相等的两部分，一部分的经济完全依赖奴隶劳动，另一部分的经济则并非如此。在独立之前，殖民地特别是那些重商的北部殖民地，一直与国王有持续不断的争端，主要是关于税收和茶叶等进口物品的关税。每当殖民地的反抗变得激烈时，国王就会做出策略性让步，他确信这些殖民地的利益过于多元化，而且它们的人口太过分散，无法组成一个统一的战线。确实，不同殖民地的居民更可能在伦敦相遇，而不是仍在发展的美洲大陆的任何一个城市。

1772年6月22日,在伦敦的萨摩赛特诉斯图尔特案(Somerset v. Stewart)(12 Geo. 3, 1772, K. B. 1)中,一位法官的判决动摇了奴隶主拥有财产的安全。詹姆斯·萨摩赛特(James Somerset)是一名出生于西非的奴隶,他被出生于苏格兰的弗吉尼亚人查尔斯·斯图尔特(Charles Stewart)所拥有。因生意需要,斯图尔特要前往伦敦,出于殖民地奴隶主的传统和习惯,他带了一位私人奴仆即萨摩赛特。当斯图尔特准备回到美洲时,萨摩赛特逃跑了。斯图尔特抓住了萨摩赛特,并把他放在开往牙买加的船上,准备在那里卖掉他。萨摩赛特的困境被一位英国的废奴主义者格兰威尔·夏普(Granville Sharp)知晓,他向王座法院申请了一份人身保护令状。这个案件来到曼斯菲尔德勋爵(Lord Mansfield)面前,他是英国历史上最为著名的法学家之一。考虑到这件事的情况,曼斯菲尔德勋爵建议斯图尔特放弃这个案子,但斯图尔特已经同意让一群西印度的种植园主管理他的事业[戴维斯(Davis),1975年,第481页,注释20]。这些种植园主希望获得一个确定性的裁决,坚持推进此案,不理会曼斯菲尔德曾告诫他们结果可能不会如其所愿:"如果当事人要判决,那么不管结果如何都要伸张正义(即使天可能会塌下来)。"(第17页)

这个判决对萨摩赛特有利,但对斯图尔特不利。这个结果以及伦敦酒吧中热情洋溢的黑人和"他们的女伴"相庆贺的报道,传到了美洲殖民地[布兰得利(Bradley),1998年,第68—80页]。同时伴随着报道而传入的是这个判决意见的如下内容:

> 奴隶制的性质是它不能以任何道德或政治理由被引入,而只能通过实在的法则,在创造它的理由、场合和时间本身从记忆中被抹去以后,实在性法则还能长久地保持它的力量。它是如此可憎,

除了实在的法律,什么也不能容忍它。因此,无论这一裁决可能带来什么不便,我都不能说英格兰法律允许或批准了这一案件;因此,黑人必须被释放。(第 19 页)

这对蓄奴殖民地的影响是不确定的。奴隶制已经是一种传统习惯而且被容忍,但是在殖民地的宪章(或特许状)中,并没有明确的语言表明实在法支持一个人可以有权拥有另一个人作为财产,而且这些宪章并没有规定本地法可以和英国法律不一致(戴维斯,1975 年,第 507—508 页)。英国议会在 1766 年已经宣布自身在殖民地所有法律事务上的至上性。但是当斯图尔特案的判决出来后,国王和议会对殖民地居民的利益反应冷淡,不愿采取对他们有利的行动。仅仅在斯图尔特案判决之前数月,弗吉尼亚议会已经向国王请愿禁止奴隶的输入,认为这是"一种非常不人道的贸易"。但是英国国王并没有理会它,就像对待以前的许多政策一样(戴维斯,1975 年,第 23 页)。

1773 年 3 月 12 日,弗吉尼亚议会采取了决定性的一步,它呼吁在各个殖民地之间成立常设通信委员会,以讨论对国王的共同不满。英国很快就提供了这些不满。在 1773 年 5 月 10 日,英国议会通过《茶叶法案》,提高皇家垄断的东印度公司在殖民地茶叶贸易的关税(在没有殖民地代表在场的情况下)。为了表示反抗,一些伪装成印第安人的殖民地居民登上波士顿港的船只,把东印度公司的货物倒入水中。为了报复"波士顿倾茶事件",英国议会通过了后来被称为"五项不可容忍的法案",其中包括关闭波士顿港口,直到东印度公司获得茶叶损失的赔偿。支持独立的情绪开始变得难以抵挡。筹委会呼吁召开第一届和第二届大陆会议,第二届大陆会议在 1776 年 7 月 4 日宣布 13 个美洲殖民地独立。杰斐逊起草的《独立宣言》草稿抨击奴隶制是"一种针对人类本性的残忍战争",并且将英王对殖民地的横征暴敛作为"长期暴政"的表现来为革命提供正当性。尽管"对人类意见的适当尊重"似乎要求起义军对奴隶制的意图做出一些说明,但是杰斐逊的表述显然让起草委员会感到担忧,因此该表述并没有在公开的《独立宣言》中出现(戴维斯,1975年,第173—174页)。

在独立战争成功和《邦联条例》下宽松联盟时期之后,随着《美国宪法》被批准通过,1788年6月21日,美利坚合众国宣告成立。《美国宪法》代表了一种对奴隶制令人不安的妥协。奴隶劳动力对于南方各州的种植园经济至关重要,而且西印度群岛的贸易(《美国宪法》允许该贸易持续到1808年)对北方的航海业也有不小的好处。尽管《美国宪法》在1791年被修正并增补了《权利法案》,但并没有解决奴隶权利的问题。"毫无疑问,正义之神将会意识到他们的苦难。"杰斐逊后来发表的这一看法颇具先见之明,事情的发展也证明了这一点(戴维斯,1975年,第176页)。

六、伊曼努尔·康德

与早期对权利思想发展做出贡献的人有所不同,康德(Immanuel Kant)很少直接参与政治的、宗教的或者甚至国内的动乱。他的一生都生活在东普鲁士哥尼斯堡或者附近,先是做一名家庭教师谋生,后来在他自己获得学位的大学做一名教授。他不屑于学术晋升和旅行的机会,而是广泛地阅读和通信,并积极参与朋友和访客之间的热烈讨论。他的兴趣几乎毫无限制,而且他对启蒙运动的智识影响使得他成为领军人物之一。他和亚里士多德被普遍认为是我们心中最伟大的两位哲学家。

由于康德的权利思想与他的整个哲学体系和方法论密不可分,因此他对权利理论和实践的贡献在此只能浅显地进行说明。他对今天最重要的实践影响可能就是他在 1795 年提出建立一个类似联合国的国际组织。康德最重要和持久的理论兴趣是为权利和所有的道德哲学奠定基础,这种基础呈现在他于 1785 年出版的《道德形而上学基础》这本书中。在普芬道夫的影响下,康德承认权利内容与义务内容之间的相互关联,因此《道德形而上学基础》直接的关注点就是义务的基础,康德将其置于"纯粹理性"之中,也就是排除了我们的期待、欲望、激情和嗜好。格老秀斯主张,洞察我们的权利以及相应义务的内容和性质可以通过各种渠道获得,诸如理性、直觉和历史权威。与之不同,康德确信权利和义务根本不可能恰当地包含任何经验或情感因素。因此,任何将权利与义务和人们所经历的快乐与痛苦联系起来的路径都是大错特错的,比如说功利主义。康德采取这种极端立场的原因在很大程度上与他对人的理解有关。我们人自身有一种分裂的性质,具有作为现象(phenomena)(是感觉的外在变现,无论是我们自己的感觉还是他人的感觉)和本体(noumena)(作为"物自体",它并不以任何感官经验的形式呈现给我们,我们甚至不能对它做任何内省)的双面特性。作为现象的面向,我们决定按照我们的行为行事,比起其他物体并没有更多的自由。但是作为物自体的面向,我们并不被自然律支配,而只是决定于我们自己给自己的律令。对康德而言,自由并不是不受约束,而是生活在自我赋予的(self-given)律令之中。

在康德看来,我们的权利和义务由我们作为理性存在赋予自己的法则加以规定,而不是由那些因我们作为被物理力量、嗜好和感知支配的生物而适用于我们的物理和心理法则加以规定。换句话说,理性本身必然具有实践性,否则假定自由的道德就是一种幻觉。事实上,正是我们对道德法则的认识证明了自由对我们而言是真实的。但这些法则是什么?我们又如何认识这些法则呢?康德的回答是,这些法则并不是通过其内容而是通过其存在形式为人所知,而且这种法则的形式是一种定言令式(categorical imperative):"要这样行动,使你的意志的准则同时能够成为一条普遍法则。"(Ak 4:402)①这种表述清楚地表明,道德法则并不是建立在追求任何特定目标的基础上(比如幸福、福利或快乐)。

定言令式和任何纯粹的假言令式形成对比,后者的表现形式是"如果你想要 X,那么你就如此做而获得它"。假言令式有一种"他律性"特征,因为它假定主体有某种决定其意志的先在目标。但是道德法则要求无条件或自主的意志,因为只有这样的意志才能将他人视为具有同样自主能力的理性存在。因此,康德对定言令式的第二个等价表述是:"将所有人视为目的本身,而不仅仅是手段。"(Ak 4:429)第二种表述很清楚地表明,道德法则建立在尊重他人和自己的人性之上,而不仅仅建立在以自我为中心的美德伦理之上。就其形式而言,道德法则规定的义务和他人的权利之间相互协调。为了进一步强调道德法则的这种特征,康德提出了定言令式的第三种表述,与第一种和第二种表述相同:"像作为目的王国的一名成员那样行事。"(Ak 4:439)对康德而言,一个目的王国是所有理性存在的共同体,其中理性存在给自己立法去尊重所有其他人,将他们视为目的本身。

在此,我只是概略性地介绍了康德为权利奠定的基础。这是一个基本的框架,而它提供的解释不仅模糊不清,还具有争议性。我们将在

---

① Ak 是指康德的《实践理性批判》一书。——译者注

后面的第六章,在第二个扩张的背景下,重新回到康德式权利基础的可能性。在应用于政治和法律哲学的核心问题时,康德的观点独具特色,但并不完全新颖。不像洛克那样,康德确信(霍布斯也是如此)逃离天赋自由的状态并进入公民社会并不只是有益的和可选择的,还是具有理性的必然性。对于自然状态下是否能产生财产权这个问题,康德和洛克之间的观点一致,都认为能够产生。但是,支持普芬道夫的康德认为,一旦进入公民社会,所有财产的性质和维度都要服从国家的界定。康德也坚决否认任何反抗君主的权利,即便如此,当他听到法兰西共和国宣布成立后,还是惊呼他目睹了"这个世界的荣耀"(库恩,2001 年,第 342 页)。尽管康德密切关注着法国大革命的发展,并几乎一直写作到 1804 年逝世,但他的作品并没有回应法国大革命的混乱所引发的那些对权利的质疑。

七、 威廉·佩利

洛克对美国独立革命有巨大影响,而让-雅克·卢梭(Jean-Jacques Rousseau)的思想对欧洲有相似的影响,这种事实使得英国高级教士威廉·佩利(William Paley)在名为《道德与政治哲学的原则》(1786 年)的著作中将道德哲学与政治哲学放在一起看待。像康德那样,佩利追求的目标远超商事法或《查士丁尼法典》的奥秘,甚至超过政府的正当性问题。他的计划完全是设计"一套道德体系",旨在指引人类生活一般行为中的个人良心。佩利的著作产生于他常年教导学生的笔记,他作为一名教师的能力已经被如下事实所证明:剑桥大学采用他的著作《道德与政治哲学的原则》作为指导教材,因此他的著作指引了英国政治、神学和学术生活中数代领袖人物的思想。

根据佩利的解释,道德是遵循上帝法则的事业。但是,并不是所有规则都显现在《圣经》中,在任何一部容易归类的规则法典中,都存在太多类型的问题需要处理。此外,《圣经》的目的只是强调那些道德真理,而每个人都能通过另外一种所谓"自然正义原则"的方式来了解道德真理。但是这些原则如何被认知呢?佩利弃而不用的一个建议认为,人类被赋予一种特殊的道德意识,这种道德意识(moral sense)使他们能够在不存在一种圣经规则或者一种圣经规则在适用上模糊的情况下凭借直觉得出正确的结论。洛克和戴维·休谟(David Hume)强调不同时空下观察到的道德规则之间存在多样性和冲突性。紧随两人的论证之后,佩利认为诉诸直觉或道德意识的感知并不是获得道德真理的可靠途径。例如,如果问题是关于非洲奴隶制的正义性,而且如果唯一的证据来源是《圣经》(是模糊不清的)或直觉(是有差异的),那么还有什么可讨论的呢?亚里士多德凭借直觉发现有些人注定要成为奴隶是显而易见的,那么我们这些反对奴隶制的人就必须宣称自己比亚里士多德能更敏锐地感受道德直觉吗?如果每个人都被视为解释自己良知内容的最终权威,那么将道德意识视为良知并不能解决这个难题。

在佩利看来,确定上帝意志的方式是通过思考上帝的性质获得的。上帝是没有限制的善,所以:

> 透过自然之光接近涉及任何行动的上帝意志的方法就是探究"行动促进或减少普遍幸福的趋势"。这条规则是在下述假设基础之上发展起来的:全能的上帝希望(wills and wishes)他的创造物幸福;因此,那些促进这种意愿和期望的行动,对他而言必然是乐意之至……(第67页)

上帝的意志与格老秀斯的"爱的法则"相一致,上帝的善保障了他的爱,而他的爱决定了他希望他的创造物获得幸福。但是佩利论证道,幸福并不能等同于享受快乐和远离痛苦。相反,幸福是一种和他人交往的事情,是一种运用我们的力量去追求既定目标的事情,是养成良好习惯以及保持健康的事情。个人幸福可以用最简单的方式获得,幸福的人是:

> 随和的和感到满足的。一旦他发现自己是孤独的,就会拿起他的书或烟斗;随时准备好进行能够使自己振作起来的任何微小的娱乐活动,或者是着手进行并将注意力放在第一件出现的事情;或者满足于只是安静地坐着,让他的思路懒洋洋地滑过他的大脑,也许没有太多的用途或者快乐,但不会渴望任何更好的事……(第39页)

那么,道德对我们有什么要求呢?"任何权宜之计(expedient)都是正当的。任何道德规则的效用(utility)本身就构成了道德规则的义务。"(第72页)对于佩利而言,权宜之计和效用就等同于"最大幸福的结果",但效用并不是通过自己的力量而是通过上帝意志的媒介创造义务。"权利和义务之间具有相互性,也就是说,一个人拥有权利,那么另一个人就有相应的义务……现在,因为道德义务依赖于上帝的意志,那么与之相关,权利也必然同样依赖于上帝意志。"(第84页)在此,佩利(就像他之前的普芬道夫和洛克一样)接受了一种义务的制裁理论(a sanction theory of duty)。也就是说,该理论认为,义务和职责不可能存在,除非某些当权者随时准备通过施加某种制裁来强制执行它们。因为权利意味着义务,因而权利也意味着制裁。

上帝赋予我们权利了吗？他确实这么做了，尽管在《圣经》中并没有提到太多。但如果有权做什么仅仅是权宜之计的话，这似乎意味着并没有足够坚定的权利去反对效用的主张。事实上，当忽略权利可以获得更大的效用时，上帝似乎已经准备好对任何选择尊重他人权利的人施加制裁：

> 在许多场合中，让刺客介入会非常有用。当下拥有一大笔财产的人利用他的影响力和财富来骚扰、败坏或欺压他周围的一切。在死后，他的财产将移交给一个具有迥然不同性格的继承人。因此，尽快在暗地里杀死这个有一大笔财产的人是有益处的；因为邻人将会用一个恶霸来交换一个明智而慷慨的乐善好施之人（benefactor）。抢劫一个吝啬鬼，然后把钱给穷人可能会是有益的。……那么接下来我们该说什么呢？我们必须承认这些行为是正当的吗？这将证明暗杀和抢劫是正当的。……还是说我们必须放弃我们的原则——正当的标准就是功利？（第72—73页）

巴特勒主教（Bishop Butler）在较早时候就提出了佩利面对的困境，他在具有广泛影响的演讲集《关于美德性质的演讲》（1736年）中提出警告，任何直接追求格老秀斯所说的"爱的法则"[以及我们所说的"慈善原则"（the principle of beneficence）]的做法都有风险，该法则要求我们总是以最大化的良善结果为行动目标。佩利恰恰运用巴特勒建议的方式逃离了这个困境：通过明确规定，确定一个行为的效用的相关因素并不是特定的后果，而是一般性的后果，也就是说，违反了禁止暗杀和抢劫这种一般性规则的结果。如果一个行为的一般性结果——也就是承认这类行动作为一般性规则的后果——和效用背道而驰，那么这个行为的特定结果就是无关紧要的。因此,佩利接受了被称为规则功利主义(rule utilitarianism)的学说,我们将在后面再次讨论这个学说。

权利只是上帝命令我们尊重的一般性功利规则所赋予的保护。佩利继续区分自然性(natural)和"偶然性"(adventitious)权利、可转让和不可转让权利(alienable and inalienable rights)以及(追随格老秀斯)完全和不完全权利。自然性权利是人们可以无视国家制度存在而享有的权利,而偶然性权利则需要依赖于这些制度。偶然性权利包括君主的统治权,而且这种权利的约束力不亚于自然权利。上帝命令我们遵循幸福最大化的一般性功利规则,无须顾及它们的来源。然而,来源的模式与一项特定权利是否可转让相关联。除了那些源自规定本人履行的契约的权利,所有权利都是可转让的。因此,一位主人不能转让其要求仆人做事的权利,一位国王也不能转让他的王国。然而,公民权利并不属于这种类型。"公民自由权是可转让的,虽然在人们对它的狂热追求中以及一些政治抗议的语言中,公民自由权经常被表达为一种不可剥夺的权利。"(第90页)

那么英国殖民地对非洲人的奴役是什么呢?多明我修道会一度援引可转让的主观权利来为奴隶制辩护。佩利并没有寻找一种同意的借口来支持当时对奴隶制的证成。关于奴隶制的正义性,《圣经》是沉默的,殖民地政府残酷无情,而奴隶的生活状况令人感到痛苦且悲惨,"但必然性是虚假的,每一种暴行都试图用其之名作为正当理由……"(第235页)佩利驳斥了从必然性得出的观点,但也没有援引或推导出非洲人享有任何自由权利。相反,他期待通过奴隶的"逐步解放"使"令人可憎的制度"消失。像很多反对奴隶制的人一样,佩利选择从奴隶主和蓄奴社会的义务方面而不是从奴隶的权利方面构建他的反对立场。

佩利认为,穷人得到富人馈赠的权利是不完全权利,就像格老秀斯和普芬道夫一直认为的那样。

　　一开始,我们很难理解一个人如何有权利得到某个东西,但却没有权利运用必要手段获得它。这个困难就像道德上的其他困难一样,可以通过一般性规则的必然性加以解决。答案就是,由于权利客体或环境的不确定性,允许使用暴力的结果会导致在根本不存在任何权利的情况下也允许使用暴力。(第91—92页)

因此,举例来说,尽管穷人有权从富裕的邻居那里获得救济,但如果后者拒绝提供救济,那么穷人则不能通过盗窃或勒索的方式获得他们所需的东西。

　　穷人有权从富人那里获得救济,但是救济的方式、时期和数量,以及谁将提供救济和提供多少都是不确定的。如果允许穷人自己去确定这些要求,那么将使财产暴露在如此多的这些要求之下,以至于它将不再是财产。(第93页)

同样,爱的法则强加给他人的慈善义务是不完全义务,但并不因此就变得不那么重要。事实上,佩利确信,比起违反一项实在法义务,不履行不完全义务的行为是一种"更大的恶"。不帮助一个穷困的流浪汉可能要比偷他的头巾更加糟糕。

佩利认为,在这种多样性背后隐藏着一种令人满意的结构。"积极"义务就是采取肯定性行动的义务,"在一定程度上经常是不确定的",因此是不完全义务。强加于他人积极义务的权利因此也是不完全权利,也就是说,权利主体不被允许运用直接的暴力去保证该义务的履行。"消极"义务就是禁止令,一般情况下是确定的,因此是一种完全义务,当其与一项权利相关联时,权利主体就被允许去强制执行。因此举例来说,父母有获得子女尊重的不完全权利,但有一种不被子女杀害的完全权利。佩利很巧妙地总结道:"宗教和美德在不完全义务中找到了它们的原则性运用,而公民社会的法律很好地照顾到了其他方面。"(第95页)

八、法国的《人权和公民权利宣言》

正当佩利将权利写进教科书的时候,在英吉利海峡对岸,法国发生的事情正在加速发展。在那里,王室对美国的支持导致了巨额国家债务的积累。美国独立战争在法国激起了广泛的同情和支持,其原因远不止美国独立削弱了英格兰这个法国的老对手这一事实。在波旁王朝统治下,法国形成了一种文化,该文化融合了无情打破传统的理性主义哲学和一种社会结构,前者的代表人物有狄德罗(Diderot)、爱尔维修(Helvetius)、达朗贝尔(D'Alembert)、伏尔泰(Voltaire)和(某一时期的)卢梭,后者支持着一个富裕的宫廷、一群傲慢的贵族、一群依靠底层社会的富裕神职人员,而这些底层社会成员对国家事务几乎没有发言权。路易十六(Louis XVI)宫廷的奢侈、无能和麻木导致了财政危机以及随之而来的政府危机,这种危机在1789年通过一系列前所未有的事件达到顶峰。

为了寻求解决这种危机的方式,国王在凡尔赛召开三级会议。三级会议由三部分组成,分别代表贵族、神职人员和第三等级,第三等级相当于有产阶级的其他部分。会议期间阴谋四起,导致第三等级脱离了三级会议,自行组成国民议会,邀请其他等级的成员加入,并宣誓效忠整个国家。食物短缺和保王党通过炫耀武力威胁国民议会的种种措施共同激起了巴黎街头的骚乱,并在攻占巴士底狱时达到高潮,监狱长和巴黎市长被处以死刑(他们的头颅被挂在矛尖上游行示众),国王被强行从凡尔赛带到巴黎并向群情激奋的巴黎人——这些人只能用"暴民"来形容——做出保证。

一场革命正在进行中,而且这场革命与美国的革命有所不同,它撕裂的是一个历史悠久的王国(不久后就被称为"旧政权")的心脏,而不是王国遥远的附属殖民地。在革命期间,法国国民议会颁布了一份《人权和公民权利宣言》,该宣言第一次将其描述为"人权",称其为"自然的、不可侵犯的和不可剥夺的"。该宣言的主要起草人是拉法耶特侯爵(the Marquis de Lafayette),他是美国独立战争的英雄;与之合作起草的不是别人,正是杰斐逊本人。该宣言由十七条条款组成,最核心的是前三条:

第一,人生来就是而且始终是自由的,在权利方面一律平等。社会差别只能建立在公益基础之上。

第二,一切政治结合均旨在维护人类自然的和不受时效约束的权利。这些权利是自由、财产、安全与反抗压迫。

第三,全部主权的源头根本上乃在于国民。任何团体或任何个人皆不得行使国民所未明确授予的权力。

其他十四条规定特别指出:政治自由包括"去做任何不伤害他人之事的权力",因此,"法律应当仅仅禁止有害社会的行为"。逮捕要依据法律程序;施加任何的惩罚应属必要,而且只适用于已经确定的罪行;被控告的人在审判中被推定为无罪。宣言进一步保障宗教观点的自由(只要它们的表达没有扰乱法律所建立的公共秩序),保障言论和出版自由的权利(但要服从于法律程序中的"不得滥用"原则),保障因公共需要征用财产的受偿权。

然而,法国英勇无畏的开端迅速地走错了路。革命者们分成不同的派系,最终占据主导地位的雅各宾派不得不统治法国,面临着国内阴谋和分裂的威胁以及国外君主军队的侵略。持续的食物短缺加剧了问题的严重性,这变成了一个难以言表的公平问题,即绝大多数法国民众是否要比在路易十六的统治下过得更好。1792年8月,国民议会中的一位医生代表推荐断头台,认为这是一种人道的、有尊严的和平等的死刑惩罚方式,于是断头台忙着收割公民的生命,从被逮捕到执行惩罚,没有基本的正当程序。"断头台"或"法律的利刃"被要求指向路易十六及其皇后玛丽·安托瓦内特(Marie Antoinette),以及在恐怖统治最终结束前成千上万的受害者,其中包括化学家拉瓦锡(Lavoisier)和激进的雅各宾派领导人丹东(Danton)、德穆兰(Desmoulins)、罗伯斯庇尔(Robespierre)和圣加斯特(Saint Just)。基约谭博士(Dr. Guillotin)自己也被关进监狱,而且差点死在他改进的杀人机器上。拉法耶特侯爵之所以能避免必须"透过共和的窗户向外看",只是因为他被奥地利人俘虏了。才华横溢的孔多塞侯爵(Marquis de Condorcet)自杀,只是为抢先实现共和主义的正义。

人和公民的权利变成什么样了呢?就像戏剧人物、雅各宾派革命者克拉德·荷波斯(Collot d'Herbois)表达的那样:"人权被制定出来,不是为了反革命者,而只是为了无套裤汉们。"无套裤汉就是字面意思上"没穿套裤"的那些人,辛勤劳动的生活不允许他们穿富人利己主义者们喜欢的豪华套裤,他们怀疑这些富人们密谋抬高了面包的价格。

第三章 "有害的胡言乱语"?

时间到了18世纪末,权利修辞已经被证明有能力去启发和激励个人,并足以破坏已经建立的政治和道德秩序。但是,它未能成功地将自身确立为一种融贯的和有说服力的话语模式。在英国的前美洲殖民地,《权利法案》使得一部政府宪章得到完善,尽管这个宪章具有实验性质,但它最终被证明是人类历史上最成功的宪章之一。但是在法国,《人权和公民权利宣言》被证明无法阻止革命演变成一种恐怖统治。如果美国和法国的革命被认为是一场实验,那么它们验证了权利概念成为我们理解政治安排的核心所具有的实践价值,而这个结果明显是喜忧参半的。

甚至很多支持美洲殖民地事业的英国人,比如爱德蒙・柏克(Edmund Burke)、杰里米・边沁(Jeremy Bentham)和约翰・奥斯丁(John Austin),都反对颇具修辞性地强调权利。对于英国大规模的政治和道德改革,柏克并不赞同;像边沁和奥斯丁这样的功利主义者则将功利观念而不是权利观念作为改造社会的关键。

一、爱德蒙・柏克

从英格兰的角度来看,1789年的法国大革命对一些人来说令人惊恐,而对其他人来说却是鼓舞人心的。很多被鼓舞的人建立了一个革命协会,决心将法国大革命的原则适用到英格兰。不是那些受到鼓舞的人,而是那些被吓到的人找到了爱德蒙·柏克作为发言人,他是一名议会议员,一直是美洲殖民事业的拥护者和殖民地独立的支持者。在他1790年出版的《反思法国大革命》一书中,柏克用强有力的措辞谴责了法国的《人权和公民权利宣言》。该书在英格兰和法国引起了轰动,而且招致了支持法国大革命的英国友人的愤怒和几乎直接的反驳。如果权利对美国人来说足够好,那么为什么柏克认为它们不适合法国人,或者说同样不适合英国人呢?

答案在于柏克对美国人以及爱尔兰人和印度殖民地人民的同情,并不是源自尊重他们的"形而上的抽象"权利,而是源自尊重他们各自传统的完整性和价值。此外,柏克并不否认权利的存在。"对于真正的人权,我远远没有在理论上否认,犹如我的内心完全不会在实践中进行阻挠。如果公民社会是为了人类利益而建,那么所有的利益都会成为人的权利。"(第56页)然后,柏克列举了一系列"真正的"权利,鉴于他抨击法国《人权和公民权利宣言》的基本情况,他列举的内容出乎预料地丰富多样。这个清单包括如下内容:一种接受法治统治的权利;一个人不仅有权获得劳动的"果实",而且有权获得劳动丰产的手段;继承权;有权让儿童"获得营养和成长";一种可以做不侵害他人之外任何事情的权利;一种"公平分配"的权利,尽管并不必然是一种"合资股份"的"平均分配",但公民社会本身就是"一种慈善制度",而法律本身"只是依规则而行的慈善"(第56页)。如果有什么区别的话,柏克的清单似乎扩展而非减缩了法国国民大会提出的清单。那么分歧在哪里呢?

柏克的异议与权利的基础和定位密切相关。对于革命协会和法国《人权和公民权利宣言》的作者们而言,权利是自然的,并且为已确立的政府提供了一个外在的"阿基米德支点",享有权利的人可以据此改变甚至推翻政府。这就是根据洛克观点构建起来的权利性质。柏克否认权利能够具备这些特征:

> 对于每个人在管理国家中应该拥有的权力、权威和指导的份额,我必须否认这是公民社会中人的直接性原始权利。因为在我的思考中,只有公民社会中的人而没有其他。这是一件依据习俗解决的事情。(第56—57页)

在此,柏克并没有提及戴维·休谟(1789年),但是他自己却利用了休谟对社会契约观念的批判,以及休谟将正义的"人造美德"作为习俗(convention)问题的替代性分析。休谟嘲笑洛克将社会契约理解为一种历史事件。制度的起源和稳定性可以归结为紧密相连的习惯和预期,而不是任何公式或宣言,尽管制度一旦产生,总是能够依据规则进行解释。柏克就是像这样应用他的理论:

> 如果公民社会是习俗的产物,那么习俗必然是公民社会的法律。这种习俗必然会限制和修正根据习俗确立的所有宪法性描述。各种类型的立法权、司法权和执法权都是习俗的产物。它们不可能存在于任何其他状态;在公民社会的习俗下,人怎么能主张那些根本不需要存在的权利呢? 怎么能主张那些习俗完全难以接受的权利呢? (第57页)

柏克的观点认为,任何看似合理的权利规定都以存在一种社会习俗背景为前提。权利不能轻易地被理解为像外部阿基米德支点一样发挥功能,从而被革命批判者用作颠覆那些习俗的支点。因此,在没有任何过渡的情况下,柏克认为,即使根据表面的判断,洛克的观点作为一种对稳定(stable)社会的解释,也注定是失败的。

> 文明社会的首要目的之一就是任何人都不应当做自己事务的法官,这也成了文明社会的基本准则之一。这样的话,每个人都立刻被剥夺了他自己享有的作为未立约之人的首要基本权利。他放弃成为自己统治者的所有权利。在很大程度上,他内在地放弃了作为第一自然法则的自卫权。人不可能同时享有未开化状态的权利和文明国家的权利。(第57页)

柏克接着重复了促进人们放弃自然权利的霍布斯式理由:"对任何事物都拥有权利,那么他们就想要(换句话说缺乏)任何事物",因此他们建立了政府,"一种超越自身的力量"成为满足这种需求的必要手段。但是,为什么柏克要假定所有的自然权利都不得不转让给社会呢? 即便是霍布斯也认为自卫权不能理性地被放弃。柏克继续说道:

> 一旦剥夺了人的完整权利,即每个人管理自己的权利,从那一刻起,整个政府的组织就变成一个便利(convenience)的问题……一种最微妙和复杂的技术……政府管理中的人的权利就是他们的利益;而且这些利益往往是不同善之间的平衡;有时候是善与恶之间的妥协,有时候是恶与恶之间的妥协。政治理性是一种计算原则,也就是在道德上而不是形而上学或算数上对真正的道德因素做加减乘除……人没有权利去做不合理的事情。(第58页)

第三章 "有害的胡言乱语"?

无论人们如何构建"完整的"(full)自然权利,一旦为了实现一种利益而放弃这些权利,关于权利的实质和维度的各种问题——不管是放弃还是保留权利——都会被引入关于利益和合理性方面的一般性争论中。这才是我们讨论的真正内容,权利就是这种讨论的结果(output),它们并不是这种讨论的参数、边界条件或外部"边际"约束。比如说,即使我们同意霍布斯和洛克所言的自卫权被保留而不能让渡,但经过再三考虑,我们不得不承认,任何在法律上和社会上承认的保留权利的对应物,都可以被理解为受到了社会的考量和环境的形塑。权利"无法被定义,但并非不可能被识别"。对权利的识别并不是通过先验(a priori)推理得来的,而是通过经验学习得来的,而且是"长期的经验":

> 甚至要比任何一个人在他整个人生中获得的经验更多,不管他可能多么敏锐和具有洞察力。因此,任何人若想冒险去拆毁一幢多年来尚可满足社会共同目的的大厦,或者在眼前并不存在被认可有效的模式和模型时重建它,都需要极其谨慎。(第58—59页)

对洛克关于权利的理解,柏克提出了两种不同类型的抨击。如果只是抽象地理解权利,而不是依照习俗界定根植于法律或者至少地方或国家传统中的"实在"权利,那么,第一种类型强调权利的不确定性(indeterminacy)。第二种类型是对于如下观念的一种道德性抨击:哪些权利与合理性和效用性的标准相抵触(opposed)。

简言之,柏克的批评包括(可能是混淆)了一种习俗主义的权利批评和功利主义的权利批评。(解读柏克更具复杂性,因为在其他文章中,他似乎对包括权利在内的现代社会及其相关所有事物进行了一种感伤主义甚至是非理性主义的攻击。)然而,这两种批评之间存在一定程度的相似性,柏克认为过去提供了"公认有效的模式和模型",这使得他和佩利等规则功利主义者并肩为伍。规则功利主义者确信,功利或"最大多数人的最大幸福"是终极的道德标准,但他们并不将这种标准直接适用于个人行为,而是适用于行为类型。规则功利主义认可那些规则,它们旨在挑选出能够促进最大效用的行为类型。对于柏克而言,传统和习俗是两种至关重要的方式。它们总结了历代对于什么能和什么不能促进所有人福祉的智慧,而且这些智慧能够激发人们具有这种倾向的情感(affection),如果没有这种情感,人们不太可能一直被激励去行动。

这可能不是看待柏克的批判的唯一方式。另外一种方式强调他的思想中习俗主义的面向,而且他否认权利可能脱离特定的社会环境而存在。特别是,这种习俗主义否认将本土认定的习俗性权利嵌入任何普遍使用的道德框架的可能性。依此看来,柏克可能被认为是一位权利的道德相对主义者,或展望未来,他会被视为一位对权利进行社群主义批判的先驱。对此我们将在后文进行简要介绍。

二、 威廉·戈德温

柏克充满激情的《反思法国大革命》几乎刚一出现,就招致同样充满激情的反驳。托马斯·潘恩(Thomas Paine)在《人权》(1791年)一书中为法国大革命进行了广为人知的辩护,并摧毁了柏克的如下主张:反对王室的英国臣民可能会主张的任何自然权利,在拥立威廉和玛丽登上王位的解决方案中已经被放弃了。潘恩着重强调,权利是个人的

(individual),前代人不能放弃他们后代的自然权利,应将他们视为独立的个体,而不是后继者。然而除此之外,潘恩对于柏克的权利批判几乎没有做出实质性的回应。玛丽·沃斯通克拉夫特(Mary Wollstonecraft)在她的著作《为人权辩护》(1790年)中同样没有做到这点。沃斯通克拉夫特后续的具有开创性的著作《为女权辩护》(1792年),引起了托马斯·泰勒(Thomas Taylor)等人的嘲笑。在泰勒的仿作《为动物权利辩护》(1792年)中,他含沙射影地指出,赋予女性与男性平等的权利会走向一种滑坡谬误,从而导致承认动物权利的(预期性)谬论。

尽管现在鲜有人阅读,但威廉·戈德温(William Godwin)在1793年出版的《论政治正义》中为革命精神进行了最为彻底的辩护,英国散文家威廉·黑兹利特(William Hazlitt)评论道:"在我们这个时代,没有任何作品能给这个国家的哲学思想造成如此大的打击。"(1825年,第202页)戈德温和柏克一样,适应了在英格兰占据主导地位的普遍的功利主义道德思考方法。但在几乎所有其他方面,很难想象同时代的两个人之间会有如此极端的对立。作为一位功利主义者,戈德温认为正义就像道德一样,通常都可以被简化为一种依照快乐和痛苦对相关后果的计算,而这些后果可以通过选择性行为被预测。但是,戈德温对功利主义原则的理解并没有顺从传统智慧或共同情感。比如说,如果一个人面临从火灾中救出自己的父亲还是拯救一个慈善博爱的陌生人的选择[在戈德温的例子中,这个陌生人是费内隆大主教(Archbishop Fénelon),他影响了卢梭,并和他一起安息在先贤祠],那么他在道德上应当拯救那个慈善家。"'我的'这个代词具有什么魔力,竟然能证明我们推翻公正真理的决定是正当的呢?"依照同样的逻辑,穷人有权从拥有财富的人那里获得帮助,为了造福人类,财产通常只是"作为一种信托"而被持有。甚至我们的生命也不属于我们,"严格来说,我们实际上没有什么是属于我们自己的"(第170、194页)。

同样,承诺本身也没有约束力。一旦有一个相互冲突的机会来做更大的好事,那么履行诺言的义务就终止了。尽管戈德温后来试图掩饰从他的著作中得出的一些令人震惊的结论,但将功利主义原则适用于行为[最终可以称之为"行为功利主义"(act utilitarianism)]的这种令人不安的倾向却是确定无疑的。因为我们几乎总是有能力去行动,而且事实上除了在道德上无关紧要的选择,我们从未面对过其他选择,在我们生命的每个时刻,总有一些我们有义务去做的行动,这种行动将最大化人类的快乐。虽然对于戈德温的整个学说是否属于行为功利主义一直存在争议,但毫无争议的是,无论戈德温的学说被如何描述,他的学说都是一种顽强的(strenuous)学说,或者说不管是否是戈德温的学说,行为功利主义都是一种顽强的学说。

在戈德温看来权利是什么呢?他在很大程度上同情法国人,而且为潘恩的《人权》出版提供了便利,这也使得自己暴露在一些个人风险之下。他最终娶了玛丽·沃斯通克拉夫特这位人类(men)权利和女性(women)权利的捍卫者。然而,戈德温对权利的批判也是毫不留情的、严厉的:

> 人权和其他许多政治与道德问题一样,之所以成为人们热切而又纠缠不休的争论话题,更多的是因为对问题混乱且不准确的陈述,而不是因为问题本身存在很大的困难。
>
> 人的真正的或假定的权利有两种:主动性(active)权利和被动性(passive)权利;在某些情况下做我们想做之事的权利(the right in certain cases to do as we list),以及我们得到他人的容忍和帮助的权利。
>
> 一种正义哲学可能会引导我们普遍地打破上述第一项内容。

在任何一个人类活动的领域内,一种活动模式在任何特定情况下都要比其他模式更为合理。在这种模式中,人类受到所追求……的每一项正义原则的约束。(第191—192页)

正如前述所证明的那样,他们不可能有义务做任何有害于普遍幸福的事情,因此,有同样的证据表明,他们也不可能有权利这样做。再也没有什么主张比申明做错事的权利更荒谬的了。(第196页)

根据戈德温的观点,一种"主动性"权利是无效的。任何行动要么是一个人的义务,或者与之相反,要么是无关紧要的。履行一个人的义务并不是"做自己想做之事"(doing what one's lists),所以这里不存在主动性权利。一种违反义务的权利就等于做错事的权利,这在戈德温看来是一种谬论。尽管可能存在一种在无关紧要的行为之间进行选择的权利,或者选择无关紧要的手段来达到目的的权利。在戈德温看来,这样的例子少之又少,而且只是因为行动者的无知才会出现:

如果存在任何的主动性权利,那么首先,它将不是一种完全的权利,这是无知和愚蠢的产物。其次,如果有这样的事情,即使经过人类最好的判断,也不能看出它与人类的幸福有丝毫的关系,那么这种权利只会涉及这些无关紧要的事情。(第193—194页)

那么根据他的定义,什么是"被动性"权利呢?是获得宽容和帮助的权利吗?戈德温转而论述这种权利:

人类拥有一种生命和个人自由的权利。如果这个命题被承认,那么它必然被认为具有很大的局限性。当他的义务要求他放弃生命时,那么他就没有生存的权利。如果在任何情况下这种做法对于防止更大的恶是必不可少的话,那么其他人就有义务(用严格的语言来说讲,主张他们拥有一种权利是不正确的)去剥夺他的生命或自由。(第197—198页)

戈德温不仅要咬紧牙关迎难而上,而且要咬碎后槽牙面对。功利原则一并消解了主动性和被动性权利,或者看起来是这样的。但戈德温继续论述道:

> 人的被动性权利将从以下的说明中得到最好的理解。每个人都有一定的自主空间,在其中,他有一种权利期待免遭邻居的侵犯。这种权利恰恰来自人的本性。每个人都必须立足自身并依靠自己的理解。为此,每个人都必然有自己的自主空间。任何人都不能侵犯我的空间,我也不能侵犯他人的空间。他可以温和而不固执地给我提供建议,但千万别指望对我发号施令。他可以自由而毫无保留地指责我……(而且)在判断时可以像共和党人那样大胆,但在开处方时不能专横跋扈。只有在极不寻常和极其紧急的情况下才能诉诸武力,我应当为了他人的利益而发挥自己的才能,但这个行动必须是我自己信念的结果。(第198—199页)

因此,对戈德温而言,至少存在一种权利:反对被迫采取与自己判断相反行动的被动性权利。从某种意义上说,它是一种"做错事的权利"(right to do wrong),尽管它并不是一种"主动"做错事的权利,而是一种在自主空间内反对干涉的被动性权利,在此空间内,必须允许行动者根据自己的喜好进行选择。戈德温对个人价值的拔高是如此没有限制且具有彻底性,以至于我们不可能满怀信心地将他归类为功利主义者。对他而言,有时候精神独立不仅是一种获得快乐的手段,而且本身就具有价值。然而,即使是这种权利,在紧急状态下也必须做出让步。此外,运用建议和责难的这种判断自由并不是一种权利。事实上,所有人都有义务鼓励他人做最好的事:

> 就像我们有义务迫使自己履行特定行为去慎重对待自己的才能和财产一样,我们的邻居也有义务慎重对待他自己的告诫和建议。如果他不能利用他的权力范围内的一切手段来纠正我们的错误,并且为了达到这个目的,他未能在他认为必要的情况下对我们的倾向和行为提出最毫无保留的批评,那么他要对这方面的疏忽承担罪责。某些问题在我的职责范围内,因此无论他是否接受请求,他都无须帮助我做出正确的决定,这样一种假设是非常荒谬的。(第 194 页)

因此,"自主空间"并不仅仅关注行为人,或者仅仅关注一个人做什么都与别人无关。在这个范围内,其他人可以而且必须鼓励行动者做最好的事情,但是通常不能强迫行动者去行动。此外,在戈德温认为的理想的小型社群中,道德错误将会通过"对所有人实行的检查"和运用无情的社会压力——每一个旁观者的谴责——来加以制止(第 717、794 页)。

戈德温还承认第二种类型的被动性权利,即"每个人都有获得邻居帮助的权利"。对于戈德温而言,无论功利原则在何种情况下将帮助我的义务强加于他人,我都可以说自己有权得到这种帮助。这种权利只是义务的"另一面"。

我有权得到邻居的帮助;他有权不被强力敲诈勒索。他有义务为我提供我所需要的东西;我有义务不去违背他对于他是否会提供给我以及能提供给我多少的理解。(第735—736页)

戈德温承认,接受帮助的被动性权利徘徊在格老秀斯所说的完全权利与不完全权利之间的模糊地带。回想一下,在格老秀斯看来,一种完全权利是可被执行的权利,而不完全权利则不然。戈德温认为,获得帮助的被动性权利并不是说权利持有者可以强迫其他人尊重该权利,在这个意义上它是一种不完全权利。但是权利持有者和其他人可能给那些拒绝提供所需帮助的人带来毁灭性的社会压力,就此而言,该权利几乎是一种格老秀斯意义上的"完全"权利或可执行权利。

戈德温体系的一个显著难题是他的财产理论。从最严格的意义上来讲,财产是依照功利原则进行分配的,而且只分配给那些拥有这些东西则能给人类幸福带来最大净收益的人。但是在不那么严格的意义上,戈德温大致沿着洛克的思路,认为财产就是混合了劳动的产物。一旦有人在这种意义上占有某物,那么他就成为该物的"管理人"(steward),当其他人对他所管理的东西提出要求时,他的个人判断的权利就开始发挥作用。

穷人拥有严格意义上的财产权,但如果该权利不能被强制实施(是"不完全的"),那么这又有什么用处呢?戈德温有一个困难需要解决,威廉·佩利则用简单的权宜之计回避了这个问题,他提出上帝将会在这个吝啬鬼死后惩罚他。然而,戈德温的无神论否认了这一点,所以他的第一步就是提醒我们,强制实施权利的行为和所有行为一样都要服从于功利原则。因此,如果实施一项权利会造成幸福的净赤字,那么它就会被禁止。然而,这个提醒似乎不符合戈德温的原则,因为它似乎要求需要帮助者无休止地屈从洛克式财产所有人的吝啬或固执。戈德温做了进一步的回答。首先,我们必须记住,在特殊情况下,尊重私人判断权的效用本身会被功利原则超越。如果一场大火有毁灭这座城镇的危险,而毁坏另外一座房子将会阻止更大的破坏,那么所有人都会允许这么做。其次,我们必须回想一下,思维正常的人所保留的力量就是使吝啬或固执的财产管理人感到羞耻,并进而使他们做出分享:"每个人都会生活在公众的目光下,而他的邻居的反对——这种强制不是来自人类的反复无常,而是来自经验体系——将不可避免地迫使(不法行为者)改变或移居。"(第664页)戈德温没有考虑那些既不选择改变也不选择移居的不法行为者带来的麻烦。

戈德温对政府权威的观点和他对传统道德教义的观点一样具有狭隘性。在今天,人们把他解读为哲学无政府主义(philosophical anarchism)的倡导者,这种主义否认存在(甚至可能存在)任何合法的政府。像柏克预见的那样,在法国大革命陷入恐怖统治之后,戈德温的影响力迅速减弱了。尽管戈德温公开表示支持"很多改革,但不赞同革命"(第252页),但是他已经变得过于认同极端主义、乌托邦主义、放任主义和无政府主义,以至于我们不能有把握地将他列为后续权利理论发展的一个权威的或重要的贡献者。尽管如此,但正如我们将看到的,他的诸多分析就像一条地下的河流,往往一次又一次地涌现出来。

三、杰里米·边沁

和柏克一样,杰里米·边沁也是美洲殖民地独立运动的支持者,但与柏克截然不同之处在于,他还是一位孜孜不倦(有时可能令人厌倦)

的改革斗士。在使功利主义成为一股社会力量上,边沁被认为远超他人,首屈一指,他的影响在今天也远超以往任何时候。任何运用成本/收益分析(cost/benefit analysis)来讨论问题的人,都应当在智识上感谢边沁。他既不是一个尊重制度的人,也不像戈德温那样是一个乌托邦主义者。但他与戈德温和柏克相同的地方是他对新兴的自然权利理论持一种怀疑态度,他认为这种观念的特征就是"有害的胡言乱语"。一般来讲,边沁并不反对权利思想。事实上,我们将会看到,在法律语境中权利话语也能够得到完美的理解。但是,在"实在"的法律语境之外,权利语言仅仅是一种虚构。因为边沁不愿意赋予自然权利观念以任何意义,也不愿意赋予法律场景之外的任何道德权利以任何意义,所以他当然对功利主义道德权利(与功利原则支持的法律权利相反)这个主题没什么可说的。边沁之所以成为权利史上重要人物之一,有两个方面的原因:首先是他对自然权利观念的否定性批判;其次是他对"实在性"权利,也就是对法定权利的肯定性阐述。

无论在否定性批判还是肯定性批判中,边沁都运用了一种一般性方法论,他经常用该方法界定术语的含义。通过谨慎地注意语词的含义,边沁展现了哲学家们(至少是其中的一些人)对避免语义混乱和晦涩这种重要问题上日益增长的敏感度。但是,语词的含义往往并不是孤立的;重要的测试是在语境中出现的一个语词能否通过经验性概念"转换"的方式被转译。边沁一直在经验主义哲学传统中进行工作,在这种传统中,知识只有在与人们的实践或潜在经验相关的情况下才是知识。"权利"就像"奇迹""女巫""理由"或诸如此类的事物,也不得不接受这种测试。只有在经受住这种考验后,它们才有意义,否则它们就是字面上的"毫无意义",仿佛没有参考价值或真理价值的噪音。一个人不需要因为对存在权利时可能发生什么感到好奇而接受对含义的经验主义测试的充分性。

（一）边沁对自然权利的否定性批判

法国的《人权和公民权利宣言》成为边沁研究分析的素材，正是这份文件促使柏克开始思考权利问题。《人权和公民权利宣言》经历了一个演变的过程，边沁不无得意地注意到这个事实：

> 比较这个权利清单，不管权利属于谁，属于人类和公民，或者是社会中的人，我们将会发现从1791年到1795年，虽然它们是不可剥夺的，但已经经历了一场变迁。事实上，对于一系列不可剥夺的权利，我们不得不承认它们是相当不稳定的。在1791年，只有两种权利：自由与平等。在《人权和公民权利宣言》第二款制定出来时，三种新的权利开始出现……也就是财产、安全和反抗压迫：总计是四种……而不是五种；因为在同一时期，平等遭遇到了意外，不知怎么就找不到它了。在1791年到1795年间，它又被找到了……（但是）在寻找反抗压迫的权利时，我们发现它又被踢了出去。（第525页）

但是边沁发现，比前后矛盾更糟糕的是，《人权和公民权利宣言》中有一种无政府主义的倾向，混合着高卢人的鲁莽："听着！你们这些海洋彼岸的(英国)公民们！你能告诉我们你有什么权利吗？不，你们不能。我们才懂得这些权利：这些权利不仅是我们自己的权利，而且也是你们的权利……"（第497页）在提出一连串诸如抽象、煽动自私的激情、混乱、虚假和胡说八道的指责之后，边沁痛斥了自然权利概念本身：

> 事物的真理何在呢？不存在所谓的自然权利，不存在政府建立之前所谓的权利，不存在与法律相对立的所谓自然权利：这种表达只是一种比喻；当我们使用它时，当你试图赋予它一种字面意思时，这会导致犯错，而这种错误会导致灾祸，会导致极端的灾祸。（第500页）

46 在没有提及格老秀斯的情况下，边沁否认了格老秀斯提出的理解自然权利的三种方式——经验、智力直觉和不同情境观察者的共识，其中任何一种方式都根本不会提供任何知识。

边沁愿意接受一种对前政治状态的广义霍布斯式解读，这种解读认为前政治状态有对抗不存在的政府的"完全"自由，但在反对"更强大的个人命令"方面没有任何自由，因此没有安全，没有财产，却有大量极度的焦虑，"因此在幸福方面低于野蛮种族的水平"。在这种状态下，权利将是一种非常可取的创新，"但希望存在权利的理由并不是权利本身——一种希望确立某种权利的理由并不是这项权利——需求并不是供给，饥饿也不是面包。自然权利（natural rights）纯粹是废话：自然的和不可剥夺的权利只是修辞上的胡言乱语——夸张的胡言乱语"（第501页）。尽管如此，对于边沁而言，可能有意义的事情在于不将声名狼藉的自然权利语言拖进讨论之中：

> 在同样主题上直观语言的表述是什么呢？如果说这种或那种权利——一种具有这种或那种效力的权利——应当建立或维持有多么地正当或正确，换言之对社会是有利的，那么废除这种权利就会有多么地错误。但是只要维护这种权利在总体上对社会有利，那么就没有权利不应当被维护。因此，当废除这种权利对社会有

利时,那么就没有权利不应当被废除。(第501页)

在此,边沁仅仅认可中世纪法学家所区分的"客观"意义上的权利,但即使这种权利也要服从一种功利主义的解释。权利仅仅是有益于社会的东西。由此可见,这里没有什么是不可剥夺的,当利益消失时,权利也就消失了。"权利"和"有益于社会"是指向同一对象的概念,只有在这个基础上,边沁才愿意承认独立于法律之外的"权利"话语。如果讨论的是"维持或废除"一项法律权利的益处,那么还存在进一步的限制:"要知道维持或废除这一项或那一项权利是否对社会更为有利……权利本身必须被明确地描述,而不是和一堆难以区分的其他东西混杂在一起,通过运用诸如财产、自由等模糊的一般性术语进行描述。"(第501页)这似乎意味着对这个术语进行审慎观察,在这个过程中,对"维持或废除"那些已被承认的权利是有利的这个问题提出建议可能会有所帮助。因为,如果只是暗示存在如此广泛的法律权利,那么将是胡言乱语的和虚伪的。

边沁进一步提出两个观点:第一,不可剥夺的权利如果存在的话,将会永远束缚住社会的双手,而不顾诸多功利。有些人可能认为这是一个优点,但边沁不这么认为。第二,这些自然权利是如何形成的,目前还不得而知。法国国民议会"假装发现已被创设的权利。那么是谁创设出来的呢?不是上帝,因为他们不允许上帝的存在。是他们的女神即自然创设的"。而且边沁进一步发现,社会契约的起源观念是一种毫无根据的虚构。"契约来自政府,而不是政府来自契约。"(第501、502页)既然我们不知道自然权利来自何处,那么它们也就不可能存在。(边沁并没有理会"功利原则从何而来?"这个问题。)

边沁特别反对所谓的自由权:"所有的权利都是以牺牲自由为代价

的,没有相应的义务就没有权利。"也就是说,没有对其他人自由的相应限制,也就没有权利(第503页)。除非有某些防止干涉的保护,否则自由将不存在,而这种保护必然是对他人自由的限制。因此,自然权利理论面临着一个困境:忽略这种关于自由的事实,禁止政府以任何方式限制自由,而且接受无政府状态;或者承认这种关于自由的事实,将权利限定在它恰好允许的必要法律限制范围内,从而确保自身不受他人的侵犯。但是,如果我们从这个困境的后一个视角进行理解,边沁挑战了自然权利理论学者,要求他们具体说明所谓自然权利的必要条件。同样的限制也必然适用于财产权,"每个人都拥有权利就是任何人都没有权利";除非明确规定了权利的限制,否则所有不可剥夺的财产权利将使得财产与其说获得保障,不如说毫无保障。边沁的论证暗示着,这些限制只能以假定存在一种现存的政治框架为前提进行描述。边沁完全忽略了洛克以及他对财产的自然权利解释。

对于那种影响广泛的自由权和财产权,边沁还有另外一种论证路径(他表明,安全权与反抗压迫的权利也身处其中)。这个论证按照如下方式展开:假定我拥有自由和财产是正当的——边沁似乎也愿意承认这种假定,并将其作为一种对功利考量的概括性表达,而这种功利考量受制于视情况而做出的修正和限制。但是现在允许从权利的客观性维度过渡到"非法定权利"(anti-legal rights of man)语言,也就是说从"我应当拥有所有诸如自由和财产这类的好事是正当的"过渡到在非法定和自然权利的维度上"我对所有这一切都拥有一种权利"(第522—523页)。随之而来的是,如果这种过渡是合理的,那么我就有权去做任何我认为必要的事情来保护自己的自由和财产不受侵害,但这是一种荒谬的结果,它将使得我和所有本应享有平等权利的人处于无政府状态与战争状态。非法定权利就是"无政府的权利"。因此,从客观权利到一种主观的非法定权利的转变必须被拒绝。

边沁再一次选择了一个可能太过容易的目标。赋予自由权和财产权意味着权利持有者还享有进一步保护该自由和财产免于干涉的权利。边沁完全没有采纳洛克那种相当微妙的解释,这种解释关系到人们如何放弃这些与自救有关的自然权利。边沁选择攻击不牢靠而夸张的《人权和公民权利宣言》,回避了洛克所建立的更为强大的论证结构。这并不是说洛克的论证不存在缺陷甚至致命的缺陷,但这说明了我所称的第一个权利话语扩张时期中不那么令人愉快的方面:对人权的更热情和夸张的表达往往掩盖了为它们辩护的更好论点。

对于所有人都应当享有"平等权利"(equal rights)这个命题,边沁指出,如果从字面和一般意义上理解,可能会产生激进的后果:"如果所有人的权利都是平等的,那么就不存在任何权利;因为如果我们对一件事拥有同样的权利,那么任何人都不再拥有任何权利。"(第533页)因此,财产制度与一般性的权利平等无法兼容。

边沁问道:就像向法国国民议会提出的建议那样,穷人可以拥有获得援助的权利吗?这样的权利会针对谁呢?如果针对所有的富人,这将"推翻所有关于财产的观念;因为一旦我无法提供自身生存所需,我就有权拥有你所拥有的东西……这是我的;如果你阻止我,你就是在抢劫我"。即使是戈德温,也不太愿意接受这个结论。或者,提出这种穷人的权利,是单纯地指向富人还是指向整个共同体呢?如果共同体有储备的粮食,那一切都很好,但如果没有呢?假如有一种行善的义务,如果它被认为是在赋予一种权利,那么接下来会发生什么呢?"这将带给穷人阶级一种最错误和危险的观念,它不仅会摧毁穷人对他们恩人的一切感激之情,还会使得他们对抗所有的财产拥有者。"(第533—534页)这种讨论以及类似的讨论表明,尽管边沁的正式态度依然是认为这些主张很荒谬,但他能够很好地理解各种自然权利主张的后果。

(二)边沁对法律权利的肯定性阐述

相较于反对法国《人权和公民权利宣言》中"前法定和非法定"(ante-legal and anti-legal)的自然权利,边沁关于法律权利的著作更为冷静。然而,其著作中的大部分内容直到他死后才出版。根据他的一般性方法,边沁将法律权利视为一种拟制,这种拟制必须与"实体"相联系才有意义,这些相关的实体可以是人(person)、命令(command)和禁令(prohibition)。当人们依照某种方式行事时,他们可以被视为在执行命令或禁令,因此我们处于真实实体的领域内。

服从法律义务只是服从某个人或某一类人以官方身份发布的命令或禁令。法律权利只有在法律义务存在的情况才可能存在。拥有一项法律权利的人是谁?是从一项法律义务中获得利益的一个人或一类人。这就是当我们说到权利时所表达的含义:带来利益的义务(duties that benefit)。边沁如此表达这个观点:

> 一个行为就是一个真实的实体,而一项法律是另外一个实体(一项法律是对处于适合位置的人的命令或禁令)。责任或义务是由前面两者结合而产生的拟制性实体。因此,禁止或命令一项行为的法律创设出一种义务或责任。权利是另外一种拟制性实体,是一种次级性拟制实体。提出任何被规定的义务,要么有人因此变得更好,要么没有任何人因此变得更好。如果是后者,那就不应该创设这样的义务,也就不存在任何与之相对应的权利。如果是前者,那么这个人要么是履行义务的当事人,要么是其他人。如果

是当事人，那么这种义务（如果可以这么说的话）就是他对自己的义务。在这种情况下，不存在任何与之相应的权利。如果是其他任何主体，那么就是对其他任何人的一种义务，那么其他当事人至少有一种权利，可以要求履行这种义务，也可能是一种权力，可以要求强制履行这种义务。(1970年，第293—294页)

在这里，边沁迈出了重要的一步。他将"拥有一项权利"中的"主观性"因素分离出来，而且详尽说明权利包括赋予或至少打算赋予权利持有者的利益。法律权利的本质就是成为他人法律义务的受益人。但这就是法律权利的本质，这样的权利可能是也可能不是"无力的"(barren)，也就是说，它们可能会也可能不会伴随着一种权利持有者可以强制实施的力量，但它们总是通过官方权威得到强制实施，因为法律权利需要法律义务，而法律义务总是(always)以某种形式的官方惩罚为后盾。简言之，边沁的法律权利理论可以被称为一种获益理论(a benefit theory)，或者我们应该将其称为一种权利的利益理论(an interest theory)，而且它与一种义务的制裁理论(a sanction theory)相结合。任何使我受益的法律义务都赋予我一种法律权利，但这可能是一种无力的权利，因为在这种情况下，这种义务不是由我而是由一个官员强制执行，他享有选择不去强制执行这种义务的自由裁量权。

边沁进一步将法律权力(legal powers)解析为法律权利和法律义务，并对这些不同要素进行了一系列有趣的分类和区分。边沁最为引人注目的地方在于，他关于权利的著作将一种创新性的法律权利利益论与一种自然权利(他称之为"非法定"权利)无用论相结合。人们不禁会问：为什么他没有考虑到自然权利利益论的可能性呢？最可能的障碍在于他关于义务的制裁理论。边沁认可佩利关于义务的制裁理论,但不接受佩利对神圣制裁者的信仰。法律权利产生于有益的法律义务。法律义务是一种与真实实体相联系的法律拟制：人、命令、禁令和惩罚。利益是一个真实的实体,包括我们的"至高无上的主人——快乐与痛苦"。为什么自然性道德权利不能类似地产生于有益的自然性道德义务呢？其中唯一缺失的因素似乎是强制执行者。与具有官僚机构的政府不同,除了快乐与痛苦之外,自然无法提供任何道德义务的强制执行者(就像边沁所述,假设上帝并不在这幅图景中)。在这种情况下,为什么边沁不诉诸社会(如果不是我们"至高无上的主人"——快乐和痛苦本身的话)作为拥有相关强制执行权力的主体呢？或许边沁会反感任何可能诉诸卢梭式、法国化的自愿公社观念或共同意志的建议。最有可能的情况是,边沁认为讨论最佳政体的更恰当概念是功利而不是权利。

我们必须提及边沁思想的另一个方面。对边沁而言,道德计算中所考虑的善无非是快乐与痛苦的净数量,这是自然赋予我们的"至高无上的主人"。然而佩利在谈及"最大的幸福"时,在术语上并没有简化为感受到的快乐和避免的痛苦,而边沁认为,这种简化正是避免神秘化并使道德科学化的唯一方法。如果解决道德问题是一个计算快乐和痛苦的净总量的问题,那么任何能够经历快乐和痛苦的生物的体验都是相关的,不管这个生物是不是人类。对于动物的道德重要性,"问题并不是它们能否推理(reason),也不是它们能否说话(talk),而是它们能否感受(suffer)"。边沁预见到,"终有一天,其他动物可能会获得那些权利,而这些权利只有在暴政的控制下才可能被剥夺"(1789年,第282—283页,注释1)。动物是否可以普遍性地拥有权利,还是只有人类才可以拥有权利,我们将重新探讨这个问题。

第四章 迈入 19 世纪：巩固与紧缩

法国大革命的恐怖统治(Reign of Terror)标志着第一个权利话语扩张时期的结束。恐怖统治使得自由行使的权利主张在作为服务于改革的恰当话语工具时变得声名扫地。《人权和公民权利宣言》一直都是大多数法国人崇拜的对象，但自卢梭以来，没有一位法国思想家对我们理解权利产生过重大影响。在法国之外，后恐怖统治时期对权利话语的反应，在英国要比在美国表现得更为明显。这并不令人奇怪，因为法国和美国之间的亲密关系并未减弱，而且美国人并不像英国人，没有理由担心法国未来的进一步发展会带来不利的溢出效应。因此，权利事业在大西洋两岸走上了不同的道路。但这些道路并非截然不同，在很大程度上是因为这两个地方的奴隶制问题开始主导道德上的议题。

一、功利主义准则：作为规则的权利

19 世纪初，功利主义已经成为英国的主流道德理论，但它并非没有自身的难题。功利主义面临的挑战包括去解释追求最大效用如何能够通过某种方式实现自我限制。规则功利主义旨在回应这个挑战，但正如我们将会看到的，它需要得到进一步的详尽阐述。19 世纪的功利主义可能倾向于重建而不是推翻常识性道德规则。功利主义的重建是一个过程,旨在展示一个既定的常识规则如何能通过"最大幸福"原则获得证成。

这种对具有常识性秩序(peace with commonsense)的偏好在多大程度上需要功利主义者去详尽阐述一种权利理论,这一点还不太清楚。"非法定"权利也就是人权观念本身被认为是过时的、令人不安的激进思想。而且,对于哲学上反对自然权利的观点,我们必须给出一个答案。但是英国功利主义者通常都具有一种进步心态,而且在某种程度上,权利已经成为攻击特权和习俗的一个突破口,那么在推翻过去暴政的努力中,权利与功利结合起来的可能性必定很有希望。

二、约翰·奥斯丁

约翰·奥斯丁对运用规则观念的功利主义进行了详尽的辩护。奥斯丁是边沁的邻居和朋友,他的观点深受后者的影响。尽管奥斯丁和边沁、柏克一样,也厌恶自然权利的修辞,但奥斯丁并不像边沁那样,将其视为胡言乱语而置之不理。此外,奥斯丁分析法律权利的方法与边沁有所不同,这种分析尽管微妙,但也被证明具有重要的意义。奥斯丁在一系列讲座中阐述了他的观点,这些观点最终结集出版为《法理学的范围》(1832年)。正如书名所示,这是一种试图将法律定位为一个独特研究对象的尝试,但远不止于此。奥斯丁将法律定义为主权者的命令(the command of the sovereign),这个著名的定义成为法律实证主义(legal positivism)广为人知的基础性准则,然而在这个基本观念中,他明显受惠于边沁。奥斯丁一再表示,他不愿意提出一个详尽的权利定义,尽管如此,他在这个问题上依然有很多话要说。有人反对他将法律定

义为主权者的命令,对此他写道:

> 有人也许会认为,有些法律仅仅创设权利,鉴于每一项命令都施加了一项义务,那么单纯创设权利的法律不具有强制性。但是,并不存在仅仅创设了权利的法律。有些法律的确仅仅规定了义务,这些义务没有与之相关的权利,从而可以描述为绝对的义务。但是,所有事实上授予一项权利的法律,要么明确地要么暗含地设定了一项相对的义务,或者一种与权利相关的义务。如果一项法律做出规定,当权利受到侵害时,享有权利的一方有权要求侵权方做出赔偿,那么这项法律就是明确地设定了一项相关的义务。如果这项法律没有做出这样的规定,那么这项法律暗含地指涉了一个预先存在的法律,并且提供了旨在用预先存在的法律所规定的赔偿。因此,所有事实上授予权利的法律都具有强制性质……(第34页)

在这里,奥斯丁只字没提利益。边沁很尖刻地提出,一种对任何人都没有益处的法律不应该被假定为法律,但是在谨慎地背离边沁后,奥斯丁甚至避免假定法律可以被推定为有益的。就奥斯丁的分析而言,一项权利的持有者甚至并不需要意图从中获益,但是作为一个法定的权利持有者隐含着某种东西,也就是拥有一种救济。这种救济可以在创设相对义务的法律中明确规定,或者这种救济只是默认权利持有者在已有的法律中寻求救济,而对于奥斯丁而言,没有法律救济就没有法律权利。这种救济可能是权利持有者可以选择援引或放弃的救济,因此奥斯丁的分析后来被认为是权利选择理论(the choice theory)的先驱。

无论是起源于边沁的利益理论,还是新兴的奥斯丁的选择理论,都提供了一种抵制将法律权利还原为法律义务的方法。所有的法律权利都包含着法律义务,但反之并不如此。因此,权利话语并不能完全体现义务,我们之前所说的还原性忧虑可以平息了,至少在法律权利的范围内会如此。一项法律权利是一项法律义务加上更多的东西,而且这些东西与作为权利持有者的个人或群体有关系。这就是为什么主观意义上"有权利"——这是中世纪理论家第一次提出的,与客观意义上"是正当的",即履行某种义务,是不同的。到目前为止,边沁与奥斯丁依然处于同一战线,但他们的思想自此开始走向了不同的道路。对于边沁和利益论而言,独具特色的"更多东西"就是义务传达给我们认定为权利持有者的人或群体的利益。但对于奥斯丁和选择理论而言,"更多东西"和谁可以获得救济以及谁可以选择追求或不追求救济有关系。

那么,自然权利是什么呢?奥斯丁不喜欢"自然法"这个概念,因为它容易误导人们将其类比为像物理法则那样的自然法则。因此,我们应当避免使用"自然的"这个概念。如果诉诸"自然"权利只是意味着诉诸道德,那么自然权利就仅仅是道德权利。但"道德"也是一个模棱两可的术语:在奥斯丁看来,它既可以指社会中实在的、传统的道德准则,也可以指上帝颁布的理想道德准则。如果诉诸的对象是仍在发展的社会道德良知,那么它就应该被理解为诉诸一种"神圣权利"。神圣权利有两种类型:显现公开的和隐而不现的。显现公开的神圣权利存在于公开的神圣法律中,也就是说,存在于某些戒律或《圣经》中的神圣启示。

为了界定臣民可能反抗君主的显现公开的权利,我们发现,除了基督建议"恺撒的归恺撒"(《路加福音》20:20)是贴切适当的之外,《圣经》中似乎没有任何答案。但是,上帝启示的诫命并不是全部的神法或神的权利。奥斯丁和历代英国思想家一样，也被佩利的论证所说服。佩利认为，除了《圣经》中公开的具体戒律之外，还有一种隐而不现的神圣律令，"神圣律令通过功利原则而广为人知"（第 238 页）。上帝的完美至善使我们确信他希望他所造的人得到最高的（the highest）幸福，并嘱咐他们去寻求幸福。因此，寻求最大多数人的最大幸福是一项神圣律令所要求的原则。

不同于边沁和边沁的其他追随者，奥斯丁和洛克、佩利都相信，道德义务的约束力最终取决于上帝实施的制裁。上帝在政治正义的细节上透露得很少，但他未透露的意志可以通过运用功利原则而被发现。因此，当我们谈论政府做什么是正义或不正义的时候，或者谈论面对其臣民政府拥有或不拥有什么权利的时候，我们必须被理解为是在谈论政府做什么或不做什么是"一般来说有用的或有害的"（generally useful or pernicious）。因此，举例来说：

> 假定英国政府主权者在殖民地恰恰是至高无上的，它也没有向殖民地臣民征税的法律权利；尽管它没有受到实在法的限制去依照自己的喜好或灵活地对待殖民地臣民……但是，它并没有向美国臣民征税的神圣权利，除非征税符合一般性的功利……（第 238、239 页）

那么面对英国，殖民地居民拥有什么权利呢？奥斯丁大概会像看待英国面对殖民者的权利一样看待殖民地居民面对英国的权利：主张税收侵犯了殖民地居民的权利，只是意味着税收要么违背了显现公开的戒律，要么不符合一般意义上的功利。《圣经》中不存在显现公开的权利；事实上，"恺撒的归恺撒"这个禁令显然与上帝向君主发布的某些特定命令相矛盾,这些命令能够构成不向殖民地居民征税这项神圣权利的基础。尽管如此,向殖民地居民征税是否具有一般性益处是一个公平问题。这里没有胡言乱语,尽管边沁不这么认为。自然权利的那种具有煽动性的"非法定"修辞能够被理解为一种诉诸功利原则来对抗实在法的标准。

这是否意味着每一个殖民地居民都要运用功利原则解决纳税的一般性功利问题呢?奥斯丁反对任何戈德温式的行为功利主义路径:

> 我们不应该将行为视为单独的或孤立的,而是必须将其看作属于一类行为……这是需要解决的问题:如果人们普遍地从事一类行为,或者普遍地容忍或忽略一类行为,那么这将会对大众的幸福或福祉产生什么样的可能影响呢?就其本身而言,一种有害的行为似乎是有益的或无害的。就其本身而言,一种有用的行为也可能是有害的。但假如(这类行为)具有一般性……而且确定了结果的性质……
>
> 如果我逃避了一个良善政府的强制性征税,这种有害的容忍所产生的具体效果无可争议地是有用的。因为我不适当截留的钱对我自己而言是有利的。而且与大部分公共收入相比,逃税这个数字太小了,从而显得微不足道。但是,定期交税是政府存在的必要条件。我和共同体中的其他人都能享受着政府提供的保障,因为很少有人会逃税。(第42—43页)

奥斯丁承认,在某些情况下"特定考量在很大程度上平衡或超过一般性的考量",以至于"遵守规则的恶超过打破规则的恶",在这种情况下,"我们必须忽略规则,直接诉诸制定规则时所依据的原则;而且尽可能运用我们的知识和能力计算特定的后果"(第53—54页)。即使在疑难情况下,我们也必须诉诸特定行为的效用。奥斯丁举例证明了一种服从变成暴君的主权者的规则,这种直接诉诸功利的做法优于神秘主义。他发现神秘主义影响了任何对权利的直接(direct)诉求,而这种诉求只会引发对立各方之间的"口水战",每一方都援引一种与其对手相反的权利。

奥斯丁对权利理论的主要贡献在于他提出权利主体可能享有的救济是一项法律权利存在的必要组成部分。这使得他提出了一种"选择"理论来界定法律权利。但奥斯丁也复兴了功利主义事业,将自然权利或道德权利理解为一般性功利规则(或者更为准确地说,理解为那些规则确立的保障措施)。"非法定"意义上的权利并不像边沁指控的那样毫无意义,也不像柏克所担心的那样与权宜之计截然相反。但在奥斯丁看来,当遵循规则的效用小于忽略规则的效用时,作为一般性功利规则的权利总是遭到"被驳回"的命运。权利是否有任何力量去抵制在具体案例中对效用的计算?奥斯丁提出了这个问题,但并没有面对这个问题。尽管奥斯丁的规则功利主义可能想为权利创造一个安全的地方,但他的功利主义使得还原性忧虑依然存在。如果权利只是一般性效用的路标,那么在功利的"特定考量"支持这么做的任何时候,功利主义为了一致性,不得不"驳回"权利。

三、约翰·斯图尔特·密尔

约翰·斯图尔特·密尔(John Stuart Mill)在指引权利理论发展以及澄清和普及功利主义方面,是一位举足轻重的人物。他的论文集《论自由》(1859年)和由一系列杂志论文集合而出版的《功利主义》(1861年),都对学术思想和大众观念产生了前所未有的影响。尽管探讨密尔观点的详细内容超出了本书的范围,但有必要回顾一下其中的要点。密尔致力于社会改革,而且是边沁的信徒,这受到了他父亲詹姆斯·密尔(James Mill)和另外一位导师约翰·奥斯丁的影响。

边沁将科学方法引入改革措施中,在年轻的密尔看来,边沁也为他的科学方法带来永恒的荣誉,但边沁制定的大量实践对策却建立在多数决定原则的基础上。鉴于大多数英国制度的封建背景,确保统治者对大多数人负责是一个巨大的进步,但值得担心的是多数人暴政对个人的威胁,尤其是对那些天赋出众之人的威胁,因为人类的成就都归功于这些人的努力,尽管边沁忽视了这一点。密尔认为,这些统治者的开明状态并不足以给人安慰,因为人类文化的进步是永无止境的。但是,进步可能会被"公共舆论的专制"(1838年,第114页)所扼杀,无论这种舆论与先前盛行的舆论相比显得多么开明。

因此,密尔回应了巴特勒主教的关注,即慈善原则(也就是世俗化的爱的原则)可能被用来证成迫害是正当的,无论是直接地还是通过多数决制度,而多数决制度本来以功利主义的形式来适当地回应慈善原则。恐怖统治时刻提醒着我们,共和制的统治也可能是一种暴政,但密尔对英国社会扼杀心灵的传统主义更感兴趣。(根据密尔自传中的描述,当他在20岁出头的时候意识到给最大多数人带来最大幸福的东西并不会给他自己带来幸福时,他遭受了精神上的崩溃。)如何应对这个问题呢?密尔提出了"一个非常简单的原则":

> 无论个人还是集体,人类干涉他人行动自由的唯一目的是自我保护。在一个文明社会中,权力可以正当地、违背其意愿地对任

何成员行使的唯一目的,是防止对他人造成伤害。他自身的利益,无论是身体上的还是道德上的,都不是一个充分的保证。一个人的行为中需要服从社会的部分,仅是与他人有关的那部分。在涉及他自己的部分中,他的独立性是绝对的。(1859年,第13页)

密尔对"伤害原则"(Harm Principle)的限定和阐述不会阻碍我们的探索。对于我们的目的而言,重点是如下两个方面:第一,密尔的主张可以且最终被确定为一种道德上的自由权利(right to liberty)。第二,密尔主张这种权利与功利原则相一致,甚至可以说权利是从功利原则中推导出来的,功利原则是"所有伦理问题的终极诉求"(1859年,第14页)。

自由权包括良心和言论自由的权利,但它的范围要更为广泛,很显然,就像18世纪晚期的小册子作者为之奋斗的权利一样广泛。尽管密尔不承认受到戈德温的影响,但密尔的自由权和戈德温在"自主空间"内不受干扰的被动性权利之间具有惊人的相似性。只是密尔的自由权的范围更为广泛,因为他要求:

> 品味和追求的自由,规划我们自己的人生计划来适应我们自己性格的自由,做我们喜欢的事情的自由,当然也不规避随之而来的后果。只要我们的所作所为无害于我们的同胞,就不应遭到他们的妨碍,即使他们认为我们的行为是愚蠢的、有悖常理或错误的。(1859年,第16页)

从密尔的论述中可以明显看出,自由权不仅仅是一种政治权利,也是一种道德权利,自由权不仅限制了国家的行为,也限制了社会行为和个人在社会中的行为。此外,这种权利并不是个人从自然状态过渡到霍布斯式或洛克式公民社会的门槛时放弃的权利。

其次,自由权被假定得到功利主义原则的支持。这如何可能呢?戈德温认为,这样的权利"恰恰源自人的本性"(第113页),但是一致性需要功利主义将任何这种诉求和带给人类最大快乐的经验事实联系起来。解决这个问题的一种显而易见的方式依赖于如下的经验性主张:人们总是能比别人更好地判断自己的利益。但是,这样一种主张似乎至少与"不被打破的承诺总是最好的"或"不被戳破的谎言总是最好的"这些说法一样令人怀疑。然而,正如我们所看到的,还有另外一种运用功利主义原则的方式。与其让行动者直接将其应用到他在做决定时面临的一系列可能行动(actions)中,不如让他将这个原则应用到旨在规制行动的一系列规则(rules)中,然后根据最佳规则采取行动。这种进路就是佩利推荐的和奥斯丁概括的方法,而且我们称之为规则功利主义[有时候也称之为间接(indirect)功利主义]。

与戈德温所青睐的直接功利主义或行为功利主义路径相较而言,规则功利主义提供了一种与功利主义的诸多反对意见和平相处的可能性。一个反复出现的反对意见认为,就像任何事件的结果一样,任何行动的结果都是无限的,因此也是无法计算的。功利主义者永远无法进行必要的计算来选择他的最佳选项,因此他永远不会采取任何行动!另外一个反对意见认为,功利主义在逻辑上导致的结论与普通的道德理解太不一致,以至于无法令人相信。戈德温可能会接受它们,但众所周知,即使戈德温在一种完全有条件符合行为功利主义的基础上,也会选择与怀孕的玛丽·沃斯通克拉夫特结婚,而不是与之同居。

与戈德温不同,规则功利主义者可以回应这两种反对意见。如果主体的考量仅限于选择最佳规则,而不是选择在每种情况下出现的最佳行动,那么花费在考量上的时间将会大大减少。比如说,我们可以不去决定每句话中允许出现的谎言的最佳数量,而是决定从我们遵循的"不要撒谎"规则中获得总体的最佳结果。在运用这个规则时,行动者将"排除"任何涉及他说谎的选项,尽管他仍然必须在剩下的选项中做出决定,但这是他无论出于何种道德也必须去做的决定。

然而,行动者如何知道最好的结果来自遵循"不要撒谎"的规则呢?难道他不应该至少试着撒谎吗?如果他的尝试被广泛使用,难道他的尝试不会发现,在一些情况下说谎比说实话能获得更大的幸福吗(特别是正如奥斯丁所指出的,如果遇到"特殊情况",他就可以自由地不理会该规则)?在这里,规则功利主义可以援引科学探索的社会维度。科学具有累积性,后来的研究者在早期研究结果的基础上继续研究。尽管结果总是可以被重新检查,也总是可以被纠正,但一个人拥有科学知识并不意味着他必须重新进行每一个实验,并检查科学史上的每一个结论。他有权依赖科学界积累起来的智慧,这与迷信团体所谓的智慧截然不同,因为它的教义最终建立在经验之上,这些经验可以随时重现,从而造福任何探索者。

规则功利主义可能会继续主张,正是在这种方式上,道德如同科学一样。历代所接受的道德智慧如同科学界积累的经验。各种行为的那些可观察到的有益效果通过我们在幼儿园学到的各种准则传递给我们,这些准则并非神圣不可侵犯,因为它们总是受到经验的检验,而且人类积累的经验可能要求其中的某些准则必须被修正或摒弃,例如人祭和奴隶制。

在《功利主义》一书中,密尔明确地抓住机会将道德权利解释为基于功利的道德规则,并进一步按照格老秀斯的精神,将正义解释为尊重道德权利的问题:

> 正义观念假定有两个前提:行为准则,以及约束该准则的情感……此外,还涉及遭受侵权的特定人的概念;谁的权利(运用适合此种情况下的表述)被侵犯……我始终认为,属于受到伤害之人的权利,并不是一个单独的构成要素,而是作为另外两个要素赖以生存的形式之一。这些要素,一方面是对某些特定个人或群体的伤害,另一方面是对惩罚的要求。这两个方面包括了我们所说的所有对权利的侵犯。
>
> 那么,我认为拥有一种权利就是拥有一种社会应当为我辩护的东西。如果反对者继续问:为什么应当呢? 我只能给他一般性功利的理由。如果这种表达不能充分传达对义务的力量的感觉,也不能说明这种感觉的特殊能量,那是因为构成此种情感的不仅有理性的要素,而且有动物性要素……(1861年,第65—66页)

这种"动物性要素"(animal element)就是与我们基本生存本能密切相关的报复冲动。尽管这种本能在理性上只被认为是一种效用,但它"周围聚集的情感比任何更常见的效用情况所关注的情感都要强烈得多,以至于程度上的差异(就像心理学中经常发生的那样)变成了本质上的真正差异"(1861年,第67页)。在此,密尔在民众对权利感受的两种截然不同的方式之间如履薄冰。一种方式是采取强硬的立场,将这种感觉视为一种非理性的返祖现象,快乐就是快乐,而且就像边沁所说的那样,它们的不同之处在于持续时间、强度、纯度、时间上的相近性和发生的可能性。但是密尔拒绝了这种方式,而是选择与自我保护相关的感觉的力量,来表明一种无可比拟的不同位阶的效用在发挥作用。

这并不是密尔唯一偏离最严格功利主义路径的地方;他在其他地

方区分了高阶(higher-order)效用和低阶(lower-order)效用,例如从诗歌中衍生出的效用就比从"图钉"游戏(一种儿童游戏)中衍生出的效用更高阶。密尔的这种创新遭到来自功利主义的朋友和敌人的大量批评。允许在本质上对不同类型的快乐或效用进行区分,这会使得功利主义哲学对那些被其表面上的庸俗所冒犯的人来说更具吸引力,但这种让步的代价也是巨大的。

正如维多利亚时代著名的道德哲学家亨利·西奇威克(Henry Sidgwick)所言,允许在各种快乐之间进行本质上的区分将会削弱功利主义。关于哪个是高阶的快乐和哪个是低阶的快乐,将会重新引入有争议的直觉,而这种做法放弃了功利主义在道德要求之间进行仲裁的能力。相较于将有争议的主张简化为共同的和可衡量的概念,功利主义者将不得不承认诉诸效用之外的东西来决定道德问题的可能性,如果在某个道德问题上是直觉而不是效用具有决定性作用,那么为什么不是在所有问题上都如此呢?

因此,当密尔告诉我们,普通效用和自我保护效用在程度上的差异相当于性质上的差异时,他即将对他的功利主义进行大幅度的调整。还有另外一个问题需要回答:这种性质上的差异是否赋予权利相对于效用需求的绝对优先性呢?密尔不会走得这么远。

> 正义是某些道德要求的别称,从整体上看,这些道德要求在社会效用规模中占据更高的地位,因此比起其他道德要求,它们是更为至上的义务;尽管在某些情况下,某些其他社会义务如此重要,以至于足够推翻一般的正义准则。(1861年,第78页)

因此,就像奥斯丁和戈德温一样,密尔承认一种功利主义解释的权利具有可废止性的特征,也承认在某些情况下,这种特征将证成甚至要求采取某些措施,比如为了拯救生命而偷窃食物或药品,或者绑架医生(这都是密尔举的例子)。因此,依据密尔的解释,某些权利建立在一种性质上不同于普通效用的效用基础上,但尽管如此,这些权利仍可能会被同类性质中更大的效用所超过(但可能不会被普通效用所超过)。

因此,密尔的观点认为,"某些利益,无论是通过明确的法律规定还是默示的解释,都应该被视为权利"(1859年,第91页)。自我保存是这样的一种利益,但也许还有其他利益。在《论自由》一书中,密尔发展出一种关于自由权的论证;这种论证的基础是如下(有争议的)命题:如果允许个人从他们关于自己利益的错误中汲取教训,那将会更好。"人类彼此容忍对方按照自己认为好的方式生活,而不是强迫彼此按照别人认为好的方式生活,这将会获得更大的利益。"就像自我保存一样,一旦承认个人对自发性自我发展的兴趣是一种高阶效用,那么在《功利主义》一书中的分析就为自由权的基础提供了不同的素材。因此,密尔借用了边沁关于法律权利的利益理论,并对其进行了改造,从而描述一种"非法定"的道德自由权,这种道德权利建立在自发的自我实现的高阶个人利益基础上。

对权利理论的进一步发展而言,一个具有重要意义的问题现在出现了。密尔似乎很关心为个人创造一个空间,在其中人们可以不受社会干扰,自发地追求最令人愉快或最有益的东西[有一次他甚至说:"人们应当稀奇古怪,才是令人满意的。"(1859年,第81页)]。然而在其他方面,密尔似乎对那些在促进一般性福利方面懈怠的人采取相当严厉的态度,而且乐意强迫我们"去做一些个人慈善的行为,比如拯救同类的性命,或者介入保护手无寸铁的人不受虐待……"(1859年,第15页)。根据密尔的观点,是否存在无须顾及一般性功利的任何"主动性"权利(用戈德温的概念就是"做我们想做之事"的权利)呢？对密尔观点更好的理解就是他的肯定性回答,存在一种"主动性"自由权,规则功利主义使之成为可能,而行为功利主义则不是如此。

规则功利主义出现了一种可能性:我们可能经常发现自己身处这样的情境,在其中,没有道德规则要求我们采取任何肯定性行动,而在同一时间,道德规则的整体性会给我们留下真正的道德抉择(moral options)。回想一下佩利的例子,有一种可能是,当我坐在那里吸着烟斗时,一串思绪懒洋洋地在我的脑海里闪过,没有任何道德准则明确地命令我去寻求并做出对一般性福祉最有贡献的行为。从逻辑上讲,功利原则可能只是确保一个更为宽松的规则,该规则要求我们每个人在某些时候做一些能带来最大幸福的事情。这种可能性是否可行,取决于经验事实,而且经验上的事实在于,如果人们不试图在任何地方、任何场合行善,且不考虑他们与受益人的社会和地理联系,他们就会做更多的好事。如果这样的话,那么恰当的功利主义慈善法则将不会要求我每时每刻都促进人类幸福的最大化。我只是坐在扶手椅上,一会儿打瞌睡,一会儿盯着天花板发呆,因此也不会违反任何肯定性义务。如果我躺在那里不违反其他义务,我就有权懒洋洋地坐在扶手椅上,什么也不做,即使我很清楚我可以去做更好的事情。

只有在我完全不知道可能通过其他方式创造更大幸福净值的情况下,戈德温的行为功利主义才可能会允许我在沙发上躺一会儿,什么也不做。对戈德温来说,这是一种罕见的情况。在任何情况下,这个例子都不是说我有权利违背正义的要求去做"我想做之事"。在这种情况下,行为功利主义的正义会要求(demand)我懒洋洋地坐在我的扶手椅上。"你！不要动,你现在就在最大化幸福。除非慈善原则告诉你起来,否则不要动！"密尔会反对戈德温的功利主义,认为他过分信奉加尔文主义。

通过在行动者与慈善原则之间插入规则,规则功利主义开拓了一种可能性,而这种可能性也已经存在于更古老的神圣道德律令之下。只要依照摩西十诫的方式理解道德,列举出某些"你应该"和"不应该",那么它的要求就是有限的。但是,一旦《利未记》和《新约》劝诫"像爱自己一样爱邻居",也就是格老秀斯所说的"爱的法则",这就是在告诫我们要遵循(最大)慈善原则,那么道德就变成了一件更高要求的事情,似乎要求具有圣徒的品质。神学上的解释各不相同,但如果把福音理解为要求我们用慈善原则来衡量自己的每一个行为,那将是用一个生动的方式来强调我们没有能力得到救赎。正如尼采(Nietzsche)和其他人所抱怨的那样,基督教的爱的法则已经把规定"应该"和"不应该"的具有可实施性的犹太法典变成了一种内在地不具可实施性的和极权主义的对圣徒的追求。

四、美国的发展:从《权利法案》到废除奴隶制

与法国相比,美国权利事业的发展更为良性,而且至少在一段时间内也没有那么引人注目。在法国,权利修辞的通胀促成了或者至少没能抵抗住恐怖统治,尽管《人权和公民权利宣言》从未被否认,但人们感觉到在某个地方犯了一种理论上和实践上的可怕错误。事情发生在几十年后,本杰明·贡斯当在他的著作中指出,这个错误是他的革命者同伴的一个失误,他们未能理解古人所珍视的权利或自由与现代人所珍视的权利或自由之间的差异(1820年)。不同之处在于:古希腊人重视政治参与,同时,如果有政治参与的权利,古希腊人愿意听从城邦的任

何决定。伯利克里(Pericles)对雅典人的演说是对古代权利的总结:参与城邦政治是最高的善,不同意这个看法的人应该离开城邦。

根据贡斯当的观点,我们现代人是不同的。我们不一定关心政治,我们有自己的计划、事务与利益。一方面,我们不介意国家是否维持促进我们追求的条件,但另一方面,我们也不希望政治决策干涉这些追求。如果政治不妨碍我们的个人生活,我们现代人就满足了。(可以理解的是,当时贡斯当还是革命法庭的成员,他决定推迟翻译戈德温著作的计划,直到局势恢复平静。)根据贡斯当的观点,法国大革命的错误在于试图将古代人的权利强加给现代人。

美国人没有犯这个错误。美国宪法的制定者小心谨慎地确保他们所创建的联邦政府不能支配州或州之下的社会。政治参与权得到了保障(当然,仅限于拥有财产的成年白人男性),但美国人从未试图像法国人那样,通过任何详尽的方式列举公民权利。事实上,尽管像"反联邦主义者"这样的反对者认为美国宪法缺乏一部关于权利的法案,但美国宪法还是获得了批准。"那又怎样?"在本质上,这就是"联邦主义"支持者们的回答,因为许多州的宪法也缺乏权利法案。正如亚历山大·汉密尔顿(Alexander Hamilton)在著名的《联邦党人文集·八十四》中论证的那样,仅仅列出具体的权利会引发一种观点,认为没有列出的其他权利都被剥夺了。即使那些被列出的权利也会成为有些人强烈要求例外和独特限定性条件的目标。汉密尔顿认为,更好的办法是不列明权利,因为要明白除了建国文件中列举的权力外,联邦政府不得拥有其他任何权力。其他一切都归于人民所有。汉密尔顿宣称:"在这里,严格地说人民没有放弃任何东西,而且当他们保留一切时,他们就不需要特别的保障。"这可能是汉密尔顿的故意夸张,特别是考虑到约翰·杰伊(John Jay)在《联邦党人文集·二》中毫无争议的评论:"人民必须向它

(也就是联邦主权)让与一些自然权利,旨在赋予它必要的权力。"

1791年,《权利法案》以十项修正案的方式被通过,其中一项明确否认任何穷尽权利的雄心:

> 第九修正案:宪法中对某些权利的列举,不得被解释为否定或轻视由人民保留的其他权利。

在《独立宣言》中被如此突出表述出来的"生命、自由和追求幸福"等上帝赋予的"不可剥夺的权利",大概就属于这些权利的含义。

不像法国人那样,美国人从未想过在全国范围内重建雅典广场或罗马广场,因此美国避免了折磨法国人的那种政治动荡。但尽管如此,美国的审判时刻即将来临,权利概念在其中扮演了重要角色。在1791年到1865年之间,吞噬新美利坚合众国的巨大争议集中在奴隶制问题上。

美国宪法中的任何地方都没有提及奴隶制这种"旧时美国南部的黑奴制度",但有几个条款明确无误地承认和批准了它,因为它们只有在南方蓄奴州和北方废奴州之间的"伟大妥协"语境中才有意义。特别是宪法第四条第三款规定:"凡根据一州之法律应在该州服役或服劳役者,逃往另一州时,不得因另一州之任何法律或条例,解除其服役或劳役,而应依照有权要求该项服役或劳役之当事一方的要求,把人交出。"这些文字直接否定了"萨摩赛特案",而且阻止了任何认为美国的空气"纯洁到让奴隶无法呼吸"的思想,尽管英国的空气可能是非常自由的。事实上,正是这种妥协导致新英格兰的废奴主义者威廉·劳埃德·加里森(William Lloyd Garrison)谴责整部宪法是"与魔鬼达成的契约"。到了19世纪,当西部的新领土寻求以州的身份加入联邦时,北方和南方之间的政治斗争愈演愈烈。在此期间，北方的废奴主义情绪不断高涨，在同等程度上蓄奴的南方州也愈发坚定了自身的立场，在南卡罗莱纳州参议员约翰·卡尔霍恩（John C. Calhoun）的领导下，南方各州甚至竭力拒绝在美国国会的讲台上讨论奴隶制。在1836年，众议院以压倒性多数通过决议："奴隶不拥有美国宪法赋予人民的请愿权。"

奴隶没有权利吗？事实上，不管是自由人还是奴隶，非洲裔黑人都享有《权利法案》所列举或隐含的任何权利吗？废奴主义者和奴隶制的辩护者都意识到一个事实：如果非洲裔奴隶拥有与白人殖民者同样的"生命、自由和追求幸福"的自然权利，那么南方种植园主（在他们之前，还有北方佬船主）对非洲人的"一系列更大的暴行"，至少同样给了非洲奴隶和殖民者曾经拥有的反抗权一样的权利。在"非洲裔奴隶没有权利"和"非洲裔奴隶拥有完全的权利，包括流血反抗的权利"这两种截然不同的选择之间，很多北方白人（以及一些南方白人）希望找到一个温和的中间立场，在此立场上，奴隶主有义务作为基督徒逐渐放松并最终解除奴役的枷锁，而非洲裔奴隶则有义务耐心地忍受暂时但又必要的奴役所带来的不便。对于那些试图在卡尔霍恩和加里森之间找到一个中间位置的人来说，在这种亲密气氛中谈论权利语言太具有煽动性，而且太激进了。但是在美国宪法大厦中，自然权利的理念占据着基本地位，这使得任何闪烁其词的渐进主义立场都难以维持。

在1841年，美国联邦最高法院审理了"阿米斯塔德号案"（The Amistad），该案因一艘名为"阿米斯塔德"的船只而被命名，船上的黑人在非洲被绑架、俘虏并被带到西班牙殖民地古巴后，他们抢占了这艘船并企图返回非洲。美国是本案的一方当事人，但只是声称西班牙人拥有将非洲人作为其奴隶的权利。美国遭到了非洲人自己的反对，他们主张自己享有自由人的权利。西班牙在这个时候已经宣布奴隶制属于非法,而为法庭撰写判决书的斯托利大法官(Justice Story)原本可以基于一个狭窄的理由做出决定:根据西班牙的国内法,这些非洲人不是奴隶,因此也不是西班牙人诉求归还的财产。但是斯托利大法官进一步提出:

> 这是一个非常重要的考量……假定这些非洲裔黑人不是奴隶,而是被绑架的自由黑人,那么与西班牙的条约就不能成为针对他们的义务;而且美国一定会像尊重西班牙国民一样尊重他们的权利。在这种情况下,各方之间的权利冲突成为确定的和不可避免的,而且必须根据永恒的正义原则和国际法来裁决……与西班牙签订的条约绝不可能意图剥夺所有外国人的平等权利,他们应该在我们的法庭上对他们的主张进行辩论,从而实现公平正义……因此,根据案件的是非曲直,毫无疑问这些黑人应当被视为自由的,西班牙的条约对公正地维护他们的权利没有任何障碍。(40 U.S. 15 Peters 595-96)

此时,联邦最高法院表示,即使美国之外的某个国家的国内法承认奴隶制,它也愿意至少给非洲人一次听审机会,而且法院明确提到"永恒的正义原则"以及国际法下非洲人的权利。

"阿米斯塔德号案"的判决鼓舞了一些人,他们确信美国宪法没有永久地延续奴隶制,或者至少允许国会在国家扩张时限制奴隶制在西部的扩张。一些废奴主义者更进一步论证道,如果宪法被正确理解,即使在南方各州,宪法也与奴隶制无法兼容。这个观点最著名的代言人是弗雷德里克·道格拉斯(Frederick Douglass),他自己曾经是一名奴隶,后来逃到了北方,最终被一位富有同情心的英国人从以前的主人手里买下来,从而获得了自由。道格拉斯身具一种白人支持者无法与之匹敌的权威,他积极而又雄辩地谴责奴隶制:因他背上带着"奴隶调教者"鞭笞他的伤痕。

1850年通过的《逃奴法案》为"奴隶捕手"提供了新的法律工具,以便从北方自由州追回逃亡的奴隶,而在北方各州,同情者们通过"地下铁路"运送大批逃亡者。北方州的法官应当如何回应此事呢?废奴主义者加里森和温德尔·菲利普斯(Wendell Phillips)至少在这一点上同意卡尔霍恩和其他南方奴隶制辩护者的观点:宪法认可了逃亡者重回受奴役状态,而且在其他适当的情况下,一名废奴主义的北方法官要么应当归还奴隶,要么应当辞职[科弗(Cover),1975年,第153页]。因此,这些废奴主义者主张公民不服从,甚至主张自由州从联邦中分离出去。

道格拉斯、拉山德·斯普纳(Lysander Spooner)(1845年)和其他反对加里森的废奴主义者都不愿意承认这个法律观点。道格拉斯认为,"从解释上来说,正如它应该被解释的那样,宪法是一份光荣的自由文件",而不是像加里森说的那样,是肮脏的妥协或一份与魔鬼签订的协议。"让我问一下,如果宪法的起草者和批准者都意图使其成为蓄奴的工具,为什么在宪法里面既没有奴隶制,没有蓄奴,也没有奴隶?这是不是有点奇怪?一份在法律上起草好的文书,目的是赋予罗切斯特市一块土地,但在文书中却没有任何地方提及这块土地,你会怎么看待这份文件?"(第204页)从这种宪法观点来看,奴隶制甚至还没有作为一种实在法而被确立,黑人并不比任何人更应受到合法奴役。

但是在1857年的"德里达·斯科特诉桑福德案"(Dred Scott v. Sandford)中,联邦最高法院宣布,几个世纪以来非洲黑人一直被欧洲人"认为属于低等人",因此"不拥有应该受到白人尊重的权利……"(60 Howard 393,407)而且判决认为,无论他们是奴隶还是自由人,都不能成为美国公民。非洲黑人不是二等公民（就像女人或儿童一样），他们根本就不是美国公民。但是，《独立宣言》中规定，"我们认为这些真理是不言而喻的：人人生而平等……造物主赋予他们某些不可剥夺的权利"，又算什么呢？联邦最高法院的意见是：

> 上述援引的一般性语词似乎包含了全部人类家庭，如果在今天这些话语被用在一份类似的文件中，那将会被这么理解。但是，被奴役的非裔种族并不被试图包含在内，也不属于制定和通过本宣言的人民；这是因为，如果这些语词像被现在所理解的那样接纳他们，那么制定《独立宣言》的杰出人士的行为就会与他们主张的原则完全地、公然地不一致。（第410页）

联邦最高法院的判决认为，建国者的意图而不是他们使用的语言的显明含义在主导着宪法解释，而且起草者意图的判定不是经由他们所宣称的崇高抱负，而是经由他们的实践。建国者中奴隶主的做法与他们的原则确实相冲突，而且他们也意识到这个事实，例如杰斐逊的书信就充分说明了这一点。但是在"德里达·斯科特案"中，法院草率地判决，建国者不是前后矛盾的理想主义者（显然他们曾经是这样的人），而是"有荣誉感和学识的人"，因此（据说）他们"主张的原则不能与他们作为行为依据的原则相冲突"（第410页）。宪法应当依据同样的方式进行解释：不是依据自然权利，而是依据起草、批准和制定实在法的意图。换言之，联邦最高法院选择调和的并不是宪法与权利理论——权利理论受到格老秀斯和洛克的支持以及杰斐逊的推崇，而是宪法与法院自身从南方各州加入联邦所必需的妥协中得出的极为宽泛的推理。

无论是撰写法院多数意见的首席大法官坦尼（Justice Taney），还是发表异议的大法官，都没有人提及"阿米斯塔德号案"。但无论如何，对于律师而言，这个案件很容易区分。国会批准与西班牙的条约是一回事，奴隶州和自由州的人民组建联邦是另一回事。根据"阿米斯塔德号案"的判决，美国与西班牙的条约并没有表达美国拒绝非洲裔黑人在联邦法院海事管辖权下享有诉权的意图。但是，根据"德里达·斯科特案"的判决，美国宪法确实表达了"人民"否认非洲裔黑人作为美国公民的资格的意图。

"德里达·斯科特案"的判决在美国引起了公众的愤怒，直到一场内战导致70万人丧生并摧毁了南方后才平息下来。美国南部联盟的失败代表了一个时期的结束，这个时期巩固了权利话语释放出的可捍卫的成果。至少在当时，以下问题已经解决：谁是自然权利的享有者？答案是所有人都可以享有，因为他们有共同的人性。

这个来之不易的答案甚至没有着手解决戈德温、柏克和边沁提出的更深层次的问题。它没有回应新兴的女权运动，也没有回应卡尔·马克思（Karl Marx）对自然权利思想的进一步挑战："所谓的人权……无非是利己的人的权利，同其他人并同共同体分离开来的人的权利。"（第147页）①根据马克思的分析，权利概念与其说是一种解放的工具，不如说是一种压迫的工具，新兴资产阶级运用该工具正当化了工业生产方式的统治，从而［美国哲学家约翰·杜威（John Dewey）也支持这个观点（1927年）］以牺牲共同体为代价促进了自私的个人主义。

事实上，在第一个扩张时期之后的整合使解决存在何种具体道德

---

① 此句的翻译借鉴了《马克思恩格斯文集》第一卷（人民出版社2009年版）第40页的译文。——译者注

权利的整体性问题陷入了混乱。英国功利主义者亨利·西奇威克在1874年写道：

> 有一种广为流传的观点认为，为了使社会变得公正，共同体的所有成员都应当承认特定的自然权利，而且认为实在法至少应当体现和保护这些权利……但是就常识而言，在列举这些自然权利方面，很难找到任何明确的一致意见，更谈不上系统地推断出这些自然权利的明确原则。
>
> 然而，有一种将这些权利系统化并置于一项原则之下的模式……人们一直认为，不受干涉的自由实际上是人类的全部，从原初意义上以及抛开契约权不谈，严格来说免于干扰的自由是人类相互之间的义务……根据这个观点，所有的自然权利都可以归结在自由权之下……（第274页）

西奇威克给它起了个名字，但对这种所谓不受干涉的权利却没有多说什么。差不多过了一个世纪，哲学家们才开始对道德权利、自然权利或人权的概念进行深入的讨论。

五、 美国的发展：从内战修正案到隐私权

第二个权利扩张时期的种子并未存在于学术或哲学研究中，而是存在于美国内战后的法律发展中。这是一个复杂的故事，在这里我们只能勉强地概括一下。内战后发展的一个主要议题与保障新解放奴隶的公民权利有关。这些公民权利包括诉诸法院保护财产与合同的权利

以及参与政治进程的权利。对非洲裔美国人的公民权利的切实保障又花了一个世纪才得以实现,对我们而言,这种努力严格来说并不是一种"扩张",因为它并没有扩大权利的范围,它只是承认至少自18世纪以来隐含的权利,以及在内战后颁布的宪法修正案中明确规定的权利。另一方面,美国内战并没有扩大反而缩减了某些权利的实质性内容,在某种程度上就像谢尔曼(Sherman)进军佐治亚这样的战术实际上为一种新颖的观念提供了事实上的合法性,这个观念认为,在战争中非战斗人员的财产和生存资料可以被合理地浪费,只要是为了削弱敌人的决心。

在这些"内战修正案"中,1868年颁布的第十四修正案首次规定了联邦保证任何州不得"未经正当法律程序剥夺任何人的生命、自由或财产……"这些"宽泛而庄严"的词句[正如美国联邦最高法院在"大学董事会诉罗斯案"(Regents v. Roth), 408 U.S. 564, 571 (1972)中描述的那样]为我们今天所处的第二个权利扩张时期播下了种子。"正当程序"条款逐步被解释为合并到美国法中作为针对政府权力以及指导政府多数选举的一种道德审查。一个里程碑式的事件是1905年的"洛克纳诉纽约州"(Lochner v. New York)(198 U.S. 45)案。在该案中,美国联邦最高法院裁定纽约州限制工作时间的法律违反了面包师的"正当程序"权利。法院认为,宪法保障的自由权包括签订长工时的合同。因此,即使本意是让面包师受益,各州也不能仅凭立法就限制这项权利。

后来,联邦最高法院放弃了"洛克纳案"中对自由权的理解,但尽管如此,根据"洛克纳案"的精神,法院承认了一种私下教育孩子的权利、生育权、购买避孕工具的权利和中止妊娠头三个月胎儿的权利,也许这就是在"奥姆斯特德诉美国案"(Olmstead v. U.S.)中持不同意见的布兰代斯大法官(Justice Brandeis)所称的"最广泛的权利和最被文明人类珍视的权利,也就是独处的权利",或者更通常地被称为隐私权(独处的权利和不被打扰的权利之间的区别可能只是字面上的)。这些司法判决和其他类似的判决一直备受争议,而且大部分争议恰恰源自如下事实:法院代表着关于法律权利的决定,这些权利与立法机构体现出的公众意志相反,而且以司法声明为基础宣布存在一项或另一项在任何法律文本中都未提及的"基本"权利。

我们不可避免地会得出这样的结论:根据这种基本权利法理学,美国联邦最高法院实质上将法律效力赋予某些道德权利,实际上这就是西奇威克提及的道德自由权或天赋自由权的例子,这种做法凌驾于立法程序之上。这种对普通立法的豁免让人想起道德权利的"不可剥夺"性质,正如法国《人权和公民权利宣言》所描述的那样,也正如边沁所反对的那样。如果一种道德权利存在并且与法律权利的立法规定相冲突,那么这种道德权利在冲突中可能处于更高尊严的位置。[我们认为,索福克勒斯(Sophocles)的安提戈涅(Antigone)在埋葬她的兄长时做了道德上正确的事情,即使在法律上她做了错事。①]然而,基本权利法理学并没有简单地指出立法侵犯了一种抽象意义上的高级道德权利,它宣称立法在法律上是无效的,只是因为立法侵犯了一种隐含的法律权利。在一个法律体系中,宪法权利可免于立法缩减,而且法院在界定(define)宪法权利时会参考道德权利,那么立法机关无权制定一种违反(已混合)道德权利的法律,无论立法机构多么努力地尝试这么做,或者它遵循的程序在形式上多么完美,甚至它多么忠实地反映了民众的意愿。

美国基本权利法理学如何将第一个扩张时期的"非法定"自然权利转化为完全的法律权利,这只能是一个非常粗略的概览。它颇具误导

---

① 在古希腊悲剧作家索福克勒斯创作的戏剧作品《安提戈涅》中,主人公安提戈涅不顾国王的禁令,将反叛城邦的兄长波吕尼刻斯安葬。——译者注

性地提出,司法机关——实际上就是目前美国联邦最高法院的多数大法官——认为自己在对道德真理进行独立探索,特别是对是否存在某些公认的自然道德权利进行了独立探索。事实上,联邦最高法院几乎在任何可能的情况下都避免这么做,并通过使用一些限制手段避免自己这么做。其中一些限制是司法角色本身固有的,例如法院必须等待案件来到自己面前。法院不能宣布权利的存在,除非一方当事人在法院面前适当地援引法院的救济权力。但是其他手段是自己强加的,例如各种"避让""诉讼资格"和"政治问题"原则。

美国公民享有面向自己所居州的基本权利,不过这些权利"未经列举"。但这些权利究竟是什么呢?法院会如何裁决呢?联邦最高法院试图确定,检测一项假定的权利是否具有"基本性"的一种方式是追问它是否"隐含在有序自由的概念中"["帕尔科诉康涅狄格州案"(Palko v. Connecticut), 302 U.S. 319, 325 (1937)]。这种检测方式好像是有道理的,但在实际适用中,它似乎无法揭示法院已经发现的很多(如果有的话)基本权利。问题在于,秩序与自由之间的平衡并没有使得自身具有概念上的界分(conceptual line-drawing)。比如说,一个州禁止私立学校,或者一个州在公立学校和私立学校中禁止德语教学,就逻辑上与"有序自由概念"相冲突而言,显然更多地偏向于秩序而远离自由,这种做法远非显而易见。

另外一种检测方式将基本权利界定为一系列"深深植根于美国历史和传统"的权利["莫尔诉东克利夫兰城案"(Moore v. City of East Cleveland), 431 U.S. 494, 503 (1977)]。但是,法院如何判断一项假定的权利是否深深植根于传统呢?这又有什么关系呢?一项候选的基本权利是否根深蒂固,很大程度上取决于其被描述的普遍性或特殊性的程度。是否存在一项购买和使用避孕工具的基本权利呢?1965年,当美国联邦最高法院审判"格里斯沃尔德诉康涅狄格案"(Griswold v. Connecticut)(381 U. S. 479)时,很难说在美国存在一种传统上被承认的权利,因为它是有争议的。尽管如此,联邦最高法院能够将这种权利视为与隐私权相关的其他更具一般性的文本化权利"半影"(第 484 页)的"辐射"之一。隐私权明显体现在《权利法案》内一些更为具体的保护中(例如宪法第三修正案规定的不允许军队驻扎在自己家中的权利),而且拥有和使用避孕工具的权利可以被置于隐私的保护伞之下,尽管宪法并没有用明确的语词规定这项权利。

"格里斯沃尔德诉康涅狄格案"的判决是第二个权利扩张时期的一个里程碑。这个案例与 1905 年"洛克纳案"的密切关系已经被广泛关注,而且"格里斯沃尔德案"的判决构成法院在 1973 年裁决"罗伊诉韦德案"(Roe v. Wade)(410 U. S. 113)的先例依据,罗伊案认为妇女享有的隐私权禁止各州阻碍妊娠头三个月的堕胎。宪法上的隐私权似乎确定无疑地具有足够宽泛的范围来禁止各州将成年人之间的合意性行为定为犯罪,但是联邦最高法院在"鲍尔斯诉哈德威克案"(Bowers v. Hardwick)(478 U. S. 186)中持相反意见,该案是 1986 年一起挑战州反鸡奸法的案件。怀特大法官(Justice White)(曾在"罗伊案"中发表异议)在为"鲍尔斯案"撰写的多数派意见中主张,同性恋鸡奸的权利深深植根于美国传统这种说法"往好了说,是可笑的"(第 194 页)。但是,为什么这个说法会比 1973 年提出的堕胎权植根于传统的说法更可笑呢?在很多评论人士看来,联邦最高法院通过诉诸历史来阻止对宪法权利的广泛解读,充其量是有选择性和有偏见的做法。

联邦最高法院在 2003 年的"劳伦斯诉得克萨斯州案"(Lawrence v. Texas)(539 U. S. 558)中推翻了"鲍尔斯案"的裁决,并指出"历史和传统是起点,但并不是所有案件的终点"(第 572 页),对它的探索也是如此。但是,关于隐私权的判决提出了一个更深层次的问题:为什么传统应该有如此重大的影响？毕竟,奴隶制一直是一种传统实践,至少在内战之前都是如此。但是毫无疑问,联邦最高法院在"德里达·斯科特案"中的判决是一个错误。为什么道德权利不应该像对抗州和国家立法那样坚定不移地对抗传统呢？如果答案在于传统提供了关于道德权利存在的线索,那么问题只是变成了:为什么要假定道德权利必须诉诸根深蒂固的习俗才能被人认知,而传统就是事情的全部吗？人们认为,道德权利应当提供一个有力的基点,从而挑战和推翻根深蒂固的传统,而要求道德与传统友好相处就是在摧毁道德。

在此时的讨论中,人们常说,如果道德权利不被固定在某类习俗或传统实践中,那么它只是任何人关于它们是什么的猜测,而且整个问题就会变成每个人基于自己的道德观点为自己做决定的问题。这个困境似乎是这样的:要么道德权利通过某种强有力的方式与已经确立的人类实践联系起来,要么道德权利根本就是不可知的,除非通过某种神秘的直觉(或计算)过程,而这个过程可能因人而异。如果与传统实践的联系过于紧密,那么道德权利就会萎缩为特定的习俗;如果这种联系太弱,那么关于道德权利的讨论就会失去焦点,并有退化成奥斯丁所说的一种纯粹口水战的危险,而边沁指责这是在"踩着高跷说废话"。

认识这种两难局面的难度有助于结束18世纪末期第一个权利话语扩张时期,如果这种两难局面遗留到今天的第二个扩张时期的中期得到解决,那应该是不足为奇的。在下文中,我们将探索近期有助于澄清权利性质的工作。特别是,在澄清权利话语的概念结构方面已经有了进展。一些人主张,对权利逻辑的细致关注本身就能减少其他人提出的不切实际的和异想天开的权利主张数量。我们将研究这种概念性工作并尝试评估它的主张。

第五章　权利的概念衔接

边沁认为,只有在法律框架内讨论权利才有意义。在这样的框架内,主张某人拥有某种权利只是在主张他可以从强加给他人的法律义务中获益。法律权利与法律义务之间相互关联,如果我们愿意,我们可以完全不谈权利,而只是简单地谈及法律义务及其受益人。边沁的观点呼吁对法律进行严格的道德批判,但在他看来,这种批判明显不能运用权利术语进行表达。对于边沁学派而言,道德批判必须依照功利原则进行。正如上一章所述,对于边沁不允许运用权利术语对法律和政治制度进行外部批判的理由,目前仍无定论。一些现代功利主义者已经采纳了密尔的路径,试图运用功利主义概念重新定义道德权利的概念,而其他人则试图完全避免使用权利概念。

但是,边沁对法律权利的分析是正确的吗? 具体来说,边沁认为法律权利只是法律义务的相关物,这个观点是正确的吗? 美国法学教授韦斯利·纽科姆·霍菲尔德(Wesley Newcomb Hohfeld)在20世纪早期撰文指出,这种分析显得过于简单且具有误导性。边沁对法律权利的分析要比他攻击法国《人权和公民权利宣言》的著作更为精妙,但这种更为精妙的分析分散在大量的手稿中,其中大部分仍在编辑中,且使用了从未流行过的技术名词命名法。因此人们普遍认为,相较于边沁,霍菲尔德首次将对权利的分析提升到一个更高的层次,而不是简单地将一项法律权利还原为从他人的法律义务中获益,或者将法律索赔还原为一种救济。

霍菲尔德的工作并非源于他对动荡事件的参与,而是源于对信托法的学术兴趣。信托(trust)是一种法律安排,其中一方当事人是受托人(trustee),拥有财产的合法权利,但这样做完全是为了另一方受益人(beneficiary)的利益。运用庸俗边沁主义(尽管不是边沁深思熟虑的)的术语分析这种关系,我们可以说,信托中受益人的权利在于他能从受托人对他的义务中获益,例如对信托财产进行保护和审慎管理的义务。但是,假如受托人违反了这种义务,比如粗心大意地将财产以远低于其价值的价格出售给第三方。假设第三方在这一切中是无辜的,而且其中涉及的财产不可替代且具有巨大的情感价值,比如是受益人的高曾祖父的骑兵佩刀,那么,如何处理受益人与第三人之间的关系呢?受益人能够要求撤销交易吗?毕竟,受益人能够主张受托人没有权利出售它。第三方会回击说受托人确实有权出售,但现在,对于这些受托人的所谓权利,我们能给予什么样的解释呢?相关的义务是什么呢?对谁有利呢?我们能做出的最佳解释就是如下这样:受托人出售财产的权利与强加给全世界所有人不妨碍出售的一种义务相关,而且这种义务有利于第三方买者和间接有利于受益人。但是这种解释似乎有些牵强和武断:如果全世界都有义务不妨碍这种交易,那么受益人亦是如此,而说受益人可以质疑一笔买卖——如我们一开始所认为的那样——违反了受托人对受益人的义务,似乎是一件极端奇怪的事情!

法庭上的结果将会认为交易依然有效,而受益人受限于他对受托人所拥有的任何救济措施。受托人似乎身处矛盾之中,他既有权利出售军刀,又没有权利出售它。考虑另外一个例子,我们都享有一种言论自由的法律权利。根据一种庸俗边沁主义的分析,这意味着其他人必定身负有益于我们的义务。但是假定我们的立法机构通过了一项《反煽动法案》,该法案将不尊重政府官员的言论定为犯罪。毫无疑问,这项法令侵犯了我们的言论自由权,但尽管如此,我们难道不是身负一种不对政府官员表达不敬的法律义务吗?毕竟,受托人能够将有效的所有权转让给善意的购买者,尽管事实上受托人在这种不审慎的交易中违反了对受益人的注意义务。我们难道不能通过同样的方式得出结论认为,立法机构能够合法地将大不敬言论定为犯罪,尽管这么做违反了尊重言论自由的公众义务吗?除了试图在下次选举中驱逐那些拒绝承诺废除《反煽动法案》的代表,我们还有什么补救办法呢?与此同时,如果我们想行使我们确信拥有的对政府官员表达不敬的法律权利,我们就不得不面对这么做的法律后果吗?这种思路似乎没有抓住法定言论自由权的全部本质。正确的法律分析将表明,《反煽动法案》从一开始就是无效和违宪的,因为它侵犯了言论自由权。但是,一个简单、直接和庸俗的边沁主义分析并没有揭示这个结论,至少没有通过任何明显的方式揭示。

霍菲尔德发现,权利术语已经被用来涵盖法律中一系列不同的法律关系,而权利和义务的简单相关关系并没有抓住其中某些法律关系的本质。我们需要进行更为复杂的分析。很幸运,事实证明,"权利"术语涵盖的法律关系范围很小,很容易进行管理。此外,正如霍菲尔德描述的那样,该范围具有一种令人愉悦和逻辑上一致的结构,这个结构很容易通过表格 5.1 加以描述,这个表格就是霍菲尔德所说的"法律相关关系"(jural correlatives)(第 36 页)。

表 5.1 霍菲尔德的法律相关关系

权利 (或主张权)	特权 (或许可、自由)	权力	豁免权
义务	无权利	责任	无能力

第五章 权利的概念衔接

关于这种排列，首先要注意的是，上面一行设置了四个逻辑上不同的概念，每一个概念在法律案件和法律评论中都被视为一种权利。霍菲尔德确信，法律论证中充满了混乱，以至于这四个概念没有被细致地加以区分。在上层排列的四个概念中，每个概念的正下方都是直接的霍菲尔德式相关关系。请注意，在这四种法律权利中，只有一项"主张权"(claim-right)或者说霍菲尔德所谓的"最严格意义上"的权利，是与一项义务直接相关的。（为了避免混淆，我将用"主张权"指代"最严格意义上"的权利。）主张一项主张权与一项义务直接(directly)相关仅仅意味着，如果相对于 Y，X 有一项权利去实施行动 P（或者，像哲学家写的那样，"去 φ"，在这里 φ 代表的是一个行为），这个事实蕴含着，相对于 X，Y 具有一项义务不去干涉 X 的行动；另一方面，一项特权(privilege)与一项"无权利"(no-right)具有相关关系，这只是在主张，如果相对于 Y，X 有一项特权去 φ，这个事实蕴含着相对于 X，Y 没有权利要求 X 不去 φ。[在下文中，我将运用"许可"(permission)这个概念代替"特权"。]如果我得到许可对你嗤之以鼻，那你就无权不让我对你嗤之以鼻。

权力与义务之间以及豁免权与义务之间的联系就没有那么直接。一项权力(power)与一项责任(liability)之间具有相关关系，也就是说，如果相对于 Y，X 享有一种法律权力，这意味着 Y 的某些法律权利、义务或其他"法律上的关系"（第 26 页）容易因 X 行使该项权力而发生、改变或消失。类似地，一项豁免权(immunity)与一种无能力(disability)具有相关关系，也就是说，如果 X 对于 Y 享有豁免权，Y 就无法改变（没有改变的权力）X 在某些方面的法律关系。权力和豁免权具有"次阶"性质，在此意义上它们实现了一系列初阶的主张权和许可，以及具有相关关系的义务和"无权利"的改变（而且，从概念上说，存在改变权力的权力,诸如此类)。主张 X 有一项权力并不是主张 X 或任何其他人负有(has)一种义务,而是主张当 X 行使这种权力时,某些人可能会承担(might incur)一种义务。在这种意义上,权力(和豁免权)与义务之间的相关关系具有间接性(indirect)。

现在,让我们依照霍菲尔德的区分重新思考受托人出售骑兵佩刀和《反煽动法案》的例子。回想一下,第三方购买者可以保有这把军刀(这是正确的法律结果),即使这个结论似乎意味着受托人有权出售这个军刀。霍菲尔德将受托人权利问题区分为两种不同的问题:受托人保全信托财产的义务和受托人处置甚至挥霍信托财产的权力。受托人违反保全信托财产的义务与他有效行使处置信托财产的权力(如果我们想在"最严格意义上"表达权利,那么我们就不要用"权利"这个概念)完全相容。受托人行使这种权力,既转让了有效所有权给购买方,又违反了他对于受益人保护信托资产的义务。因此,我们避免了受托人既有权利又没有权利出售军刀这种相互矛盾的结果。

在《反煽动法案》事例中,言论自由权应被理解为霍菲尔德所言的"豁免权"。主张公民享有言论自由的权利就是在主张他们的法律义务免于某些改变的影响,反过来说就是立法机关不能强制实施某些法律义务。这是通过一种更为易懂的方式得出结论:即使通过了《反煽动法案》,公民也没有不去表达对政府官员不敬的法律义务。受托人有权力出售信托资产,因此确实能转让有效所有权,但与受托人不同,立法机构并无能力。也就是说,立法机构没有法定权力去强制施加一种不对政府官员表达不敬言论的法律义务。

霍菲尔德确信他已经界定了基本的法律关系,而且所有其他的法律关系都能被分析成这些基本要素。此外,他也认为这些基本元素的精准逻辑特性已经显而易见。为了完成论述,还需要一种"法律相对关系"（jural opposites）（第 36 页）的补充表格（表格 5.2）。

表 5.2 霍菲尔德的法律相对关系

权利 （或主张权）	特权 （或许可、自由）	权力	豁免权
无权利	义务	无能力	责任

上面一行与相关关系表格的内容相同，但是下面一行包含了对上行紧邻各项的否定。例如，享有一种挠鼻子的法定许可与一种不挠我鼻子的义务处于相对关系。我享有一种（成功地）因忘记我们的结婚纪念日而遭到妻子起诉的豁免权，这与我应承担被她起诉的责任处于相对关系。诸如此类的事亦是如此。

为了完整地理解霍菲尔德的框架，除了以表中所列的方式与其他概念相联系之外，有必要了解每一个基本概念都在另一种意义上是有关系的。一个人 X 可能享有一项主张权反对 Y 干涉 X 的 φ 行为，但却无权反对干涉 ψ 行为，在这里，φ 行为与 ψ 行为截然不同。这似乎看起来很容易。也会有这样的情况，X 对 Y 的干涉享有一项主张权，这并不能保证 X 对其他人的干涉享有一种主张权，例如 Z 的干涉。比如说，为了帮助我戒烟，我可能会允许我的室友没收我的香烟。我仍然有一项主张权反对你干涉我抽烟，但我已经向我的室友放弃了自己的主张权。一些霍菲尔德的主张权指向"全世界"，比如说，全世界都有一种不非法侵犯我的法律义务。当一个人与整个世界之间存在一种霍菲尔德式关系时，有时我们称之为"对物关系"（在拉丁语中是"对物权"的意思，但是我们不能认为必定存在任何物是关系的主体，就像认定我的那包香烟是我所有权关系的主体一样）。很多主张权并不主张对物权利，而只主张对人权利，也就是只是指向特定的人（可能特定的人的数量比较多,但要比世界上所有人少)。合同权主要是后一种类型,我的雇佣合同创立了主张权和具有相关性的义务,这些都与我和我的雇主相联系,而不是其他人(尽管其他人可能身负不故意干涉合同履行的法律义务)。对于我的雇主,我身负一种在周四上午十点上课的法律义务,但对于你这样的读者,我则没有这种义务。

就其本质而言,许可倾向于对抗所有人,或者说是对物权。许可之所以倾向于对物权,因为它只是指不存在不做某事的法律义务,而且不存在这种法律义务通常就是不存在一种对任何人而言不做某事的义务。允许我挠鼻子只是意味着不存在任何不挠鼻子的法律义务。但是,通过签订合同,面对合同的另一方主体,我可能会失去这种许可。假设我是一名演员,而挠鼻子有损于我的表演。在这种情况下,对于我的雇主而言,我就不被允许去挠鼻子,尽管我保留了这种许可来面对世界上的其他人(我们不需要纠结这个问题,即是否将许可挠鼻子称为对物权或对人权:核心要点只是每一项霍菲尔德要素的关系性本质)。

关于许可的另一个重要问题是,因为它们在逻辑上独立于主张权,所以它们并不能产生主张权。例如,这可能意味着,我允许你吃我的幸运饼干,但没有赋予你一种主张权来反对我干涉你吃我的幸运饼干。如果在一开始吃中餐的时候,我说"你可以吃我的幸运饼干",你通常会希望我不仅允许你吃我的饼干,而且给你一项主张权去反对我干涉你吃我的饼干,比如说如果可以的话,先把它抢过来吃。也许我应当说:"如果我没有先吃的话,你可以吃我的幸运饼干。"主张权与许可之间的区别并不是一个微不足道的问题,当我们回到道德权利以及是否存在一种道德权利去做道德上错误的事情时,这个问题就变得显而易见了。

单纯允许吃幸运饼干在价值上大大降低了,除非它与反对干涉吃幸运饼干的一项主张权相结合。根据幸运饼干例子中的展示,重要的法律权利是由一"束"霍菲尔德元素构成的。例如,财产所有权将被证明由一"束"霍菲尔德式的"枝干"组成:主张权、许可、权力和豁免权及它们的相关因素。拥有一块幸运饼干意味着拥有主张权对抗干涉所有权的行为,允许使用某物,出售、租借和赠与某物或某物所有权的特定法律要素的权力,还有不受他人企图改变构成所有权的"系列枝干"内容的豁免权。

我已经说过,主张权和许可在逻辑上是相互独立的。但在霍菲尔德的框架中,即使一项许可不能蕴含着一种主张权,难道一项主张权不能蕴含着一种许可吗?换句话说,我是否有可能在不允许你吃我的幸运饼干的情况下,让与你一项不干涉你吃我的幸运饼干的主张权?允许你去吃只是免除了你的任何不吃的义务。所以问题就变成了:"赋予你一项对抗我干涉你吃幸运饼干的主张权,就蕴含着免除你不去吃的义务吗?"答案是否定的,尽管这将是一种奇怪的情况。我可能会这样说:"我承诺不干涉你吃我的幸运饼干,但这是我的饼干,我宁愿你不要碰它。"我不干涉的承诺赋予你一项不受我干涉的主张权,但同时我要求你信守不吃饼干的义务,所以你没有获得吃饼干的许可。即使我已经放弃任何对抗或寻求赔偿的权利,但你吃了它就是对我做了法律上错误的事情,因此主张权并不能蕴含许可。就像律师说的那样,我拥有"一项不享有救济的权利"。当然,在这一点上,看待与权利具有相关关系的义务,有人可能想去附会边沁并且说:"一项没有强制力的义务是什么呢?"(或者说:"没有强制力的义务有什么好处呢?"这和我们之前的问题是一样的:"在没有对抗干涉的主张权情况下,许可有什么好处呢?")当我们现在讨论霍菲尔德的框架适用于一般权利,也就是像适用于法律权利一样适用于道德权利时,主张权与许可的逻辑独立性将具有重要意义。

道德权利可以"霍菲尔德化"吗?

霍菲尔德的对比框架(scheme of distinctions)能够普遍地适用于权利吗?尽管霍菲尔德只关心对法律权利的分析,但道德哲学家的观点普遍认为,就像揭示法律权利一样,他的工作解释了大部分(尽管不是全部)道德权利的基本逻辑联结和关系。道德上的主张权截然不同于道德上的许可、权力和豁免权,而且上述每一种都有道德上的相关物和相对物。然而,当霍菲尔德的分析依照这种方式扩展时,某些棘手的问题就出现了(或者说更为清晰地出现了),现在我们转向其中最重要的问题。

(一)不作为或作为的义务?

一个问题与义务观念的解释问题密切相关。就像其他四种"法律利益"(第71页)的基本概念及其相关物一样,霍菲尔德认为法律义务的观念具有独特性,除非表明法律义务与其他基本概念之间的关系并描述具体的例子,否则法律义务概念无法被有效定义。霍菲尔德关于义务的例子被证明有两种类型:第一,不干涉他人做某事的义务;第二,使得某种状态发生的义务。第一种类型通常涉及一个人 X 对某物的所有权,以及某人 Y 不去干涉 X 对某物的占有和使用的相关义务。第二种类型的情况是 X 有一项权利要求 Y 去做某事或使得某事发生。

在第二种类型的情况下,X 的权利与某物具有相关关系,但将其描述为一种 Y 的不干涉义务则是很奇怪的。比如说,如果 Y 承诺在星期一交付给 X 一百个零件,那么主张 X 有权要求交付零件等同于 Y 的义务是不干涉 Y 交付零件,这个说法是很奇怪的。这是一个合同的例子,但是同样类型的法律义务也产生于普通法和制定法,比如说父母抚养未成年子女的义务,或者一个人不出售贴错标签的药物的义务。在这些情况下,孩子拥有一项获得父母抚养的主张权,消费者拥有一项从商家获得贴着正确标签药物的主张权,但是主张父母负有一种不去干涉他们抚养子女的相关性义务,或者商家负有一种义务不去干涉他们提供贴有正确标签的药物卖给他们的客户,都是很奇怪的说法。

另一方面,我们很容易认为第一种类型的情况是由第二种类型的特殊例子组成的。如此这般的义务(a duty that such-and-such be the case)具有足够的一般性,以至于可以包含某人不干涉权利持有人做某事或和平地享受某物的义务。换言之,不干涉义务只是如此这般的义务的一种特殊例子,例如,"Y 的义务就是在这种情况下 Y 不干涉 X 做某事"。这似乎是一个微不足道的问题,但其实并非如此。这逐步削弱了很多人持有的观点:从根本上讲,权利是一种概念上反对干涉的权利,而与其相关的是不干涉的义务。这可能是正确的,但霍菲尔德的分析中没有要求或支持这一点。正如很多人相信的那样,如果在某种意义上,权利在根本上具有消极性,也就是一种反对干涉和胁迫的主张权,这必须通过某种方式加以证明,而不是诉诸霍菲尔德。

(二) 法律上的"干涉"与道德上的"干涉"

当我们考虑将霍菲尔德的理论普遍化时,另一个问题出现了,即他的分析是否有助于决定什么构成违反义务。主张一种义务就是存在如此这般的义务,这就使得关于义务要求的问题变得更具开放性,但一旦这种"如此这般"被详细说明,那么发现违反义务就像确定如此这般的情况是否属实一样简单。如果是,则该义务已经被遵守;如果不是,则该义务已经被违反。对于不干涉义务,对义务的详尽说明可能会也可能不会确定什么将构成对义务的违反,而什么不构成。比如说,我对我的幸运饼干的主张权蕴含着你不去干涉我吃饼干的义务,但究竟什么才算干涉呢?假设你骗我不吃幸运饼干,你告诉我,我们必须马上离开餐馆,否则我们就会错过我们决定要看的电影的开头。在匆忙中,我忘了自己的幸运饼干。你侵犯了我的主张权吗?如果你不是故意让我忘记自己的幸运饼干,这会有影响吗?

这样的例子还有很多,但只要我们把自己局限在法律权利问题上,就不会造成什么影响。给他人造成损失,即使是故意的,也不构成法律上的不法,除非损失是通过法律承认的某种方式造成的。如果我在你的隔壁开了一家快餐店,目的就是把你从这个行业赶出去,而且我也这么做了,但我没有侵犯你的权利。在英美法律体系中,竞争和干涉并不是一回事。在幸运饼干的案例中,我所做的一切都没有侵犯你的法律权利,除非我故意误导你;而且,即使我真的故意误导你,法庭也必须认定我通过一种合乎法律认可的方式干涉了你。法律干涉的问题可能会涉及对先前判决进行类比的探索,可能会有一些法律上的争议,但我认为,我的欺骗不太可能被认为侵犯了你的任何法律权利,而这并不能解决你的道德权利是否被侵犯的问题。

显而易见,理解道德权利的一个至关重要的部分在于理解如何区分干涉和所有其他行为。如果一项道德主张权的力量或"冲击"(punch)是它强加给他人的不干涉义务,那么对这种冲击的衡量是变化的,部分取决于对"干涉"的广义或狭义理解。例如,美国法律通常允许我建一个40英尺高的"恶意"栅栏,我这么做的唯一的目的就是妨碍邻居游泳池的采光。在法律上,这没有侵害邻居的财产权。但是在道德上呢？法院本身经常暗示道德权利要比法律承认的权利更为广泛。(在英格兰,法律会站在我的邻居那一边。)但很明显,法律有时候会承认没有道德对应的法律权利(考虑一下奴隶制)。边沁抱怨自然权利相对于法律权利的不确定性,这个问题必须得到解决。

一旦我们脱离了一个既定的法律教义体系,什么构成和什么不构成对某人做某事的干涉,就不可避免地成为有争议的问题。一种有影响力的观点认为,道德权利是"消极"权利,在此意义上,它们是反对"干涉"的主张权,这种干涉被非常狭隘地解释为对个人施加的物理性强力或由此产生的威胁。殴打你或威胁要殴打你,侵犯了你享有不遭受这种待遇的"消极"自由权。但没有别的事情可以算作干涉,即使它是有意的,而且确实会给某人带来灾难性的后果。这种非常狭隘的观点通常会稍微放宽一些,从而将欺诈和诽谤算作干涉,即便它们通常不涉及武力或武力威胁。

有的观点认为,我们的道德主张权主要被理解为限制利用武力或欺诈手段进行干涉,而且这种主张权的要点旨在保护个人自由的特权范围,这种观点通常被称为一种古典自由主义(classical liberal)或自由意志主义(libertarian)观点,或者一种基于消极权利(negative rights)或消极自由(negative liberty)的观点。相反,根据这种观点,任何宣称身处险境时获得帮助的道德权利,或者最低限度生活水准的道德权利,或者受到尊重的道德权利,都可以被归类为一种"积极"权利的主张。如果你昏迷不醒,脸朝下躺在水坑里,而我吹着口哨从你身边走过,放任你淹死,我没有侵犯你的任何不受干涉的消极权利(根据这种观点),但我将会侵犯你在紧急情况下获得帮助的积极权利。

有些人认为"干涉"只是"干涉消极自由",并从这种解释中得出了惊人的结论,例如不存在获得积极帮助的道德权利,而且几乎从定义上来说,强迫任何人提供帮助就是侵犯了消极自由的道德权利。这种路径虽然相当残酷,但却具有非常明确的后果。其他路径也可能如此,可能涉及一个关于干涉是什么的更为复杂的故事。这样一个路径可能认为,我未能给脚边水坑中一位不省人事的溺水者提供"简易救援"(easy rescue)是对他的自由的干涉,也是一种极其严重类型的干涉,因为不向他提供在道德上有资格获得的简易救援,我就剥夺了他的生命本身以及他享有的一切自由。但是这种路径可能会产生一系列尴尬的后果。如果不提供一种简易救援是一种干涉的话,为什么未能提供一种艰难和危险的救援就不是干涉呢?如果旁观者未能施救是一种干涉,为什么人们在其他情况下的同样做法就不算一种干涉呢?干涉终止的界限在哪里呢?此时此刻,我们所有人都未能给全世界饥寒交迫的人提供帮助,就是在干涉他们的自由吗?那些受害者是否因为自己的需要而反过来干涉了我们的自由呢?将未能提供"积极"帮助视为一种干涉,似乎需要进一步的界定,从而避免得出每个人一直都在干涉每个人这种荒谬的结果。

我们将在第十章和第十一章回到关于干涉的问题。此处的重点在于,因为霍菲尔德分析的唯一雄心是解释法律权利,所以这只是在假定一套法律教义的背景下填补干涉概念。但是,当我们试图超越相对明确的法律领域时,那些寻求更具普遍性解释的人(就像我们自己)将不会从这种退路假设(fall-back assumption)中获益。正如我们已经看到的,尽管将不干涉的义务仅仅视为一种如此这般的义务在逻辑上具有吸引力,但仍有相当多的人支持如下的立场:权利主要与保护免于干涉有关,而与提供"积极的"利益无关。为了便于说明,在重新审视"什么是干涉?"这个问题之前,我将暂时接受"相关性义务就是一种不干涉的义务"这种解读。

(三)霍菲尔德的义务蕴含着权利吗?

当我们试图将霍菲尔德的观念从法律领域延伸到道德领域时,另一个问题出现了。我们知道,对于霍菲尔德而言,宣称一项主张权的相关物是一项义务,就是在宣称一项主张权蕴含了一项义务,但也可以宣称一项义务蕴含了一项主张权吗?这种相关物之间的蕴含关系是双向的还是单向的呢?对于霍菲尔德而言,义务是一种关系性概念,提出这个问题只是在问,无论任何时候,当 Y 有一项对 X 的义务时,X 是否享有一项对 Y 的主张权。霍菲尔德并没有去讨论那些不是指向某些特定的人(自然人或法人)的义务,或者甚至不是和某些特定的人(自然人或法人)相关的义务。所以从霍菲尔德的观点来看,"义务蕴含着主张权吗?"这个问题和"如果 Y 有一项对(或关于)X 的义务 p,那么必然会推出 X 有一项对 Y 的 p 的主张权吗?"是一样的。

目前还不清楚霍菲尔德会如何回答这个问题。英美法系在承认未对义务人采取救济措施之人的法律义务方面含混不清。即使霍菲尔德在这个问题上有表明自己立场的冲动,但在他的作品中并没有表达出任何意见。但是,如果我们谈论的是道德权利而不是具体的法律权利,我们有理由怀疑是否可以回答说"是的,所有义务都蕴含着主张权"。被用来说明道德义务在逻辑上并不蕴含着道德主张权的典型例子就是慈善义务。每个人都有做慈善的义务,在某些情况下,有些人 X 对某些人 Y 有做慈善的义务。想象一下,一个饥饿和严重受伤的徒步旅行者在你奢华的山间小屋门外摔倒,失去了知觉。尽管你没有一项法律义务去帮助他,但你当然有道德义务去帮助他。即便如此,很多人还是不愿意主张这个人Y有权要求X的救济。主张Y有一项获得X帮助的权利,甚至似乎有悖于将X的行为描述为慈善行为。

我们曾经遇到"不完全"义务这个概念,被用来标识没有相关主张权的义务类型,而乐善好施的人就是承担着这种类型的义务。我们是否认为不完全义务是不完全的,这无关紧要,因为它们不属于某个特定的人,或者因为它们不是在任何场合都必须履行的义务,或者因为它们不具有可执行性。这里重要的一点在于,在道德权利的任何情况下,主张Y拥有一种对X的权利要比主张X负有一种对Y的义务更为重要。

但是当仔细思考这个例子的时候,很多人倾向于主张徒步旅行者确实有获得帮助的道德权利,而且主张不承认拥有一种获得帮助的配套法律权利的法律体系在某种程度上具有道德缺陷。对于那些坚持认为有益的义务总会产生主张权的人,哲学家乔·范伯格(Joel Feinberg)认为他们是在一种"宣言的意义"(manifesto sense)(第67页)上谈论权利。一种"宣言意义上的权利"并不是一项真正的权利,而是一些人提倡将被承认的候选项视为一项权利。要在显得不武断的情况下解决这个分歧,并不是一件容易的事。尽管人们清晰地意识到,确实会出现道德上应当有一项法律权利但实际却没有的情况,但是人们很难理解下列情况为何确实如此:在道德上应当有一项道德权利,除非事实上确实存在这种道德权利。承认可能是法律权利存在的必要条件(如同法律实证主义者主张的那样),但这并不能成为道德权利存在的必要条件(除非道德本身在本质上是传统的)。

一个类似的问题可能关系到道德许可和道德上"无权利"之间的关系,而道德上无权利只是道德权利的缺失。将霍菲尔德的相关关系表格适用到道德事例中,如果X对于Y享有一个道德许可φ,那么Y不享有对 X 不 φ 的道德主张权。但是反过来也会成立吗？也就是说，从 Y 没有一项要求 X 不 φ 的主张权这个事实，是否就可以得出 X 有一种对 Y 去 φ 的道德许可呢？这似乎值得怀疑。再思考一下那个徒步旅行者的例子，即使那些人坚持认为徒步旅行者没有获得你的帮助的道德权利——也许除了在"宣言"意义上拥有之外，也可能会否认你在道德上被许可对他袖手旁观。

（四）群体权利与个人权利

霍菲尔德分析的另一个特点在于，他试图对"自然"人和"法"人一视同仁。自然人是一个个体。法人不一定是一个人，但可以是法律认可的实体，比如公司或合伙企业。法人可能只是（be）一种特定的个人团体，比如两人的合伙，但却并不必然如此。作为一个法人，一家公司可以在最初成立的法律上的人（个人或其他类型）被多次全部替换后依然继续存在。所有法人都依赖个人的存在去行动，但一个法人拥有的利益可能与个人拥有和代理的法人利益相悖。对于霍菲尔德而言，"群体"的权利持有者和"群体"权利是非常常见的。的确，霍菲尔德从未否认（denied），这种群体权利的主张最终在逻辑上等同于某些关于个人享有法律利益的系列陈述。问题在于，他对权利的分析本身并没有促使他主张这种等同性。

在任何更具基本性的法律体系中，都会存在规则去规制法律人格的范围以及管理非自然的法人的创立、延续和解散。将霍菲尔德的分析从法律权利领域扩展到道德权利领域，意味着将这些限制性法律规则抛到脑后。不能排除这样的一种可能性，即霍菲尔德式的道德权利可以由个人以外的权利持有者拥有。如果要对这个门槛进行规制，那么在霍菲尔德的观念中，没有任何东西被设计来做这项工作。这就给主张国家、部落、地方社区、语言群体、文化群体和各种各样的"亲缘性"群体拥有群体性权利留出了可能性，不管它们是否得到法律上的承认和内部的组织安排。这种开放性意味着，对道德性群体权利所有人的描述可能要比对法律性群体权利所有人的描述更为混乱。此外，还有一种主张"多数人"权利的可能性，这种权利能够抵消和有效地取消少数人的任何和所有相互冲突的个人权利。如果我们的权利观念没有对宣称的群体权利有更多的区别对待，那么个人道德权利的价值会被降低。

总而言之，霍菲尔德在法律领域发展出的权利话语分析，有望成为我们更广泛地探究权利性质的工具。基本法律概念中的主张权、许可、权力和豁免权，以及义务、无权利、责任和无能力，其中每一种在道德领域都有可辨认的相似之处。此外，探索道德领域中基本要素之间的相关性关系，揭示了一系列它们的法律对等物缺失的利益问题。特别是霍菲尔德的对比促使我们追问道德权利至少必须包含一系列什么样的元素。这将非常有助于我们在第八章讨论人们是否有做错事的权利。我们也已经看到，相关性可以被解释为一种单向的蕴含关系，或者作为一种双向的相互蕴含关系。在决定他人对其负有义务的人是否可以正当地要求将他人的义务履行视为一种权利时，我们选择哪种解释可能会至关重要。

第二部分

第二个扩张时期

第六章 《世界人权宣言》和对功利主义的反抗

第二次世界大战的结束标志着权利历史上的一个分水岭。战争使得大量平民遭受痛苦，其中很多结果属于明知故犯甚至蓄谋已久，规模上也是史无前例的。在此之后，人们重新关心国际合作以防止战争，即使合作失败，也可减轻战争的严重性。1945年联合国成立，1948年联合国大会一致通过《世界人权宣言》（苏联集团、沙特阿拉伯和南非弃权）。该宣言的序言部分载明了下列内容：

鉴于对人类大家庭所有成员的固有尊严及其平等和不可剥夺的权利的承认，乃是世界自由、正义与和平的基础，

鉴于对人权的无视和侮蔑已发展为野蛮暴行，这些暴行玷污了人类的良心……

因此，现在，

联合国大会宣布

《世界人权宣言》是全体人民和国家达成的共同标准……

《世界人权宣言》共有三十条，其中主要规定如下：

第一条规定："人人生而自由，在尊严和权利上一律平等。他们被赋予了理性和良知……"

第三条规定："人人有权享有生命、自由和人身安全。"这与洛克和杰斐逊的观点相呼应，但用"人身安全"取代了洛克的"财产权"和杰斐逊的"幸福"（第十七条确实承认了拥有财产的权利）。

第七条宣布了法律面前人人平等和平等保护不受歧视的原则，并在第二条列举了禁止歧视的理由，包括种族、肤色、性别、语言、宗教、政治观点、财产和"出生或其他身份"。

第四条至第十条禁止奴隶制、酷刑或者"残忍、不人道或有辱人格的"刑罚和任意逮捕，要求对刑事指控进行公开审判和无罪推定，并且刑事指控只能根据犯罪时存在的法律。

第十三条和第十四条宣布在一国境内行动和居住自由的权利、出境和返回的权利以及寻求政治庇护的权利（但没有移民的权利）。

第十八条至第二十一条保障宗教信仰、意见、思想和表达的权利，集会和结社的权利，自由参加选举和担任公职的权利。这些条款表达的权利通常被称为"第一代"权利，或者政治和公民权利，大多数（但不是全部）在美国《权利法案》中都有对应的内容。

所谓的"第二代"权利开始出现在第二十二条中，该条提及"每个人作为社会一员"享有"社会保障权利"以及"每个人的尊严和个性自由发展所必需的经济、社会与文化权利"。这在美国宪法中没有相对应的条款，尽管美国宪法第二十三条中有"工作权"，但只是在非常有限的意义上存在，也就是未经正当法律程序，一个人不能被政府解雇。

但是，第二十三条进一步规定了享有"公正和合适的"工作条件的权利，享有"免于失业的"保障，且享有"同工同酬"的权利，享有"公正和合适的"报酬的权利以及参加工会的权利。这些权利在美国宪法中并没有相应的规定，不过作为一项普通立法的事项（总是会被废除），很多内容都有法定的对应性规定。

相似地，第二十五条规定的一项"适当"生活水准权，"包括食物、衣着、住房、医疗和必要的社会服务"，以及第二十六条规定的免费接受教育的权利，这些权利都不是通过宪法权利的形式，而是通过立法行为赋予美国公民的。

《世界人权宣言》中最受嘲笑的条款是第二十四条，其中承认了一种"休息和休闲"的权利，特别是要求"工作时间有合理限制和定期带薪休假的权利"。美国洛克纳法院（Lochner Court）在1905年裁决违反基本自由权的内容，在1948年被《世界人权宣言》设定为一项权利。对整个人权事业持怀疑态度的人牢牢抓住了第二十四条，带着与边沁叙述法国国民大会在1789年至1795年的背叛一样的幸灾乐祸。

第三十条通过告诫"本宣言的任何条文，不得解释为默许任何国家、集团或个人有权进行任何旨在破坏本宣言所载的任何权利和自由的活动或行为"，给这个清单画上了圆满的句号。这种告诫可能是为了否认法国《人权和公民权利宣言》引发的革命狂热。

通过形容词"人的"（human）而扩张的权利语言似乎再次成为阐述世界历史性时刻所关注问题的唯一适当手段。第二个权利扩张时期已经拉开帷幕。

战后道德和政治哲学的复兴

然而在战后初期，道德哲学和政治哲学逐步衰落。在不列颠区域、澳大拉西亚区域和北美洲，主流观点认为，元伦理学（metaethics）旨在探究伦理学的形而上学和认识论地位。元伦理学是对哲学的适当关注，而不是在伦理学"内部"的实质性理论化。传统道德哲学和政治哲学的关注点在于探究善与正义的本质,但并没有被认为是有意义和有价值的努力。准确地说,人们会质疑,这些关注点在理性、科学和语言本质所设定的界限内是否能够得到满足。元伦理学的讨论受到战前情感主义和逻辑实证主义的影响。情感主义(emotivism)主张伦理命题是不可认知的,不能为真或为假,只用来表达态度。"谋杀是错误的"这句话的意思无非是在表达"我不赞成谋杀,你也这样做吧"。逻辑实证主义(logical positivism)的追随者倾向于将非认知话语连同神话和迷信一起扔到思想史的垃圾堆中。显而易见,在这些观点主导的学术氛围中,对于是否能对权利进行有意义的讨论(talk)的怀疑,往往会阻碍对权利性质的进一步思考。

在欧洲大陆,冷战倾向于将左翼知识分子锁定在马克思主义的思想脉络里,这个脉络延续了马克思对资产阶级个人主义倾向权利话语的质疑,一直到最近,欧洲大陆的左派才摆脱这种看法。尽管马克思主义拥有众多思想上的反对者,但似乎很少有人愿意承担提供理论基础的任务,从而支持那些被证明有效地反对苏联集团中极权主义遗产的权利话语。伴随着斯大林恐怖主义严重程度的逐渐暴露,苏联在东欧实施的高压行动可能使得反共产主义的权利主张显得太过容易,以至于不需要在理论上进行详尽论述。另一方面,正如迈克尔·伊格纳季耶夫(Michael Ignatieff)已经提出的,也许是共产主义国家更加重视就业权利和经济平等,从而阻止了一种全面的权利理论会决定性地支持冷战中任何一方的想法。

在英语世界,冻结权利理论的冰层在20世纪60年代开始破裂。在牛津大学,哈特(H. L. A. Hart)正在详尽阐述一种描述性法律理论,这使得他开始研究法律权利的性质,并进而一般性地研究权利的性质。同样是在牛津大学,黑尔(R. M. Hare)正在超越对道德语言的研究,转向对具有功利主义色彩的道德推理的阐释。在剑桥大学,伯纳德·威廉姆斯(Bernard Williams)开始攻击功利主义传统,在已经覆盖了实质性道德哲学的冷漠雪堆中,该传统依然沉睡且没有受到打扰。权利已经开始在政治话语领域占据支配地位,哲学家再次对他们作为批评家的传统任务感兴趣只是一个时间问题,尤其在1971年——那一年罗尔斯(John Rawls)的不朽著作《正义论》问世——之后。

在这里,我们无法准确地概括罗尔斯的理论。就我们的目的而言,将罗尔斯描述为道德契约主义者(contractualist)的主要代表就足够了。顾名思义,契约主义延续了从格老秀斯、霍布斯和洛克那里继承下来的社会契约思想。然而,现代契约主义的独特之处在于它对功利主义传统的敌视,而正因如此,最先被提及的名字就是康德。契约主义代表了某些主题或更准确地说是某些理论假定之间的汇合,而社会契约只是其中之一。

契约主义者拒绝功利主义和其他结果主义路径的原因在于,它们不认真对待人与人之间的差异,威廉姆斯曾明确指出这一原因。"结果主义"(consequentialism)这个概念由伊丽莎白·安斯康姆(Elizabeth Anscombe)普及并用来描述一类道德理论,在该理论中,功利主义已经是最重要的一种类型。结果主义将义务等同于良善结果的最大化,但与功利主义不同,它并不坚持结果的良善只能依据效用或任何其他边沁所谓"至高无上的主人"的单纯快乐和痛苦这样的指标进行评价。契约主义的担忧与功利主义早期批评者的担忧遥相呼应,但更具探索性。问题不仅仅在于,诸如功利主义这样的计算路径似乎能够凭借更大利益的名义纵容无耻的行为。规则功利主义和其他间接结果主义方法可能在理论的实践应用中足以阻止这样的反对理由。但问题更为严重,因为即使是这些间接且以规则为中心的策略,也会以一种令人反感的方式使个人处于从属地位。换句话说,即使结果主义理论能够通过巧妙构思从而使其要求恰好符合常识道德的要求,但该理论仍然是令人反感的。

首先,结果主义道德理论的要求和常识道德的要求之间的一致性看起来具有临时性和不稳定性。一种充分的道德理论不仅应该回应我们前理论的(pre-theoretical)道德直觉,还应该解释这些直觉有什么值得称道之处,而且它应该为我们系统化这些直觉,并在出现模糊和新情况时可以指引我们。隐藏在结果主义理论中的一种内在倾向是将个人置于更大利益之下,淡化分配中的公平和平等问题,并将我们个人存在的意义仅仅视为一定量的善的存放之处,而这些善将与其他人生活中累积的善相加。对于结果主义而言,人只有在作为善的容器和工具时才有价值,除此之外,人是没有意义的,他们的生命没有内在价值。

这个反对意见与另外一种意见密切相连。一种道德理论应该解释并证成道德对我们的权威性。道德自诩能够凌驾于我们的欲望和意愿之上,并告诉我们应该如何生活,而不管我们自己如何看待这件事情。但是,如果我倾向于做一件事,而道德又命令我做另一件事,那么我有什么理由去遵循道德的指引而不是我自己内心的指引呢?因为道德追求更大的利益吗?这很好,但我有什么理由宁愿选择不属于我的更大利益,而不去选择我能感知到并珍视的更小的利益呢?仅仅是为了避免制裁吗?但是在这种情况下,我们必须承认,是制裁而不是道德本身提供了理由,而且道德崩塌为一种审慎(prudence)。除了极少数(或不存在的)无私之人,他们唯一的动机就是带来最大利益,诸如功利主义这样的结果主义理论无法解释道德如何能够激励和引导个人行为。

契约主义受到了霍布斯的启发,并试图将道德解释为由理性个人有理由选择和遵循的规则所组成,即使他们只是碰巧关心对自己重要的东西。换句话说,这种解释道德的努力方式,除了理性之外不依赖于任何权威,且凌驾于我们的至高无上和具有内在价值的自我(selves)之上。依据契约主义的观点,道德是开明的利己主义——或者更准确地说,开明的自我利益(enlightened interest of the self),因为契约主义中没有任何东西要求自我只对自身感兴趣,而仅仅要求自我对自己的利益感兴趣,这通常将扩展到包括他人的福祉,即使不是所有的其他人。契约主义与审慎的不同之处在于,除了避免一种外部制裁之外,行为人还有一个理由去遵守道德规则,这个理由就是,道德规则是一个理性的行动者可以自由地强加给自己的规则。

正如结果主义者一样,契约主义者对伦理学和科学之间很多令人反感的类比比较敏感。契约主义者已经谋求一种作为社会科学分支的理性选择理论的帮助,来为他们的道德理论服务。通过利用理性选择理论的成果,契约主义者希望实现两件事情:首先,去解释我们熟悉的道德规则如何诉诸理性的个人选择而被合理化。其次,避免去依赖特殊的道德公理,因其本体论和认识论的地位会是可疑的,或者去依赖社会选择的聚合性原则,因它会引入不必要的复杂性,同时也会产生使个人服从于社会的危险。

根据契约主义的观点,道德权利只是一系列约束条件,作为理性行动者的我们,会将这些约束条件置于任何我们会理性选择的那些聚合性或社会选择的原则之上。例如,如果我们发现,为了提高我们的安全和经济福祉而达成社会安排是理性的,那么我们也会认为,在追求这些目标中坚持某些权利对抗其他人或公共权威是理性的。存在一种立法机构、警察和法院体系符合我的个人利益,这是理性的。但是,这样建立起来的国家对我具有无限的权威这一点并不符合我的个人利益,这就不是理性的,因为我可能会受到不公正的控告,或者成为立法服务于经济对手利益的目标,等等。

此外，一项有限慈善的道德（甚至是一项法律）规则可以在契约主义的基础上获得证成。脸朝下掉进一个浅水池且失去知觉的人可能是我，因被营救而获益的人也可能是我。因此对我而言，同意一项要求简易救援的规则是理性的。这对我施加的成本微乎其微，因为它只是要求我在很容易做到的情况下才去拯救别人，但获得的好处却很大，因为遵守这项规则，我的生命就会得救。但是请注意，对我而言采取一种一般性慈善规则，则不是理性的，因为这看起来很像功利主义者的"最大幸福"原则。"最大幸福"原则可能使我的生活完全屈从于为他人服务，而该原则对我的好处则微不足道。（我可能会发现，让别人在他们认为力所能及的时候尽力帮助我，是很烦人也很幼稚的。）因此，契约主义路径也许能够解决我们在道德思考基础上的那种紧张关系，也就是行善与过自己生活之间的紧张关系。从间接结果主义要求的非个人立场来看，我们很难看到如何确保一种有限的慈善原则，因为除了我们的知识和手段之外，这种限制没有任何基础，而随着知识和手段的增长，限制也会受到侵蚀。但是，从契约主义作为基础的利己立场来看，慈善是有意义的，然而对慈善的限制需要通过一种理性选择原则被严格固定下来，这个原则以主体和他自己的价值及事业为中心。

契约主义承诺以一种恰当地反映个人至上的方式为道德权利奠定基础并使其正当化，同时真正地约束个人而不是让他屈从于他可能不认同的目标。这个观念旨在展示道德的界限是如何仅由理性决定的，而不诉诸有争议的善的观念，不诉诸同情的能力，不诉诸神圣的法令或自然权利修辞中的"自然"。权利的产生分三个阶段进行：在第一个阶段，选择情境的一般性特征反映了我们所说的"道德情境"，也就是说，在这种情境中，存在许多个体化的理性行动主体，他们拥有某些需求和能力，但是这些能力并不是无限的，而需求也并不总是能得到满足。这

第六章 《世界人权宣言》和对功利主义的反抗

些情境的一个重要特征是人与人之间发生冲突的可能性,甚至是不可避免性。这种冲突部分源自个人之间信息和处境的差异,但部分也源自个人价值观之间的差异。

在第二阶段,理性决策原则被确定下来,这些原则支配着个人在道德情境中选择道德规则来管理自身互动行为的过程。来自数学上严谨的理性选择理论的理想型决策原则在这里发挥作用。某些原则看起来几乎微不足道:理性主体将会寻求信念上的一致性,而且他们的偏好具有可传递性,也就是说,如果理性主体在特定的时间内喜欢 A 胜于 B,喜欢 B 胜于 C,那么他们不可能喜欢 C 胜于 A。理性主体将不得不处理风险和不确定性,因此必须规定这些原则来支配他们在这方面的推理。尤为重要的是理性主体对待风险的态度。个人可能被描述为个人净期望效用的直接最大化者,也就是说,在扣除未实现收益的可能性后,他们更倾向于收益最高的选择。或者,个人可能被描述为"最坏情况"个人负效用的最小化者,也就是说,作为各种选择的逃避者,他们会避免选择那些对自己造成灾难性的(即使不太可能)不利结果。

在第三阶段,契约主义者通过在道德情境中应用理性选择的原则,推导出理性个体将会同意的规则。一种范例式推导可以按照如下方式进行:存在一项反对欺诈的道德规则,即使一个主体只能通过实施欺诈获得最高价值的结果。为什么会有人同意这样的规则呢?答案就是,理性主体认为,在一个存在欺诈行为的世界里,他们因被欺诈而蒙受的损失要大于因欺诈而获得的利益,因此,他们同意放弃实施欺诈,条件就是其他人也这样做。其他的理性主体也通过类似的方式推理,同意在相同的条件下放弃实施欺诈。进一步而言,理性主体同意对欺诈进行制裁从而阻止偏离"禁止欺诈"规范。因此,一项"禁止欺诈"规范将会被同意,而放任欺诈的相反规范则不会被同意,而且规范缺失也不会是理性主体的首选结果。因此,反对欺诈的道德规则是由理性驱使的。证明完毕。

如上所述,契约主义对反欺诈道德规则的解释显然会遭到反对:尤其当他认为自己能够实施欺诈而不受惩罚时,一个自私自利的主体有什么理由必须遵守规则呢?在这里,我们无法找到契约主义者为解决这个基本难题所做的努力,这个困难通常被称为服从问题(the compliance problem)。这里也不是解决这个难题的地方,该难题由经济学家约翰·海萨尼(John Harsanyi)(1977年)的契约论观点提出,并导致了对功利主义的接受。很明显,如果依据自身条件,契约主义能够被证明是结果主义的一个版本的话,那么它作为结果主义的替代性选择就是失败的。相反,就我们的目的而言,更重要的是要注意到,任何对权利做纯契约主义解释的尝试,都有一些其他的不足之处。

第一个困难来自这样一个事实:除非调整最初的选择情境以保证公平,否则契约主义结构会产生直观上令人反感的结果。第二个困难源于第一个困难。为了避免第一个困难,契约主义者必须在他们的结构中建立公平条件,对此我们能给出什么样的解释呢?如果这些公平的条件包含了看起来像权利那样的独立道德要求,那么[就像塞缪尔·克拉克(Samuel Clarke)(1705年)反对霍布斯那样]契约主义旨在为权利提供基础的事业将会失败。相反,契约主义者似乎预先假定了道德权利,而不是解释了道德权利。

回到第一个阶段,在该阶段,契约主义者详尽地说明了理性主体面临的初始选择情境。假设某些主体要比其他主体更强大,比如更聪明和身体更强壮。霍布斯做出了相反的假设,但是其他人[尤其是苏格拉底(Socrates)在《理想国》中设定的对手]则并非如此。一个智商一般或低于平均水平的人可能会受益于反欺诈道德规则,但如果同意的决定

第六章 《世界人权宣言》和对功利主义的反抗

仅仅基于自身的利益,那么一个绝顶聪明的人为什么会同意这样的规则呢?答案肯定是他不会这么做。但是,承认这一点对契约主义事业来说却是致命的,这能够避免吗?

一种做法是为霍布斯关于人类大致平等的假设提供支持,将其转化为一个结论,而不是一种假设。这种做法似乎毫无希望,因为人们实际上拥有不同程度的资质,而且道德规则应该约束每个人,而不仅仅是普通人。另外一种不同的做法是,承认人们实际上拥有不同程度的资质,但规定了在最初的选择情境中,理性选择人被剥夺他们对于自身独特能力的认知。出于同样的原因,选择人将不知道自己的价值观是什么,也不排除扭曲的可能性,即选择人为了促进自己的个人目的,可能试图操作或否决道德规则。这就是约翰·罗尔斯著名的"无知之幕"(veil of ignorance)(1971年,第136—142页)背后的理念。

无知之幕这种设计似乎是处理人类多样性这个事实的一种有前途的方法,色拉叙马雷斯(Thrasymachus)不太可能将正义定义为强者的利益,除非他将自己算作强者之一。但是,处理第一个困难的这种方法会直接导致第二个困难:什么原因导致一个理性主体同意在无知之幕的后面选择规则呢?什么原因促使一个人在没有充分相关信息的情况下做出选择呢?很明显,理性本身并不能激发这种规定性要求,但那又有什么可以激发呢?(一些哲学家,比如"古典契约主义者",拒绝做出详尽说明,而是试图从理性中得出公平。)如果答案是只有依据这种方式,契约主义程序才是公平的,那么问题就变成了这种公平的理念从何而来。如果理性本身不能强加于它,那么我们想知道它从何而来。

但是,我们也想知道另外一件事。公平本身是权利的来源吗?如果公平本身是权利的来源,而契约主义的解释以公平为先决条件,那么契约主义似乎以权利为前提,因此不能为权利提供基础。契约主义把事情搞反了:套用茱蒂丝·汤姆森(Judith Thomson)(1990年)对契约主义的错误理念(the contractualist conception of wrongness)的观察,我们会选择什么是公平的,是因为它是公平的,而公平之所以不公平,是因为我们选择了它。如果主张个人有权拒绝不公平地产生的公认道德规则是可以接受的,那么权利在发挥一种约束程序的作用,而这些权利本应是程序的结果。

把公平看作权利的来源并非不可能。事实上,哈特(1955年)提出了这样一个问题:是否存在任何自然权利?而且他提出,如果有的话,获得公平对待的权利将是一种自然权利。根据哈特的理论,当一个人充分受益于他人基于互惠而服从规则时,那么他就有义务遵守这项规则,不管一个人是否因理性而被迫同意它。这种义务与一种权利具有相关性,其他人有权期待甚至要求遵守规则。哈特的观点引起了广泛争论,如果我们跟着它,就会走得很远。就我们的目的而言,如果存在这种所谓公平对待的权利的话,那么我们就会看到该权利脱离了契约主义的脉络,甚至可能成为任何契约主义理论的一种必要的外在于契约主义的补充(回想一下"服从问题")。

总而言之,契约主义并没有为权利提供充分的基础。在某种程度上,这并不令人感到奇怪。甚至霍布斯也将处于自然状态中的人描述为已经拥有两种霍菲尔德式的权利:做他们认为生存必需之事的自由,以及放弃这些自由的权力。尽管现代契约主义者有决心和创造力,但他们所做的努力迄今未能在理性自利的基础上重建道德。权利不是道德的全部,契约主义也许不需要解释整个道德,但事实证明,契约主义无法解释权利领域内的那部分道德。当然,一旦建立一个权利框架,契约主义的思维方式很可能会阐明人们了解权利的某些应用模式,但那是另外一个问题了。

契约主义者没有忽视这些批评。最好的处理方式是引入合理性（reasonable）观念，作为与理性（rational）观念的对比，这是一种回应康德而不是霍布斯观点的方式。（古典契约主义者不会这么改变，而是坚持霍布斯和理性。）这两个概念之间的区别在于，合理性包括"愿意提出并遵守公平的合作条款"（罗尔斯，1993年，第49页，注释1），而理性则不是如此。在此意义上，合理性是指在不考虑他人利益就是不公平的情况下将他人利益纳入考量范围内，但他根本不需要重视"一般性善本身"（罗尔斯，1993年，第50页）。此外，合理性还意味着一旦确定了公平的合作条件，就不会再有欺骗或搭便车的动机。

建立在合理性概念之上的契约主义权利理论产生了新的问题。一个问题是：合理性是一个"具有道德内容的概念"，而且契约主义者承认，引入合理性"会招致循环论证的指责"[斯坎伦（Scanlon），1998年，第194页]。对于循环论证的指责似乎特别适用于公平对待的道德权利。契约主义的合理性是根据公平进行界定的，因此契约主义似乎是在假定而不是生成公平对待的权利。诸如一般性善等其他道德观念被排除在契约主义合理性之外，这一事实加剧了这种担忧。为什么不公平地对待他人是不合理的，而忽略一般性善或者完全忽略结果主义者会考虑的任何东西就是合理的呢？

另一个问题涉及理性与合理性之间的关系。罗尔斯论证说，合理性并不是从理性中衍生出来的，两者是"相辅相成的观念"（1993年，第52页）。人们不禁会问：在契约主义框架中，合理性为何不简单地取代理性呢？答案就是，"单纯具有合理性的主体不会通过合作来促进自身的目的"（罗尔斯，1993年，第52页）。但是这个回答产生了进一步的问题：如果主体必须有某种适合通过合作促进的目的，那么为什么这个目的不能是公平本身或公平合作本身呢？如果单独来看，促进公平或公平合作不能作为激励人的目的,那么一般性善本身为何不能呢?尤其是当一般性善可以被理解为不只考虑某些利益,而且充分考虑所有人的利益时,为何不可呢?如果答案是契约主义将不再真正地反对结果主义,人们可能会开始怀疑,比起与结果主义和解,反抗结果主义是否值得付出特别的努力。

对公平的解释不仅是契约主义的绊脚石,也是其对手结果主义的绊脚石。结果主义者处理公平的方式是将其和其他因素(诸如幸福)都纳入到结果评价中。从结果主义的角度来看,最好的结果可能是公平的,也可能是不公平的,这取决于其他因素的计算以及它们的相对权重。对于一位规则结果主义者来说,公平对待的权利可能存在,也可能不存在。是否存在将取决于最佳规则能否最大程度地确保公平,从而值得将其称为一项权利。(权利所能提供的保护程度是后面章节的主题。)没有人能事先保证,确保最佳结果的规则将是公平的规则,当然,除非我们确定公平是评判结果的唯一标准,而这似乎不太可能。如果让我们在较小的公平份额和较大的不公平份额之间进行选择,那么我们大多数人首先会想知道不公平份额比公平份额大多少。我们在评估整体时也会问类似的问题。这表明公平(就像平等一样)只是众多价值之一。

康德式契约主义之所以能确保公平,可以说是因为它"事先"(up front)建构了公平。但确实如此吗?这将取决于如何允许合理性与理性之间的相互作用。"理性之我"可能愿意放弃某种程度的公平,以获得更多我想要的其他东西。如果理性可以超越合理性,那么契约主义规则就非常类似于规则结果主义的规则。另一方面,如果相较于"理性之我","合理性之我"具有绝对的优先权,那么公平规则就得到了保障。但(如前所述)获得公平对待的权利似乎是契约主义方法预先设定的,而不是生成的结果。

第七章 权利的性质：
"选择"理论和"利益"理论

在我们思考权利的时候，我们必须尽量避免混淆两种不同类型的问题，一种被称为"概念性"（conceptual）问题，另一种被称为"证成性"（justificatory）问题。概念性问题包括权利是什么，权利的构成是什么，以及从断言 X 拥有一项如此这般描述的权利中推导出什么。霍菲尔德的工作是概念探索中最纯粹形式的典型例子之一。而证成性问题则侧重于权利分配的根据和背后的原因。假如权利是一种特定的事物，那么为什么我们认为它是应当存在的？权利分配的理由是什么？权利服务的目的是什么？没有权利，我们还能实现这些目的吗？

概念性和证成性之间的区别并不是很明显，而且两者之间往往相互施加影响。我们关于"权利是什么"的概念观是由各种因素塑造的，这些因素包括一项权利具备什么才能使之看起来值得拥有。做出这种判断要远超我们在日常惯例中注意到的那些听起来可能奇怪或不奇怪的内容。例如，如果一项权利是一种纯粹霍菲尔德式的去 φ 的许可，那么除非它结合一种不 φ 的许可，否则它可能看起来就是一件微不足道的事情。如果我们想获得一个术语，那么我们可以将这种简单的霍菲尔德分子（Hohfeldian molecule）称为一种选择（option）或双向自由（bilateral liberty），尽管有时我可能会简单地将其称为一种许可，但前提是它是"双向的"。带着这个想法进入下一个阶段：什么证成了我们认为任何人都可以做任何事？回想一下，戈德温否认了这一点，因为在这种意义上，许可正是他所贬斥的一种"主动性"权利。对戈德温而言，我们有义务去实施能带来最大利益的行为，也有义务忽略所有其他行为，因此我们永远不可能拥有一种许可（在双向意义上）。我们与戈德温在这个问题上的争论将不仅仅是概念上的，因为它的证成性面向最终将影响各方的概念性立场。人们很少满足于仅仅关注概念上的细微之处，即使是霍菲尔德也将主张权当作唯一被恰当称呼的权利。

97 今天，当我们发现自己已经进入我所说的第二个扩张时期时，概念性问题和证成性问题的混合达到了一个更深的程度。很多人已经警觉到，由于概念上的粗陋，权利话语被贬低了。太多的道德问题被不恰当地框定在权利问题上，或者说有些人担心会出现这样的状况。这可能会导致权利的贬值，不断地削弱权利对我们道德思考的独特贡献。动物权利、胎儿权利、群体权利、环境权利以及诸如此类的短语都使得人们担心权利的形式会大于实质。因此，不少思想家呼吁权利在概念上要更加细致，并提出概念性分析将会减少权利主张的泛化。

一、 法律权利的利益理论

此时此刻，我们回想一下边沁运用有益性义务对法律权利的界定。这种有点含混不清的公式似乎和潘恩或柏克的观点相一致，前者主张"通过公正地关注自己的利益而获得自己对于自然权利的知识……"（第 178 页），而后者认为"人的权利就是他们的利益……"这种观念的核心认为权利的正当性取决于权利持有者的利益，这就是权利的功能和存在理由（raison d'être）。我一直将这种观念称为利益理论（Interest

Theory），尽管有时也会使用"获益理论"（Benefit Theory）这个术语。依据一种利益理论，权利的存在是为权利持有者的相关利益服务，并且不同的、具体类型的利益理论可能会根据什么"利益"具有相关性而有所不同。这并不是说他人或社会的利益不重要，它只是关注权利在保护权利持有者利益上发挥的作用，而不是一般性地保护利益。由此可见，利益理论标志着中世纪对主观权利和客观权利的区分。

如上所述，利益理论具有一种概念性维度和一种证成性维度。利益理论的概念性含义是相当朴素的。只有能够拥有利益，才是权利持有者的候选人，但在有利益存在的范畴内，利益理论本身并没有划定任何界限。如果说动物拥有利益，比如为了避免遭受痛苦，那么在考虑下列问题时，我们就不会存在概念上的障碍：动物是否有道德上的权利？如果有的话，这些权利是什么？胎儿、社会群体、无生命物体、人工制品等等也是如此。利益理论几乎没有进行概念上的过滤，而是对利益及其重要性进行了广泛的讨论。利益理论也不预先确定一个假定的权利持有者的利益如何被考量，特别是它不排除运用规则功利主义或契约主义方法去评估利益。然而，它确实与行为功利主义或行为结果主义的思想格格不入。当权利持有者就是代词"我"的指代对象时，利益理论赋予了代词"我"一些魔力。正如我们所看到的，行为结果主义将权利持有者的利益视为另外一种输入，而规则结果主义则可以合理地围绕权利持有者的利益建立规则。如果最好的规则能够保护某些生物的某些利益，那么这条规则就会得到利益理论和规则结果主义的双重祝福。但请注意，对于行为功利主义者来说，一个特定的行为会保护任何特定个人的利益这个事实从来不会提供一个特别重要的理由来支持该行为。

利益理论本身并没有对利益进行识别或区分。它没有告诉我们什么是利益,或者是否所有利益都重要到足以产生相关性义务。就此而言,利益理论并没有告诉我们构成一项道德权利的霍菲尔德分子的内容是什么。而边沁认为,法律权利的最低限度内容是我们所说的霍菲尔德的主张权及其相关性义务。但是,如果利益具有重要的道德意义,也许它们能够产生更复杂、更富有活力的分子。例如,如果我的生存利益足以产生一种指向所有其他人的主张权,而他人不能杀死或严重伤害我,这怎么可能不足以强加给他人一种对侵害我的主张权的行为进行惩罚的义务呢?如果我的利益足以做到这一点,那么它是否也足以产生一种对我因他人侵权而遭受的任何伤害进行赔偿的义务,或者向那些为了养活自己而可能抢劫我的人提供经济援助的义务?这些义务的边界在何处?利益理论展示了一种生成能力,许多人觉得这种能力很有吸引力,但另一些人则感到不安。

二、法律权利的选择理论

然而,利益理论并不是唯一的备选项。回想一下,奥斯丁偏离了边沁对法律权利的分析。奥斯丁认为,一项合法的权利可能对权利持有者有利,也可能对权利持有者不利,但对权利持有者享有权利的最重要检验是当与权利相关的义务被违反时获得救济的可得性。奥斯丁的思想是法律权利的选择理论(Choice Theory)〔有时也被称为意志理论(Will Theory)〕的先驱,该理论在 20 世纪后期被英国的哈特和美国的卡尔·威尔曼(Carl Wellman)详尽阐述。选择理论(再次注意,这是一个理论家族,我们会发现其中存在各种差异)展现出了概念性和证成性因素。它的概念性因素可以依照下列方式呈现出来:任何东西都不能

第七章　权利的性质:"选择"理论和"利益"理论

算作权利,除非它拥有一个可让与的权利持有者;任何人都不能算作权利持有者,除非他拥有强制实施或放弃与权利相关的义务的选择权。它的证成性因素可以依照下列方式呈现出来:权利的功能是保护和促进个人自主。现在我们必须探究这些因素的含义,以及在法律权利领域内它们是如何结合在一起的,然后当我们从法律领域扩展到道德领域时考虑它们的含义。

　　法律权利的选择理论在概念上是挑剔的,因为它坚持法律权利的主张必须满足一定的效力性检验。重要之处在于看到这种挑剔的动机既是描述性的,也是规范性的。这种观念并不是说,没有任何事物应当被算作法律权利,除非它通过了选择理论的测试;而是说,在特定利益偏好的法律体系中(看一下英美法系),法官和其他法律官员不会将一项假定的权利视为法律权利,除非它通过了某种形式的选择理论测试。换句话说,选择理论可能是对某些发展良好的法律体系中法律官员实践的最准确描述。法律权利选择理论的拥护者可能会就此打住,满足于做出这种描述性的说明,或者他可能会继续补充一种带有明显证成性色彩的评估性主张:"这也是一件好事!"

　　选择理论学者提出的描述性主张是什么样的呢?这个证据可以在英美法系中找到,一个例子就是"第三方权利"原则。一般来说,当事人不能将他人或第三人的权利作为他们寻求法律救济的基础。例如,假设我的邻居因为他的车不能使用而停止付款,并用一种不雅观的方式将车停在前院,而这种方式有损于我对自己财产的享受。我要求他移走车,但他拒绝了。我起诉到法庭上,要求移走车。我不能主张金融公司的权利,去要求把那辆违规的汽车从我邻居的财产中移走,我必须主张我自己的某些权利。我不会去公然主张,我的邻居履行了对金融公司的那种保持汽车良好运行状态的义务,而我会从中获益。我也不能起诉金融公司,迫使它收回这辆车,因为它的收回权是一种它可以强制实施或放弃的选择。因此,支配"权利"术语的法律适用的语言共识并不像粗糙的边沁式表述那样。法律惯例告诉我们,只有在 Y 负有一项对 X 的义务或者 X 可以决定是否让 Y 承担这项义务的情况下,法律才承认一项 X 对 Y 的权利。法律惯例并没有表明,法律承认一项 X 对 Y 的权利,就意味着在任何情况下 Y 都负有一种义务,而该义务的履行有益于 X。准确地说,X 的法律权利的存在依赖于 X 是否拥有权力去强制实施和放弃强制实施 Y 的法律义务。

我们可以提出一个更为直接的例子。法院依照下列方式在道德义务和法律权利之间进行了区分:假设 X 打高尔夫,却打了一个烂球,这个球越过草坪,击中了 Y 的头部,致使 Y 受伤。这里至少存在两个截然不同的问题。一个问题是,X 是否有一种指向 Y 的道德义务,该义务要求 X 赔偿对 Y 造成的伤害。另一个问题是,Y 是否拥有一项获得 X 赔偿的法律权利。是否还存在第三个问题,即 X 是否拥有一项赔偿 Y 的法律义务,即使 Y 不具有强迫 X 履行法律义务的权力呢?法院的话语表明,一旦 X 的义务与 Y 方的任何强制实施的法律权力相脱离,那么它就不再值得被称为法律义务,它仅仅是一个道德义务,就像 1897 年新罕布什尔州最高法院在"布迟诉埃莫瑞制造业案"(Buch v. Amory Manufacturing)(44 A. 809)中表述的那样,"法律不处理纯粹的道德义务"。尽管霍菲尔德表明(边沁也知道),一项主张权在逻辑上可能脱离权力而存在,法律的语言惯例似乎保留了将"法律权利"名称适用于更复杂的霍菲尔德分子,该分子结合了一种主张权和一种实施该主张权的法律权力。事实上,要完全阐明的话,这个分析将会包括一种实施的权力、一种放弃实施的权力以及针对每一种权力的双向选择,也就是说,允许强制实施主张权,也允许放弃实施主张权。而且完整地来说,该分子应当包括一种法律豁免权,从而保护该分子的其他成分不受改变(但是也可能在立法上得到修正和废除)。为了简洁起见,我们将不再详细讨论法律权利的选择理论所坚持的霍菲尔德分子的精确组成。就我们的目的而言,只要观察两件事情就足够了:(1)对于选择理论而言,一项法律权利在概念上跟权利持有者享有强制实施和放弃与权利相关的法律义务的权力相关联;(2)对于选择理论而言,一项法律权利不能在粗糙的边沁式术语中得到充分的理解,也就是说,法律权利不能被理解为一种有益的义务。

作为一种对英美法律体系的描述性解释,选择理论具有一定的影响。简言之,一种法律权利的描述性选择理论暗含着以下内涵:在一个法律规则体系中,恰当地说,除非某人在这个规则体系内享有一项法律权力,该权力使他可以去寻求或放弃强制实施他人的法律义务,否则没有人拥有一项法律权利。这似乎意味着婴儿和无行为能力的成年人没有法律权利,因为他们不能行使相关的法律权力。允许婴儿和无行为能力者通过父母及法定监护人等代理人来保有权力的这种调整,可以巧妙处理上述看似荒谬的结果。

选择理论的另一个结果,如果看起来不荒谬的话,那也是奇怪的:Y有一项法律权利要求 X 不对 Y 实施民事上的殴打,但是 Y 没有法律权利要求 X 不对 Y 实施刑事上的殴打。选择理论之所以会产生这样的后果,是因为 Y 拥有寻求民事救济的权力,但并不拥有类似的刑事控告的权力。当 Y 可以发起或放弃一种要求 X 承担损害赔偿的民事诉讼时,通常情况下 Y 不可以因殴打提起一项刑事诉讼,而且即使 Y 决定原谅 X,Y 也不能阻止国家对 X 的起诉。由于如下的两个原因,即使通过指定国家检察官代表 Y 行使一种代理权力,也不能巧妙地处理这种奇怪的结果。第一,在很多情况下,Y 在身体发育意义和心理意义上都不会丧失行为能力,所以 Y 并不像婴儿那样真的需要一个代理人。第二,在决定是否因殴打 Y 而起诉 X 时,国家检察官不需要根据他认为对 Y 有利的事情做出决定,相反,他将根据如下基础来做出决定,即为了促进维持公共秩序这一目标,什么是他认为能最有效地利用其办公资源的做法。

在这种情况下,选择理论必须承认,严格来说,公民没有不受刑事上殴打的法律权利,即使他享有不遭受侵权意义上殴打的法律权利。事实上,对于很多(尽管不是全部)刑事不法行为,都存在一种民事救济,这个事实缓和了上述结论的尖锐性。在一项刑事不法行为不存在民事救济的情况下,选择理论将坚持认为,确切地说被害人不享有免于不法侵害的法律权利。思考一下这个例子。假如一项制定法规定,"危害他人安全"(reckless endangerment)是一种犯罪,但若仅仅因他人的粗心大意(尽管不是无害的)而被置于严重的风险之下,则不可能获得民事侵权赔偿。现在假设 X 违反了该法规,使 Y 处于危险之中,比如 X 在高速公路上高速逆行,这个行为危及 Y 但没有伤害 Y。选择理论认为,虽然 X 违反了法律义务,但 X 并没有侵犯 Y 的法律权利,这并没有什么奇怪的。如果我们仍对此感到不满的话,选择理论将坚持认为,我们应将描述性现实——Y 没有法律权利——从我们对现实的评价中分离出来,也就是说,Y 也许应该(ought)拥有这样的法律权利。

我们享有的大部分法律权利可能会被放弃、让与或剥夺,而选择理论作为一种描述性的法律学说,是专门为这种现象量身定做的。但并不是所有的法律权利都是可以放弃的,因为有些权利是"不可剥夺的"(inalienable)。律师代表当事人对刑事指控进行辩护的权利和接受陪审团审判的权利是可以放弃的,但不受酷刑惩罚的权利则不可放弃。事实上,我们在法律上无法对酷刑的惩罚给予有效的同意,那么选择理论如何解释我们没有权力放弃某些法律权利这一事实呢？在这一点上，选择理论可能只是强调这样的法律无能力是很少存在的，并且提醒所谓的不受酷刑的法律"权利"实际上是一种霍菲尔德分子，其核心包括官员不实施酷刑的法律义务和所有人同意酷刑的法律无能力。

　　总而言之，作为法律权利概念的一种描述性解释，相对于利益理论，选择理论既有优点也有不足。选择理论的优点在于它能解释法律教义的某些方面，诸如第三人权利原则以及民事和刑事法律的不对等性。鉴于我们关注的是提升对法律权利的理解，通过展示一项法律权利恰当来说不是由一种纯粹的主张权组成的，而是集合了一项主张权和更多元素的分子，比如至少包括一种强制实施和放弃主张权要素的权力，选择理论补足了霍菲尔德的解释，并进行了纠正和延伸。因此，相对于利益理论，选择理论需要一个更为明确的法律权利概念形态。利益论的生成本质似乎是无限的，而选择论的生成本质则被限定在服务法定权利的功能所需的最低限度内，也就是说，不是服务于一般意义上的利益，而是人在行使自主选择时所拥有的利益。由于更加鲜明的界限，选择理论的法律权利观念阻止承认那些通常被视为法律权利的候选项（例如，不被谋杀的法律权利和不被实施酷刑的权利）。选择理论可以通过调整自身来解释这些规则，从而减少对我们日常表达模式的冒犯。

　　（即使如此，）那又怎样呢？一旦我们从概念性层面转移到证成性层面，并在这样做的时候，我们开始认识到它对我们理解道德权利而不是具体法律权利的影响，这场争论的利害关系就大大增加了。在证成性维度上，选择理论可以被看作利益理论的一种类型。利益理论只是告诉我们，权利是正当的，因为权利服务于保护和促进个人的利益（或比所有享有利益的人都小的群体）。选择理论可以被看作对权利所服务利益的详尽说明,换句话说,就是行使自主选择中的利益。在证成性层面,只有在选择理论被理解为除了行使自主权之外的任何利益都不能够证成权利分配的时候,选择理论和利益理论才是竞争对手。一旦选择理论采用这种方式,它似乎会产生一些相当惊人的结果。

三、从法律权利到道德权利

一旦选择理论承认权利存在的唯一理由是促进行使自主选择这个命题,那么由此看来,唯一有资格享有权利的存在(being)是能够实现自主的存在。特别是下列所有存在都将不可能成为道德上的权利持有者:婴儿、智力低下者、死者、未出生之人、动物、生态系统、人工制品和一般性自然物体。或者更准确地说,这些类别中的任何一种都不具有成为权利持有者的资格,除非有理由证明其(而不是某些代理人)在某种意义上拥有自主选择的能力。

这种教义有一种严苛的面向,而选择理论的倡导者可能希望缓和这一点。主张创造物 X 不可能拥有道德权利,并不意味着主张不存在道德义务去管理对待 X 的措施。假如我们让 X 等同于婴儿。婴儿不能做出自主选择是因为他们缺乏足够的理解能力,无法理解他们所做事情的意义。他们的行为与其说是自主,不如说是本能。选择理论否认赋予婴儿道德权利或法律权利的绝对合理性,但这与坚持认为婴儿是一套严格道德义务的受益者的观点相契合,只是这些道德义务是由自主主体社群的所有成员承担的。但是,无意冒犯利益理论,享有一项道德权利不只是成为他人道德义务的受益者。选择理论对于我们如何描述婴儿享有的道德保护非常挑剔,但它并不必然在婴儿享有的道德保

第七章 权利的性质:"选择"理论和"利益"理论

护数量上有丝毫吝啬。

选择理论的批评者可能会指出,如果婴儿被认为没有能力成为权利持有者,那么他们实际上被剥夺了一种至关重要的道德保护。毕竟,道德权利被认为发挥着约束追求目标的作用,尤其约束着那些只是将利益视为综合决策程序中纯粹输入项的追求目标。主张没有道德权利的婴儿是道德义务的受益者,而道德义务给予他们的道德保护与权利给予他们的一样多,是完全错误的。错误的原因在于它忽略了一个事实,一项指向 X 的道德义务并不算作 X 拥有一项权利,这项道德义务可能会被与 X 的利益相竞争的利益所抵消,如果这些相冲突的利益也是权利持有者的利益的话,那么这种可能性甚至看上去更加难以应付。回想一下乔纳森·斯威夫特(Jonathan Swift)的著作《温和的建议》(*Modest Proposal*)。在饥荒的情景下,不享有权利的婴儿可能会成为成年权利持有者的首选食物,而享有权利的婴儿则不会如此。

选择理论并非没有办法避免如下的指责:它武断地在它所认为的正当权利持有者和所有其他权利持有者之间设立了令人反感的区分。一种思路指出,选择理论并没有致力于权利绝对优先于其他目标这种立场。显然,权利必须在一定程度上能够对抗一般性的利益平衡,但这种程度并不是绝对的。我们可以将其称为阈值问题(threshold problem):在什么情况下(如果存在这种情况的话),权利必须服从于其他道德考量?无论选择理论还是其他理论,对于任何权利理论而言,这都是一个一般性问题。也许婴儿的利益足以超越这个阈值,而受精卵、囊胚和妊娠头三个月胎儿的利益则不能超越。

为了避免被指责成武断和令人反感地规定了享有权利的必要资格,选择理论可能采取的另外一种思路是强烈建议我们搞清楚婴儿和自主之间的联系。一个成年人在睡眠或无意识的情况下通常也拥有权利,尽管他在这个时候无法行使自主权。虽然自主能力暂时失效,但权利仍然存在,大概是因为权利持有者通常会在合理的短时间内恢复自主能力。能力(capacity)与持有权利(right-holding)之间的关系是一个复杂的问题,而倡导婴儿(胎儿或高等哺乳动物)具有道德权利的人可以通过如下方式来描述这种关系:就像正常成人的标准情况那样,上述婴儿倡导者提出的权利持有者候选人也适用同样的解释方式。

综上所述,选择理论最初只是对特定法律权利的一种描述性解释。一旦选择理论呈现出一种证成性因素,无论是否得到法律的承认,它都会对道德权利产生影响。在证成性因素方面,选择理论将保护行使自主选择作为权利的独特目的和价值。这样看来,无论怎么讨论一个完全没有自主选择能力的存在是否拥有任何类型权利的问题,都不仅无助于实现任何目的,还会损害概念清晰的独立目标。无意冒犯边沁,但仅仅具有感知能力是不够的,一个道德上的权利持有者必须拥有一项自主选择的能力,也就是说,要拥有比匹克威克意义(Pickwickian Sense)上更多的选择。匹克威克意义是指一只蛤蜊"选择"合上壳以避免被入侵者伤害,选择打开壳以吸收营养。自主是什么,一个真正的权利持有者与自主的关系是什么,这些都是需要进一步分析和反思的问题,但是这些构成进行权利讨论必须要用的术语,如果不使用的话,它将会退化为空洞的口号。

那么,从选择理论的角度来看,不可剥夺的道德权利是什么呢?利益理论可以轻而易举地说明不可剥夺的权利之存在。这些权利仅仅是由权利持有者的利益支持的权利,这些利益是如此重要,以至于权利持有者自己无论如何都没有权力放弃。相较而言,选择理论存在一个难题,因为恰当称谓的权利应该包括放弃相关的道德主张权的权力。换句话说,依据道德权利的选择理论,严格意义上的权利并不是不可剥夺

第七章 权利的性质:"选择"理论和"利益"理论

的。这个结果可能看起来令人震惊地违反直觉,但是选择理论再次拥有了恢复它的可信度的能力。就像在婴儿的例子中,选择理论的拥护者可能会完全一致地主张,所有行为都受到某种不可侵犯、不可改变的道德义务的约束,而这种道德义务并不存在于恰当地被称为道德权利的组合中。例如,有人可能主张,我们都有义务不把别人当奴隶看,不管那些人多么愿意成为奴隶。主张我们有一种不被奴役的道德权利是不合理的,正如洛克论证的那样,不合理的原因是我们没有权力屈服于奴隶制。更好的说法是,所有人都有一种不奴役他人的道德义务。

就像在婴儿的案例中那样,选择理论的批评者可能会再次提出异议,因为这种策略减损了限制奴隶制的价值,基于类似的理由,也减损了我们认为构成人权思想核心的任何其他绝对限制,比如对酷刑的限制。主张存在一种不实施酷刑的义务但不存在免受酷刑的权利,表明权利所代表的那种独特的反聚合性约束(anti-aggregative constraint)并不适用于奴隶制和酷刑。但是,就像前述关于婴儿的例子一样,选择理论的倡导者可以公开主张,这种所谓的结果就是假设选择理论致力于对一个一般性问题的特殊处理,也就是我们已经说过的阈值问题。(我们将在第九章回到这个阈值问题上来。)在阈值问题得到解决之前,认为选择理论减损了对奴隶制和酷刑的限制是不公平的,正如认为选择理论贬低了对婴儿和动物待遇的限制也是不公平的一样。

然而,选择理论还有另外一种思路。我们已经区分了选择理论和利益理论的概念性维度与证成性维度。在法律权利领域,选择理论的倡导者之所以坚持一种狭义的法律权利概念,即法律权利包括强制实施和放弃的权力,有两个方面的原因。就选择理论的角度来看,一个原因与法律权利的正当性或功能有关,但还有另外一个原因。选择理论倡导者的兴趣在于提出一种关于法律概念系统的描述性解释,并且相信选择理论的元素已经最佳地回答了官方的法律适用的实际模式。但是,当选择理论从法律权利领域扩展到道德权利领域时,描述上的充分性程度相对较少,而证成上的说服性程度相对较多。简言之,在法律世界之外,存在着一种更为广泛且更少技术性的权利术语(vernacular of rights),人们更重视将权利视为道德价值的表述。因此,选择理论的倡导者可能会认为,自主选择的重要性如此之大,以至于在道德领域有两种而不是一种权利概念在发挥作用。第一种概念通过包括强制实施和放弃的权力的分子式图景充分体现,但第二种则不需要如此。因此,第二种概念是一种不可剥夺的权利。在这种方式下,选择理论和不可剥夺的权利之存在可以和谐共处。

这种和谐并不是武断的,因为没有令人信服的理由使我们认为道德权利与法律权利在每个细节上都具有概念上的同构性。事实上,如果我们被法律实证主义(legal positivism)——该理论认为法律可以通过不涉及任何道德评价的经验方法得到识别——吸引,那么我们就不应该对道德权利和法律权利在概念上的差异感到惊讶。即使我们被自然法理论(natural law theory)——该理论在传统上被认为是法律实证主义的陪衬——吸引,我们也不会对法律权利和道德权利在概念构成之间的差异感到惊讶。换句话说,作为"自然法学家",即使我们在承认任何假定的法律权利合法有效之前强加了一个道德充分性的测试,我们也可以自由地承认,法律权利经过这样的确认,并在人类的实在法律体系中被"颁布"之后,会表现出额外的概念复杂性。

再次总结并阐述一下,选择理论和利益理论并不是直截了当和全面的敌手,否则就会误导他人。作为一种类型的利益理论倾向于强调证成性问题,而不是概念性问题,即使它的证成性因素相当粗糙,需要将来进行更为详细的描述。利益论本身是一种粗糙的证成性理论,而

第七章 权利的性质:"选择"理论和"利益"理论

选择理论在证成性方面可以被视为一种特定类型的利益理论。简要地来讲,根据利益理论,个人利益证成了权利,而选择理论补充说,证成权利的个人利益就是行使自主选择的利益。因为它更侧重于关注自主利益,选择理论倾向于为构成权利的霍菲尔德元素的分子确定一种更具体的概念成分。在特定的法律权利领域,一个很好但远未有结论的例子已经提出了这样的命题,即被恰当称谓的法律权利包含放弃和强制实施权力的分子(正如我们前面提到的,也许还有豁免权和许可来填补这些权力)。这个例子并不具有结论性,因为选择理论必须在某种程度上延伸以处理某些显明的法律权利:那些婴儿和无行为能力者享有的权利;那些受刑法保护的权利;那些不可放弃的权利。相较而言,就像很多人感受到的,法律权利领域的利益理论令人厌烦地多产(fecund),它使我们期望找到事实上没有得到承认,甚至在某些情况下被权威性地否认的法律权利(就像在第三人权利的例子中那样)。法律权利的利益理论可以被修正为旨在驯服或缓和这种明显的多产性[克拉默(Kramer),2001年]。但是,以描述充分性来衡量,英美法理学中法律权利的选择理论与利益理论之间的较量可能势均力敌,难分胜负。

从法律领域进入到道德领域,利益理论的多产性似乎并不那么令人讨厌了,一项道德权利尚未得到承认并不是否认它存在的一个好理由(思考一下原教旨主义神权政体下的妇女权利,或者内战之前美国南方的非裔美国人的权利)。此外,利益理论强化了一种常识性观点,即我们的一些道德权利事实上是最重要的且不可剥夺的,即使我们想放弃,也不能够放弃。另一方面,选择理论进入道德领域时也会带有自身独特的见解。缺乏自主性的生物似乎不具有权利持有者的资格,因此选择理论似乎运用一种带有偏见、不公平的方式详尽地规定了一些激烈道德争论的条件。特别是胎儿和动物被否认拥有权利,这将使此类权利的支持者感到背后的理由要么是挑剔苛刻的,要么是不诚实的偏见。不可剥夺的道德权利也受到选择理论视角的密切关注。选择理论可以通过调整来适应不可剥夺的道德权利,但它不需要这么做,因此可以援引它来捍卫一个严格的概念性命题,该命题宣称道德权利的本质就是具有可放弃性。当我们回顾权利概念的早期历史,而且回顾权利在为奴隶制辩护中所发挥的作用时,我们可能会对选择理论从法律领域走向道德领域感到不安。

第八章　一种做错事的权利？
——论道德权利的两种观念

从霍菲尔德元素集合开始,我们有可能设计出任何数量的分子组合,这些组合可能要比任何孤立的元素更接近我们所谓的某种道德权利。在上一章中,我们考察了法律权利选择理论支持的特定分子,并思考该分子是否是道德权利所特有。另外一个常见的关于道德权利(道德权利才是本章关注的重点,而非法律权利)的观点认为,一个人 X 做 φ 的道德权利是一束精确的霍菲尔德元素,其中包含一项对抗 Y 干涉 X 做 φ 的道德主张权和一项对抗 Y 干涉 X 不做 φ 的道德主张权,而且结合了对 X 做 φ 和不做 φ 的道德许可,也就是缺乏一种去做 φ 和不去做 φ 的道德义务。这可以将其看作如何理解道德权利话语的一种建议性规定。这些权利的力量(force)将(部分)通过分析所谓的干涉呈现出来。权利的范围(scope)将通过明确有义务不干涉的个人和实体 Y 的范围呈现出来。权利的实质(substance)就是权利持有者拥有一种做或不做 φ 这个行动的道德性选项。进一步而言,我们可以将道德权利的可让与性(alienability)和约定性(prescriptability)问题作为关于什么构成与核心权利束相关的权力和责任问题进行讨论。

一、"受保护许可"观念

我们能够将上述情况称为权利的受保护许可(protected-permission)观念。"许可"是因为一种道德上去做 φ 和不做 φ 的道德选项处于这种观念的核心。"受保护"是因为他人负有义务不去干涉权利持有者行使这个选项。在一定程度上,权利的受保护许可观念抓住了表达道德权利时的独特和有用之处,那么它就不应被认为仅仅是一种规定性(stipulative)定义,而应被视为对道德权利的一种理性重构。

分析如下问题:根据受保护许可观念,主张我有一种对你嗤之以鼻的道德权利,就是主张其他人有义务不去干涉我嗤之以鼻或不嗤之以鼻,而且我没有义务对你嗤之以鼻或不嗤之以鼻。当然,受保护许可观念并不承诺我拥有这种特殊的权利(particular right);该观念只是对我拥有道德权利意味着什么的一种解释。受保护许可观念具有重要意义,这暗含着没有一种去做道德上错误事情的道德权利。这个观点直接源于下列事实:根据受保护许可观念,一项道德权利包含着一项道德上被许可的选项。主张我有一项道德上被许可去做某事的选项,就是主张我没有去做它或不做它的道德义务;但接下来,如果我们在做某事的时候没有违反道德义务,那么我这么做就没有错。因此,如果我有道德上的权利去做某事,那么我就不会因行使这种权利而犯错:这里不可能存在一种做错事的权利(a right to do wrong)。这个分析和戈德温关于他所说的"主动性"权利的观点相一致:一个主动性权利就是做"想做之事"的权利,但是根据戈德温的观点,因为生活中几乎不存在道德选择,所以拥有一种主动性权利就是拥有一项做错事的权利。

对一些人而言,就像戈德温一样,不可能存在做错事的权利,这在直觉上是很清楚的,与之相反则是很荒谬的事情。但是对其他人而言,这种直觉并不显而易见,事实上我们在细致考虑了权利在道德思维中的独特作用后,必然会否定这种直觉。但是,承认一种做错事权利的可能性意味着拒绝道德权利的受保护许可的观念。这么做的最直接方式就是否认拥有一种道德权利包括了拥有一种道德许可,而且主张道德权利就是道德主张权。这种方式纯粹而且简单。一项道德主张权能够独立于一项道德许可之外吗?我们可以援引霍菲尔德的观点,因为它展示了承认一项法律主张权和法律许可的逻辑独立性的方式。因此,道德主张权在逻辑上独立于道德许可。那些拒绝道德权利的受保护许可观念的人,反而采用了道德主张权是道德权利的观点,"严格来说",这与霍菲尔德的立场大致相同,即只有法律主张权才是恰当称谓的法律权利。这并不是说道德许可不能与道德主张权捆绑在一起,而且很多道德权利可能确实由这些权利束组成。关键问题在于,为了让道德权利在道德思考中发挥独特作用,它们在一系列重要情形中并不需要被捆绑在一起,道德主张权是单独存在的。我们将其称为受保护选择(protected-choice)的观点,受保护的东西有时候就是对与错之间的选择。

二、"受保护选择"观念

受保护选择的观点似乎为下列几种情况提供了更好的解释:一名彩票中奖者无视灾民寻求经济援助的慈善呼吁;一名选民投票给种族

主义的候选人；一名运动员嘲笑一个拼命赶车的胖子。在每种情况下，我们都希望能够主张行为人的行为是错误的，即使其他人没有道德权利(也就是许可，或霍菲尔德的道德"自由")干涉行为人的所作所为。我们能够承认彩票中奖者有权得到他的奖金，选民有权投票给他选择的任何候选人，运动员有言论自由的权利，但并不容忍(condoning)他们每个人所做的事情。依据受保护选择的观点，我们仍然可以谴责每个人的行为在道德上是错误的(wrong)。另一方面，依据受保护许可的观点，我们并不能畅所欲言。我们必须做出选择，要么否认行为人有道德权利去做他所做的事情，要么否认行为人行使权利去做的事情是错误的。这两种否认似乎都没有吸引力，而受保护选择的观念作为一种摆脱困境的方法，看起来很有吸引力。

什么在诱使我们否认存在一种做错事的权利，对此的解释可以支持受保护选择的观点。这种解释诉诸权利相对于其他道德评价术语的独特性，并且指出"对"和"错"、"有权利"与"没有权利"之间具有误导性的同音异义。拥有做某事的权利(having a right to do something)和去做正确的事情(something's being the right thing to do)之间存在差异。拥有做某事的权利并不意味着做这件事是正确的，甚至也不意味着存在这么做的理由。相反，主张做某件事是正确的，就是主张存在一个非常好的(甚至令人信服的)、具有决定性和强制性的理由去做这件事。当然，尽管在某种程度上存在支持权利的理由，但有时候根本不存在良善理由去做人们有权去做的事情。有时候，完全有理由不去这么做。权利的受保护选择的观念避免混淆我们必须承认的两种不同的道德维度。因为受保护许可的观点确实混淆了它们，所以尽管它最初很吸引人，但还是被拒绝了。

请注意，受保护许可的观点并不必然否认道德主张权和道德许可

第八章 一种做错事的权利？——论道德权利的两种观念

的逻辑独立性。受保护许可的观点能够通过下列的类比进行解释。氢和氧是截然不同的元素，正如主张权和许可是截然不同的元素一样。每一个元素都可以单独存在。尽管如此，任何一个元素都不能成为水分子，除非通过适当的比例将氢和氧结合起来。类似地，任何一个主张权或许可都不能算作一项道德权利，除非通过适当的方式将两者结合起来。虽然基于特定的目的，区分主张权和许可是有意义的，但确切来说，重要之处在于明白除非这些要素适当地结合起来，否则不存在道德权利。正如水可以灭火，但是氢和氧分开就不能灭火，一项道德权利只有在两种元素结合的情况才具有其独特性质，也是一样的道理。虽然这个类比本身不能证明受保护许可的观点更优越，但它确实表明，诉诸霍菲尔德并不能解决受保护许可观念和受保护选择观念之间的问题。

然而，受保护选择观念必须面对如下的困难。如果一项道德权利的力量（force）或"影响力"（bite）在于道德上禁止干涉自由选择，而道德错误的"影响力"不在于道德上允许干涉选择，那么又能包括什么内容呢？受保护选择观念是不融贯的，除非它否认行为上的道德错误蕴含着在道德上允许对其进行干涉，否则的话，受保护选择的观点将会支持这样一种行动上的可能性：对某一行为的干涉在道德上是错误的（因为这个行为就是在行使一种道德权利），同时干涉在道德上又是被允许的（因为这个行为在道德上是错误的）。

在受保护选择观念的各种可能性中，下列两种情形似乎最为突出。第一种可能性是简单地否认任何与强制有关的事情都源自一个行为的道德错误。更具戏剧性地来说，尽管干涉的道德错误源自行使了一种道德权利这个事实，但一种行为在道德上是错误的这个事实中却没有什么是值得关注的。但是这种思路似乎并不公平：权利具有一种确定的利牙，但错误却并没有确定的利牙。当然，对于错误和强制之间的关系,我们必须提供一些解释。第二种可能性确实提供了这样一种解释:一种行为的错误包括道德上允许进行不足以被视为干涉(short of interference)的社会制裁,但不包括干涉。

这种可能性维系了受保护选择观念的融贯性。一种"做错事的权利"现在等于如下观点:在道德上禁止干涉行使受保护的选择,但在道德上也允许通过不算作干涉的社会压力来制裁错误的选择。但是现在,受保护选择观念需要我们解释干涉和其他制裁之间的差异,而且在边界上这种差异似乎是暂时的。在很多情况下,社会的明显反对可能会像身体强制一样造成严重后果,我们将不得不主张前者与承认做错事的权利相兼容,而后者则不然。从受保护许可的观点来看,这似乎无法令人满意,该观点认为,承认一种道德权利必然包括承认在道德上允许权利持有者的任何一种选择。

另外一种论证思路支持受保护选择观念。这种思路强调了道德权利的功能与意义,旨在保护重要的(important)选择免于干涉。人类行为和选择的领域可以分为三个相互之间排斥但合起来则全面无遗的部分:道德上禁止(the morally forbidden)、道德上要求(the morally required)和道德上无关紧要(the morally indifferent)。不管是受保护许可观念还是受保护选择观念,去做道德要求的决定都受到免于干涉的保护。这里并不需要真正的道德权利,因为道德本身将会保护道德要求的内容免于干涉。换句话说,通常道德上会禁止干涉道德要求的行为,所以道德权利在这个部分不会发挥任何作用。

因此,这两种观念的实践区分如下所示:受保护选择观念既保护了道德上无关紧要部分的决定,也保护了道德上错误部分的决定,但是受保护许可观念仅仅保护了道德上无关紧要部分的决定。因此,根据受保护许可观念,权利提供了道德上无关紧要的选择免于干涉的保护,比

第八章 一种做错事的权利？——论道德权利的两种观念

如在巧克力味与香草味冰激凌之间的选择，或者道德上无论如何都会保护不受干涉的选择。这似乎使权利变得无足轻重。另一方面，受保护选择观念保护了一些道德上被禁止的选择。这是道德不需要去做的事情，而且这也赋予了道德权利一种独具特色的功能。相反，受保护许可的观点主张，道德权利保护道德上无关紧要的选择或者人们无论如何都要做出的选择。这将给我们提供一种贫乏的权利功能和意义的概念。因此，在重视道德权利所保护的选择的重要性时，受保护选择观念必须得到优先考虑。

然而，这种论证并不具有决定性意义。受保护许可观念的拥护者将会指出，"道德上无关紧要"部分只是简单地被定义为既不禁止也不要求，但并非完全缺乏道德意义。思考一下我们之前的例子：抠门的彩票中奖者、种族歧视的选民、讥笑他人的运动员。我们是否真的认为每一个人都在做道德上错误（wrongful）的事情，也就是未能做道德要求（requires）的事情呢？另外一种看待这些人行为的方式可能是：我们可能会主张他们的行为在道德上是被允许的，但应当受到谴责；其行为不是错的，而仅仅是坏的。如果彩票中奖者给机构捐助救灾物资，那么他就值得受到表扬；如果他不去捐款，那么他就可能被认为是坏人，但这并不是说他的行为是错的。这里存在一些事物的次级部分，在道德上既不被禁止也不被要求，但在道德上也并非无足轻重。例如，冒险进行救援往往是英勇的行为，但超出义务的要求并不是道德上的要求。道德权利在这里发挥了一种作用来保护我们不做英雄、不做慈善、不去宽容等诸如此类的决定免于干涉。这些选择具有道德上的重要性，而且无论是受保护许可观念还是受保护选择观念，道德权利在保护它们免于干涉方面发挥着不可或缺的作用。但由于道德权利在两种观念中都发挥作用，所以到目前为止，我们没有充分的理由进行非此即彼的选择。

三、权利的功能：承认或限制反应？

受保护许可观念提供了一种功能，我们可以称之为权利的承认功能(recognitional function)。赋予权利经常充当一种承认个人或群体价值的方式。比如说，同性恋者为争取同性恋权利而进行的活动，就是一种劝服社会普遍地承认他们的生活并非卑劣或低人一等的方式。换句话说，同性恋权利不应被理解为"做错事的权利"，而是做大多数人在传统上错误地认为(thought)是错事的权利。基于同样的原因，那些拒绝承认同性恋权利的人也经常这么做，理由是承认同性恋权利将隐含着消除附属于道德错误行为之上的污名。受保护许可观念抓住了同性恋权利争论的这个特征。这个问题的双方都倾向于认为，承认一种道德权利关涉到从权利行使中消除错误的污名。

相比之下，根据受保护选择观念，承认做出同性恋行为的道德权利并不蕴含着道德上允许这么做。这么做可能被认为是错误的而遭到谴责，但这与认可这种道德权利并不矛盾。但是，道德权利的配置可能除了承认功能之外，还具有另外一种功能。有时候，权利语言的使用方式似乎有意拒绝认可权利的行使。再思考一下那些抠门的彩票中奖者或者盛气凌人的运动员的例子。我们可能不确定谴责他们的行为是否错误，即使我们确信干涉它将是错误的。得出关于干涉行为的道德许可性的结论，经常要比最终决定被干涉行为的道德价值更为重要。这就是很多人对堕胎的看法：根据这个观点，堕胎可能是错的，也可能不是错的，但干涉妇女选择堕胎的权利肯定是错误的。这里援引妇女选择

第八章 一种做错事的权利？——论道德权利的两种观念

堕胎的道德权利，是为了阻止或"搁置"关于堕胎错误性的讨论，并意图去分离和聚焦于干涉的错误问题。在此，援引一项道德权利是为了论述一种限制反应(reaction-constraining)功能。

对于那些持道德怀疑论的人而言，道德权利的限制反应功能可能只具有表面上(superficial)的吸引力。既然我们根本无法解决对与错的主观性问题，为什么不把它搁置一边而把注意力放在干涉的对与错上呢？其中的问题是，如何将干涉行为的正确与错误问题从被干涉行为的正确与错误问题(据说这是个主观问题)中解脱出来。这并不是说承认功能更好，因为任何试图通过建立道德权利来承认某种行为的价值的尝试，都必须解决我们已经注意到的认识论困难，这些困难使人怀疑道德的客观性和真理的可能性。

那么在道德权利的受保护许可观念和受保护选择观念之间做出选择，似乎可以归结为，在服务于承认目的的观念与服务于限制反应目的的观念之间进行选择。在一定程度上道德权利被认为是重要的，因为它们维护了特定的生活方式，这种承认功能将是有价值的。但是，在一个道德不确定和具有争议的世界里，道德权利之所以重要，是因为它们给选择创造了一个"喘息空间"(breathing space)，因此限制反应功能将受到重视。当然，在逻辑上维持这两种功能可能都很重要，并根据这两种功能中哪一种占据优势来划分道德权利的世界。在承认功能更重要的地方，受保护许可观念将会适用，并将适用于某类行为的正确、无辜和错误的问题。在限制反应功能更重要的地方，受保护选择观念将会适用，而且某类相关行为的正确、无辜和错误的问题将会被排除在外，也就是说"不在讨论范围之内"。

不幸的是，对于相关行为的错误问题争论不休的各方可能不会同意这种区分。在堕胎问题上，"支持堕胎"阵营中的一些人将会主张，女性选择堕胎的权利并没有承认目的，而是具有一种限制反应的目的。这个阵营中的其他人则不会同意，而且会在如下方面同意"保护生命"阵营的主张：一种承认性观点与一项堕胎的道德权利密不可分。许多同性恋权利倡导者不满意亲密性权利只是限制反应，他们所要求的是承认他们的生活方式在道德上是清白的，更确切地说，是积极的道德价值。他们的反对者在这一点上与他们意见一致，但他们的许多同情者可能会认为，他们应该只主张一种限制反应的道德权利。

这两种观念以及它们服务的不同功能，也在关于"积极"权利的争论中出现。获得简易救援的权利似乎提供了维护我生命价值的承认功能。限制反应的功能似乎在这里并不适用，因为这不是我做什么事情的问题，而是接受的问题：将我做什么或接受什么的问题排除出去的观念似乎很奇怪，也不合时宜。这是否倾向于表明承认功能更为普遍，因此受保护许可观念更具根本性呢？这个论证迈的步子太大了。关于积极权利的争论在本质上涉及两种权利的冲突：前者是一种宣称的积极权利；后者是一种反对干涉的消极权利，而这种权利被那些要求满足积极权利的人称为具有防御性。在救援的情形下，我的（my）积极权利可能会与你的（your）自主权发生冲突。你的自主权——表现出这种一般性——似乎更适合服务于限制反应功能，而不是承认功能。这是因为你在行使自主权时可能采取任何道德上可疑的形式。（至于消极权利作为一个类别，它们的形式越普遍，它们就越不可能具有一种承认意义，因为它们的形式越普遍，它们就越有可能包含道德上可疑行为的子类。）主张"旁观者有权利不冒哪怕很小的风险去救孩子"，不太可能构成对旁观者行为的认可。

第九章　结果主义的压力

我们考察了霍菲尔德对于"法律利益"的分类,并将他的工作从法律权利领域转换到道德权利领域。我们已经看到,霍菲尔德的要素可以通过不同的方式结合起来,产生各种道德权利的概念。我们特意区分了受保护选择和受保护许可这两种观念。根据受保护选择观念,一项道德权利只是一种对抗他人干涉权利持有者实施(或不实施)某种行为的道德主张权。这种类型的行为对行为人而言,可能是也可能不是错误实施的行为。换句话说,受保护选择模式描述了一种做(可能去做)错事的权利。相比之下,受保护许可模式将免于干涉的基本主张权和实施特定行为的道德选择结合起来,而这种道德选择将实施和不实施这种行为的霍菲尔德式道德许可结合起来。根据受保护许可模式,不存在做错事的权利。这种模式保护的是行为人的道德权利,即选择做或不做一些道德上既不要求也不禁止的事情。

我们也思考一下权利的选择理论。作为一种关于道德权利的概念构成的理论,选择理论坚持认为任何声称构成一项道德权利的霍菲尔德要素都必然包括一种附加性要素,也就是实施或放弃免于干涉的基本主张权的一种双向道德权力。受保护选择模式能够将选择理论纳入其中,只需要在免于干涉的基本主张权上加入可放弃和实施的双向权力。受保护许可模式同样可以将选择理论纳入其中,需要将一种放弃和实施的双向权力附加到主张权和道德选择的结合体之上。概念上的可能性显然是无穷无尽的,但探索它们只会增加复杂性,毫无益处。选择理论中添加一种实施或放弃的双向权力的有趣之处是可让与性问题。正如我们所看到的,一些人类利益及其产生的权利是如此重要,以至于要否认权利持有者能够拥有这种放弃或让与权利保护的道德权力。

然而,在我们所考虑的各种不同权利概念中,一项道德权利的核心是一项霍菲尔德式的主张权及其相关的不干涉义务。尽管有些人怀疑一项道德主张权是每一种道德权利的组成部分,但不容置疑的是,我们最重视的道德权利至少包括一种免于干涉的主张权。现在我想集中关注道德主张权的观念,并回到之前搁置的问题:干涉是什么?或者更准确地说,干涉和其他不受欢迎的行为(或不为)之间的界限在哪里?如何划定这种界限?在本章中,我们还将探讨一个相互独立但又具相关性的问题:什么时候干涉一种权利就是违反了(violation)该权利?或者换句话说,如果可能的话,什么时候可以允许他人干涉一个权利持有者享有的权利?第二个问题也可以这样来表述:权利是绝对的吗?或者在某些情况下,它们可能会被具有竞争性的道德考量所推翻吗?正如我们将会看到的,尽管"什么是干涉?"和"权利是绝对吗?"是不同的问题,但两者之间却密切相关。先解决第二个问题会更有帮助。

一、权利是"王牌"吗?
——论阈值和可废止性

权利是绝对的吗?用法律理论学者罗纳德·德沃金(Ronald Dworkin)的话来说,对于此问题的一个可能回答是,权利是王牌(rights are trumps)。权利绝对优先于其他所有考量,就像王牌花色的任何一张牌都能赢过其他花色的任何牌。如果梅花是王牌,A 是最高的,那么梅花 2 就能打败红桃 A。如果权利是王牌,那么权利能胜过所有其他的道德考量,不管后者的力量有多大。权利尤其压倒了总体福利的道德考量。人们认为,除非权利具有相对于总体福利考量的优先权力,否则权利充其量是另外一种考量,被放入漏斗中与其他理由进行权衡和平衡。"权利就是王牌"解释了道德权利的力量,而这种解释将权利置于一个不同于任何整体性利益计算的层面,因此这个比喻恰当地反映了权利对道德的独特贡献。

"权利就是王牌"的观点招致了反对,人们认为它不切实际地禁止了那种为避免大规模灾难而强制做出牺牲的情况。为了说明这种反对意见,考虑一下"电车难题"(Trolley Problem),这个问题首先由菲利普·富特(Phillipa Foot)提出。你会发现自己身处下列的情景中:一辆有轨电车失控后冲向六个人,除非电车改道,否则将会碾压他们。你可以拉动一个开关,让电车转到侧轨上,但如果你这么做,侧轨上的一个人就会丧命。你必须尽快行动:你唯一的选择是,什么也不做,结果就是六个人死亡,或者拉下这个开关,结果是一个人会死亡。假设这种情况的发生不是任何人的错。你应该怎么做呢?

对于电车难题的回答,很多人主张拉下开关是被允许的,而有些人进一步主张不拉开关是不道德的。其他人则不同意,并坚持认为牺牲一个人来拯救六个人在道德上是错误的,这将是对权利的最严重侵犯,可以将其作为谋杀提起公诉。电车难题已经激发并将继续激发热烈的讨论,但此时并不是重述已提出论点或已采取立场的时候。就我们的目的而言,值得注意的地方在于,"权利是王牌"的观点并没有承诺对电车难题做出任何具体的回应。这是因为侧轨上的人所享有的权利还没有被明确规定(specified)。在这种情况下,有无数种方法明确规定他在这种情景下享有权利的重要内容,而且其中一些方法会把拉下开关来拯救六个人的义务强加给其他人。例如,他的生命权可以被具体规定为一种在无须避免大量无辜生命丧生的情况下免于危及生命之风险的权利(a right to be free of life-threatening risks absent the need to avoid the overwhelming loss of innocent life)。如上所述,拉下开关并没有违反该权利。但这种描述会让很多人感到震惊,因为它摧毁了拥有权利这种观念:如果权利被明确规定的方式使得权利自身可以被其他利益的整体考量所推翻,那么它就无法面对和抵抗恰恰赋予它们这种意义的事物。请注意,如果通过上述建议的方式描述(重新描述)权利,那么拉开关事件中受害者的权利甚至没有受到干涉。

明确规定个人享有的权利是一项重要的任务。因为权利建立在个人及其利益的基础上,而且个人和自身的利益之间经常发生冲突,个人权利之间也可能相互冲突。当权利之间发生冲突时,涉及的权利在某种程度上就贬值了:我们指望权利来引导我们的行为,而当权利发生冲突时,它们就无法引导我们了。通过谨慎而又细致地明确规定个人拥有的权利,我们可以将权利发生冲突的概率降到最低。但是,我们没有理由相信权利冲突可以完全避免;一旦出现这些问题,我们就必须解决它们。但如何解决呢?我想到有两种可能:一种可能是在一个等级结构中安排权利,这样就可以解决等级中不同层级权利之间的冲突,从而有利于"更高级"权利的拥有者;另外一种可能是赋予每个权利一个权重,并在权利冲突中通过考量所有理由的整体权重进行判断。仔细想一下,这两种策略的结果似乎是一样的。只有在权利通过不平等方式拥有某些属性时,权利等级体系才有意义,如果这个决定不能公平地反映出所有道德上相关理由的权衡,那么什么属性可以与这样的决定具

第九章 结果主义的压力

有相关性呢？因此，无论我们是否假定权利落入一种等级安排，似乎都不可避免地得出以下这种结论：无论权利怎么被明确规定，都必然受到其他足够重要理由的压制。

此外，这些压倒性道德理由本身不需要与权利捆绑在一起。再考虑一下电车难题。假设你身处此种情境：你可以在不牺牲任何人的情况拯救这六个人。

在这种情况下，你不救这六个人就是错误的。我们早些时候注意到，对于未能拯救六个人的错误是否可以转化为权利话语，取决于这六个人是否享有获救的权利这一观点，对此人们还是存在分歧的。换句话说，在电车难题变动的情形下，你在道德上应当如何做是很清楚的，不管获救权利是否属于这六个人。现在，把一个人放回到侧轨上。你必须决定是让电车撞死这六个人，还是拉下开关让电车改道，救下这六个人但撞死一个人。一般来说，这和我们是否认为这六个人拥有获得简易救援的权利有关系吗？换句话说，这与我们是否将电车难题解释为权利冲突问题，也就是六个人获救的权利和一个人不被杀死的权利之间的冲突，有关系吗？分别明确规定一人方和六人方拥有的权利是很容易的，这样的话表面的权利冲突就消失了。我们已经看到一个人不被杀死的权利可能如何被重新具体规定，而且六个人获救的权利显然也可以被赋予一个额外的或者替代性的狭义解释。特别是，在你作为一个行动者为了实施救援导致一个无辜之人死亡的情况下，这种救援似乎并不容易。电车难题不能只是通过援引权利获得解决。权利必须被明确规定，而且即使我们确信我们正确地明确规定了一种特定的权利，我们似乎也必须承认，对于每一项权利都存在可能的抵消因素，一旦它们达到某个阈值，就会战胜权利。

人们可能不承认权利具有阈值。在电车难题中，即使为了让其他

119

更多人获益,而一个人不被杀死的权利依然是一张王牌,这个主张并不存在自相矛盾的地方。但是现在用六百人代替六个人。主张一个人的权利胜过六百人的生命似乎是合理的吗? 六十万人会怎么样? 六十亿人呢? 在某种程度上,我们所谓的"无阈值"(no threshold)观点开始显得令人难以置信。想象一下,来自外太空的外星人迫使你在以下两种结果中做出选择:(a)一个无辜之人(和你同性别)和你自己生存下来,剩下的人类全部灭亡;(b)一个无辜的人死亡,剩下的人类得以幸存。你可以通过操作一个标识(a)的开关表明你的选择。如果你不将开关从(a)转到(b),那么六十亿人会死亡;如果你转动开关,那么一个人会死。主张以一个人的生命为代价拯救人类这个观点是错误观点,这是令人难以置信的。一个人不被杀害的权利并没有被违反(violated),借用一个术语来说,而是因牺牲他"被侵犯"(infringed)了。这比"无阈值"观点更有道理。"无阈值"观点认为,不管发生什么,"即使天塌下来",不被杀死的权利也是王牌。这要比允许我们运用实际上并不适用的术语重新描述某一权利的观点更为明智。

"阈值观点"(threshold view)将权利置于势均力敌的考量,而"重描路径"(redescription approach)只是以一种更有限的方式重新描述权利,同时坚称权利在一个更为狭窄的领域内是王牌。那么这两者之间的实际区别是什么呢? 美国宪法中的一个类比可能会有所帮助。一束霍菲尔德式"利益"构成了私有财产权,其中包括一个人在违背自己意愿拒绝出售财产的选择上的豁免权。然而,美国宪法第五修正案中的"征用"条款规定,除非获得"正当补偿",否则私人财产不得被征用为公共用途。征用条款如何影响到构成财产权的一束权利呢? 一种"重描"解释将征用条款描述为移除了其中一根棍子,即指向国家的强制买卖豁免权。相较之下,一种"阈值"解释将这束权利描述为是完整的,只是在公共利益的要求下,豁免权是"可废止的"。在重描的解释下,"公共目的"和"正当补偿"的要求只是具体界定了指向国家强制出售的豁免权的条件。相较而言,在阈值解释之下,"公共目的"标志着这种豁免通常具有绝对性,而且"正当补偿"意味着发生了偏离规范的情况,因此财产所有人有资格获得报酬,这是因侵犯(不是"违反")他拒绝售出的权利而获得赔偿的权利问题。尽管每一种解释都能够描述发生的事情,但是阈值解释在下列情况中阐述得更为清晰:除非在特殊情况下,否则私人财产都不会被强制出售;当国家认为超过了特殊情况的阈值时,财产所有人也将获得补偿。

只有阈值理论中包含的侵权(a rights infringement)概念反映了所谓权利的"可废止性"(defeasible)特征。"可废止性"意味着"足够重要以至于在常态情况下具有决定性,但在特殊情况下会被推翻"。然而,当权利被推翻时,权利并不只是消失了。权利持有者通常会获得剩余对价(residual consideration),这种对价表现为赔礼道歉、赔偿等多种形式。另一方面,如果采用一种重描理论,就不容易看出为什么要支付这种剩余对价。考虑到权利具有可废止性而不是绝对性,也能很好地理解权利在道德和法律话语中发挥的作用。美国宪法提供了另外一个例证:宪法第一修正案规定,不得有"任何法律"剥夺言论自由。这是否意味着,没有法律可以惩处那些在凌晨用扩音器朗诵诗歌的人呢?美国联邦最高法院用如下方式解释第一修正案:允许各州规制言论,从而确保言论在一种合理的"时间、空间和方式"发生。一种严格的重描进路使得我们去研究合理的时间、地点和方式的具体界定,从而发现言论自由权的确切内容。阈值进路将更为明智地让我们将"时间、地点和方式"理解为界定一系列相互抵消的考虑因素,当这些考虑因素足够重要时,可能会压倒支持具体行使言论自由权的利益。

二、新戈德温主义和结果主义对受保护许可模式的挑战

假设我们得出结论认为权利具有阈值,而且在此意义上权利是可废止的,而不是绝对的。再假设我们同意在某些情况下忽视他人的需求是错误的。在这种假设中,我们已经踏上了一种会导致戈德温式行为结果主义的"滑坡效应"吗?回想一下,戈德温拒绝了做错事权利的概念(他独具特色地称之为"主动性"权利)。在戈德温看来,除了客观地考虑能带来世界上最大善的行为之外,再也不可能允许做其他任何事情。戈德温确信不存在真正的道德选择。戈德温是否确信存在任何真正的道德限制(constraints),也就是说不实施某些行为的义务,而这些行为承诺带来最大利益,这似乎还不清楚。戈德温写道,如果他人的判断是真诚但却错误的,那么强迫他人做最好的事情是被禁止的。但戈德温也拒绝对那些犯了错误的人施加相当于放逐的无情社会压力。因此,根据戈德温的观点,道德权利的受保护许可观念是空洞的,原因很简单,就是不存在真正的道德选择,道德规定我们在任何时候都要采取能带来最好结果的行动。受保护选择观念被戈德温勉强接受,尽管它隐含着对做错事权利的有限认可。对于戈德温而言,其他人有义务不"干涉"我们的行动,而这种行动只是基于我们对什么会带来最好结果的真诚而错误的估计,但干涉在这里只意味着物理强迫和威胁。根据戈德温的观点,我们拥有的唯一权利是有权在如何最好地服务于善的问题上犯下真诚的错误,即使这种权利是可废止的,在紧急情况下必

须让步。

如果我们承认戈德温也主张权利是可废止的,而且主张当只需要付出很少的代价时,我们被要求帮助那些需要帮助的人,那么我们就会被卷入一系列更多的让步中,从而导致我们进入戈德温的世界,在其中我们没有道德选择,而只有对利用他人和利用我们自己来促进更大利益的温和限制。这是可能会出现的情况吗?很多强有力的新戈德温主义论证得出了这个结论。假如我确实有做"想做之事"(戈德温的术语)的权利,但只服从于与他人权利相关联的义务(包括做他们想做之事的权利)。然而,这种所谓的权利受制于一个阈值,简易救援的案例就是一个佐证。当我能以很小的代价将一个人从致命的危险中拯救出来的时候,我不这样做在道德上就是错误的。我们不需要主张身处危险中的人拥有被解救的权利,更不必说为了实行救援而侵犯他人不受损害的权利。此处唯一要求的让步是不实行简易救援是错误的,这是一个很难抗拒的让步。请注意,做出这一让步并不一定意味着我们会批准对那些没有实行简易救援的人实施刑事或民事制裁。这种"善良的撒玛利亚人"法("Good Samaritian" Laws)①是否合适,则是一个需要进一步思考的问题。

一种道德推理的原则规定,如果在特定情况下实施(或忽略)某种行为是错误的,那么在任何情况下实施(或忽略)该行为都是错误的,除非这两种情况之间存在道德上的差异。我们称之为"道德相关性差异原则"(Principle of Morally Relevant Differences)。这个原则也被称为其他东西,但这个名字将我们的注意力集中在对我们的目标而言至关重

---

① "善良的撒玛利亚人"典故出自《圣经》,喻指好心人、乐善好施者。善良的撒玛利亚法是美国法律体系中的一类法律,该法律豁免了一些特殊情形中见义勇为者的责任,以鼓励人们做好事。——译者注

要的东西上：如果任何人承认一种做 φ 的行为在 C 情况下是错误的，但又想否认在 C′ 的情况下做 φ 的行为是错误的，那么他在逻辑上就应当指出 C 和 C′ 具有道德上相关的差异性。例如，我们不能主张，在居民区街道上高速行驶是错误的，但在高速公路上则是正确的，除非我们准备主张居民区街道和高速公路在道德相关性上存在差异。并非居民区街道和高速公路之间的所有差异都可被视为具有道德上的相关性。高速公路是禁止行人进入的，而居民区街道则并非如此，这个事实具有一种道德上相关的差异。但高速公路上有大的绿色标志，而居民区街道则没有，这个事实并不（至少不是以任何明显的方式）具有道德上相关的差异性。

事实上，世界上有数百万人，其中很多是儿童，现在正面临着死亡风险，他们的死亡很容易避免，但因为没有采取可以避免他们死亡的措施，他们很快就会死亡。有一个小孩在我们面前的浅水池中溺水了，我们不去进行简易救援是非常错误的。根据道德相关性差异原则，不去拯救一名因营养不良濒临死亡的非洲儿童也是错误的，除非这两种情况中存在一些道德上相关的差异。这里存在着明显的差异：假想中的浅水池就在我的脚边，而非洲离我太远了；假想中掉入浅水池的小孩只能被我营救，但非洲儿童可能被其他很多人救援；假想中孩子的身份在实际情况中是确定的，而非洲贫困儿童的身份我并不知道；我能够通过一种简易的身体行动直接救援这个假想中的小孩，但是去救援非洲儿童，我却不得不长途跋涉或者依赖一系列中介的帮助；我几乎可以肯定我的努力会成功拯救这个假想中的孩子，但是我能拯救一个真实存在的非洲儿童则具有偶然性；等等。

考虑到附近溺水儿童情况和非洲饥饿儿童情况之间无穷无尽的差异，我们似乎可以肯定的是，它们之间存在一些（甚至可能是很多）道德

第九章 结果主义的压力

上具有相关性的差异。但准确地来讲,这些差异是什么呢？显然,饥饿与溺水之间的区别是无关紧要的,但假定溺水儿童就在附近,而且潜在的救助者脑海中不存在其他人可以施救,同时潜在的救助者可以通过直接行动进行施救。无论如何,所有这些差异似乎都与道德有关,但它们是单独的还是综合在一起的呢？

直接行动(direct action)是指什么呢？假定你碰巧被限制在轮椅上,并且只有依赖护士才能来回行动。你的护士是一名优秀的游泳健将,但视力并不好。当护士推着你沿着一个浅水池边走动时,你注意到这个溺水的孩子。你不能直接做任何事情来救这个孩子。但是,如果你不让这个护士注意到孩子并确保护士进行了简易的救援,那肯定是错误的。在这种情况下,你不能直接救孩子,这个事实不具有道德上的相关性。假如这名护士并不是一个游泳健将,但是旁边正好有人善于游泳。如果你没有努力让你的护士去告诉那位善泳者,小孩需要他的帮助,当然你的做法也是错误的。你只需要通过两次行动(two removes)[①]就能影响到救援孩子,这个事实本身不具有道德上的相关性。事实上,在你和孩子之间,无论是一个、两个还是更多的中介,都无关紧要。直接性是一种差异,但并不是一种道德上具有相关性的差异。

既然我们已经设想到其他人也会参与其中,假如你没有被轮椅限制行动,而且在水池周围有一群游泳健将。在场的每个人都有能力拯救孩子,而且每个人都意识到孩子面临的危险。现在,你确定自己不该去救那个孩子,这对吗？当然不对,即使事实上有人正在救孩子。但是假如现在没有人去救,而且其他所有人实际上似乎完全没有意识到孩子面临的困境,你是否可以坦率地说,因为别人都忽视了这个孩子,你

[①] 指你告诉你的护士,护士再告诉善泳者。——译者注

也可以忽视这个孩子,你这么做没有错吗? 当然不是。别人什么都不做是错误的,这个事实并不能成为你不去做能做之事的借口。其他人可以帮助但却不帮助的事实与我们最初的两种情况在道德相关性上并无差异。然而,如果一些旁观者是溺水儿童的近亲,并且完全有能力去救援,这又有何影响呢? 假如孩子的父亲就在旁边,但什么也不做。父亲的不作为是非常错误的,但这如何改变了你的道德处境呢? 无论父亲不在场还是在场却毫无作为,你的行动义务都是一样的,不是吗? 他的不作为是更严重的错误,但尽管如此,你的不作为也将是大错特错的。

124 假设溺水儿童的痛苦对你来说应该是显而易见的,而非洲儿童的痛苦只有通过阅读报纸和看电视新闻才知道,这有重大影响吗? 改变一下溺水儿童的例子:你坐在水池边的桌子旁,正在用你的笔记本电脑浏览网页,电脑连上了无线网络。这时弹出一份电子邮件,是你的一个朋友发过来的,他正在远处的一家相机店试用望远镜。你朋友的电子邮件告诉你,有一个孩子在池子里处于溺水状态。你不采取行动去救孩子无疑是错误的,尽管这个孩子及其困境对你而言并不是直接明显的。毫无疑问,你是通过你朋友的电子邮件还是在半导体收音机上听到新闻广播才了解到孩子的状况,都无关紧要。你知道这个孩子面临的危难,至于你如何知道这件事,并不具有道德上的相关性。

距离有重大影响吗? 距离可能会影响我们感知有人事实上处于困境的可靠性,也可能会影响我们帮助他人的成本和有效帮助的机会。但毫无疑问,在我们的有生之年,数百万人将会死于很容易避免的死亡,而且毫无疑问,可供我们支配的收入能够阻止其中的一些死亡。在我们最初的两个案例中,儿童溺水和非洲儿童挨饿这个事件发生的概率并不具有相关性上的差异。但是,即使在计算成本和可能性时已经考虑了距离因素,它还是很重要吗? 很难理解为什么应该如此,尽管有人坚持认为就是这样。假如你比我走得快五倍,看得比我远五倍。我们都在池子的两边,都没有意识到对方的存在。我离池子更近,让我们假设你与池子的距离是我与池子距离的五倍。关于池子中发生的事情,你可以从你所在的位置准确地看到和做到我在自己位置所能看到和做到的事情。假如现在的情况是,我不去救一个我看到并且你也看到的溺水孩子,这对我而言是错误的。但仅仅因为你离得远,就可以说你什么都不做就是允许的,这合理吗? 我不知道有什么理由可以这样做。孤立地来看,距离并没有道德上的相关性。

也许前面的讨论忽略了一些重要的东西。我们假设,你拥有比我更强的能力,但这并没有说明,相对于正常的视力和运动的能力,我们分别所处的位置。让我们搞清楚这一点。假如我的身体相对于正常状态而言显得虚弱,而你一切正常。换句话说,我的视力只有我这个年龄之人的五分之一,而且我的移动速度也是五分之一。在这种情况下,如果我身患残疾,承担着一种帮助他人的义务,而拥有正常能力的你显然也有帮助他人的义务。此时距离并不重要。但现在假定我是一个正常人,而你碰巧拥有超凡的视力和运动速度。如果我有义务帮人,尽管存在距离,你也有义务帮人,在这种情况下,事情就不是那么清楚了。你可能会问:为什么你碰巧能看得更远,运动得更快,就应该让你自己承担那些如果你只是普通人就不会承担的繁重义务呢? 让我们假设,从你所处的距离来看,如果你有正常的禀赋,你会因离得太远而不知道发生了什么,即使你知道了,也无法做任何事情。这么说吧,为什么你会因为碰巧比平时更有能力而受到惩罚呢? 从一种积极的角度来说,你可能会说,距离事关紧要是因为正常人的能力事关紧要。将帮助距离遥远的人的义务强加在我们身上就是忽视了人类的正常能力,这也就是距离事关紧要的原因所在。

然而，这种对距离具有道德相关性的辩护失败了。假设你天赋异禀，但你非常努力地工作，赚了足够的钱来买一副双筒望远镜，并且非常努力地制造了一个万能的、全天候的、任何地方都能去的机器人，你可以通过远程控制来操作它。你坐在一张咖啡桌旁，离水池的距离是我的五倍。你正在让你的机器人在水池里测试速度，并用双筒望远镜进行观察，这时你碰巧看到了溺水的孩子。你可以很容易地让你的机器人去救那个小孩。你不这么做肯定是错误的。你与水池的距离是无关紧要的。你将不得不依赖比正常视力和运动能力更强大的力量这个事实，也是无关紧要的。假如这个机器人并非已在水池里，有什么重大影响吗？如果我们假设这个机器人具有正常的人类禀赋，能像我一样快地从池边接近孩子，那当然没有影响。但是，如果你承认在这种情况下，虽然你离得很远，你也有义务帮忙，那么你怎么能否认，如果你拥有非凡而不需要帮助的视力和行动能力时，你也有义务帮忙呢？毕竟，比起你的天生禀赋来说，你努力工作获得望远镜和制造机器人将使得你更有资格获得奖励而无须承担额外的负担。你不用做什么就拥有天生禀赋，这反而给了你不运用你的能力帮助他人的资格吗？正常的人类能力事关紧要，但在某种程度上，距离本身并无道德上的相关性。

如果这种新戈德温主义论证路径已经成功并且能够加以推广，这表明，考虑到世界上未能满足的需求和我们所掌握的手段，在任何特定时刻，我们面临的真正的道德选择，如果有的话，也是很少的。它是否能延伸到表明我们身上也不存在道德限制呢？道德限制是一种道德要求，禁止我们实施某种行动（如谋杀一个富人），即使在我们当时能采取的行动中，这样做会产生最佳的后果（杀死一个富人后，我们可以将他的财富分给穷人）。道德限制是道德选择的对立面：当我们在道德上被

第九章 结果主义的压力

允许做一些不会有最好结果的事情时，就存在着道德选择，而道德限制禁止我们做一些事情，尽管这些事情会产生最佳总体结果。受保护许可模式下的权利取决于道德选择的可能性，而受保护选择模式下的权利则不然。

受保护许可模式下的权利为我们提供了一些权利，结合了做和不做的道德许可与反对他人干涉道德选择的主张权。新戈德温主义观点推翻了这种模式，但是保留了主张权不受影响。无论如何，到目前为止，我们仍然能够将道德权利理解为免于干涉的道德主张权，也就是做错事的权利，因此权利依然能够执行一种限制反应的功能：如果他人不赞同我们行使权利的方式，尽管不赞同，他们仍然被禁止干涉我们的行为。像我们已经看到，作为限制干涉的权利具有阈值，如果这些阈值设置得足够高，即使我们的生活方式远非最好的生活方式，权利通常也会保护我们的生活方式不受干涉。

权利的承认功能在新戈德温主义的攻击下也得以幸存，但却是通过一种有限的方式。对于一位行为结果主义者来说，堕胎或鸡奸从来都不具有选择性：它要么被禁止，要么被要求。无论是被禁止还是被要求，这么做只是因为它要么带来最佳的结果，要么未能带来。关于这个行为的其他内容都不重要。因此，在这个意义上，行为结果主义实现了权利在受保护许可模式下所追求的目标，它支持了这样的一种观点，即堕胎、同性恋、不穿黑色罩袍或其他任何事情本身都没有什么错。但这只是因为，对于行为结果主义者而言，任何事情本身都没有错，除了没有带来最佳的结果。换句话说，从新戈德温主义的观点来看，对任何类型的行为或生活方式的所有认可都是通过考虑其后果而做出的。讨论转移到这个主题上，当然会有关于哪些后果应该被算入以及如何算入的争论，但一旦这种转移发生，任何特定的行为或"生活方式"本身就是错误的这种观念就已经被摒弃了。

确实,正如我们已经看到的,我们有理由采用规则结果主义而不是严格的行为结果主义视角。例如,行为结果主义可能没有达到自己的目标,也没有达到规则结果主义认可的间接策略。我们很容易理解规则结果主义的间接策略如何在追求最佳结果中限制行动。在这里,所谓的"公地悲剧"(the tragedy of the commons)这个类比应该会有所帮助。如果一块土地没有被任何人拥有,那么居住在附近的人会倾向于过度使用。例如,如果在这块地上有一些果树,而且水果属于第一个到来者,那么每一个人都有动机尽可能多、尽可能快地采摘水果,没有人有让水果成熟或培育树木的动机。这些树被采摘得干干净净,而且每个人都遭殃(suffer)。如果通过某种方法限制采摘水果的许可,方法就是要么将土地置于公共控制之下,要么将其作为私人财产分配给个人,这对每个人都更好。除非限制使用,否则以过度使用和破坏的形式发生的悲剧是不可避免的。但请注意,如果我们假设个人追求的不是最大化自己的消费,而是最大化所有人的水果供应,悲剧也会发生。除非个人的努力以某种方式进行协调,否则每个人为使共同收益最大化所做的努力很可能会因其他人的努力而受挫。例如,如果你坚持给我已经施过肥的果树再施肥,结果就是过度施肥,烧焦了树根,最后树会枯死。一般情况下人的行为也是如此。除非施加某些限制去约束我们追求个人或公共的善的预设许可,否则我们就会发现自己的处境将变得更糟。我们需要一套防止干涉的规则(干涉是在不受欢迎的交互意义上)。

所以,我们很容易理解为什么我们有理由从一个不受限地允许追求美好的世界转到一个有限地允许追求美好的世界。但是,我们不容易理解,为什么有理由从一个有限地追求美好的世界转向一个允许在必要的限制范围内不追求美好的世界。换句话说,对限制的论证并不是一个对选择的论证。这里还有一些其他关于选择的论证能被推荐吗？如果没有，那么从一种结果主义视角（行为结果主义或规则结果主义）来看，似乎没有选择的余地了。一种规则结果主义的权利理论将提供限制或阈值，但就目前而言，这里并没有其他选择。规则结果主义将在这个意义上支持权利的承认功能：一些传统上被禁止的行为类型将不会被任何基于结果主义支持的规则所禁止。规则结果主义将在更直截了当的意义上支持限制反应的功能，结果主义规则将禁止某些类型的干涉，即使干涉能带来更大的利益，至少只要不满足特定的阈值（例如在电车难题中的情景）。但是，结果主义并没有提供对于选择的支持，除非一个规则存在某些结果主义的基础，而这个规则允许行动者在规则结果主义限制的范围内忽视会产生的最佳结果。这些基础是什么呢？

有一种思想可能认为，如果行动者有一些道德"休假时间"（time off），那么他们就会做得最好。作为一种经验性事实，冷酷无情的道德要求可能会导致道德衰败。但在这种情况下，正如我们在戈德温身上注意到的，似乎出现一项要求（demanding）我们休假的规则，而不是一项允许我们休假或不休假的规则，就像我们一时心血来潮那样。我们会再次发现，道德选择并不容易建立在结果主义的基础上，即使在规则结果主义的基础上，也不容易建立。

三、各自的生活和"主体相关性"理由

一种结果主义的权利理论似乎对下列观念很冷淡：权利不仅仅保护我们免于他人干涉，也免于道德要求的干涉。但我们并非没有被迫

128 接受一种结果主义的权利理论,正如我们之前注意到的,结果主义也因其他一些所谓的缺点而遭受批评。据说,一个缺点是没有尊重人与人之间的差异。这种批评指向计算结果的结果主义方法,该方法对如何评估个体的道德境遇倾向于产生两种不同的不良影响。第一,从他自己的生活和他希望如何生活的角度,每个的行动者被要求考虑他不是特别感兴趣的影响。第二,每个人都会受到他人的对待,而他人同样会忽视对他而言具有重要意义的兴趣、价值和追求。结果主义的另外一个缺点据说是它未能区分两种不同的理由。一种理由被称为"主体中立性"(agent-neutral)理由,一项行动的主体中立性理由是一种普遍性理由,每一个理性主体在决定如何行动时都有理由对其加以权衡。另外一种理由被称为"主体相关性"(agent-relative)理由,之所以这么称谓,原因是这些理由只适用于行动者,它们不需要成为其他任何人的理由。结果主义会让我们认为所有的理由都是主体中立性理由,忽略主体相关性理由,从而让后者在道德中毫无立足之处。但主体相关性理由在我们的日常思考中相当重要。回忆一下戈德温的例子,如果我的父亲和费内隆大主教同时在我面前溺水,而我不能同时去救两个人,我有理由去救我的父亲,这个理由可能是其他人(我们家庭之外的人)都没有的,换言之,他是我的父亲,而费内隆大主教不是我的父亲。

没有认真地对待人与人之间的区别以及没有认识到两种重要但不同的理由类型,这两种所谓的缺点之间具有相关性。道德推理中的结果主义整合方式所消除的人与人之间的差异要比下列事实更为深刻:人们通常会给自己的欲望、厌恶、朋友、亲戚、活动和目标赋予更大的重要性或权重。这种差异不仅是程度上(degree)的,也是性质上(kind)的,而且这种性质上的差异体现在主体中立性与主体相关性这两种截然不同的理由类型上。认真对待人与人之间的差异,不只是意味着允许人们在对一切事物进行一般性的权衡和平衡过程中加入一些自身及所爱之人的生命和利益的价值。契约主义者试图通过赋予主体相关性理由在道德解释中的基础性作用来考虑这种差异。契约主义者可能不会成功,但是这种努力表明,关于权利如何与道德相适应,存在着一种替代性解释的可能性,这种解释可能会给选择一个更安全的空间。

主体中立性理由和主体相关性理由在性质上的差别如何能够给道德选择留出空间呢?对这个问题的完整回答会超出本书的范围,但两种描述选择的可能方式已经浮现出来。一种方式是主张主体中立性理由和主体相关性理由之间是不可通约的。主体中立性理由之间可以相互比较,并且可以进行排名,甚至可能相互权衡。因此,主体相关性理由之间也可以相互比较,并且可以进行排名和权衡。但这两个种类之间无法进行比较,至少比较是不可靠的。根据这个思路,选择会存在,因为对于一名给定的行动者而言,主体中立性理由的累积权衡并不总是能够与行动者的主体相关性理由的累积权衡之间进行比较。有时候这是可能的,例如在简易救援的情况下,但通常情况下并不总是如此。道德选择存在于这些不可通约的庇护之下。当主体中立性理由和主体相关性理由之间可以进行比较的时候,选择就消失了,因为(我们可以假定)行动者在道德上被要求去做他最有道德理由去做的行为。但是,当存在不可通约性时,就不存在这样的行为,因此也就不存在他要么执行要么忽略的道德要求——这里就存在一种选择。

四、"排他性"理由

另外一种解释选择的方法是诉诸排他性理由(exclusionary reasons），这是一种"二阶"（second-order）理由，具有如下的定义特征：排他性理由是指在一阶理由的范围内不采取行动的理由。例如，如果我选择一条禁止下午五点后交易股票的规则，对于支持或反对下午五点后交易某只热门股票的一阶理由，这条规则将作为一项排他性理由。我的行为并不是基于权衡交易利弊的一阶理由：这些理由都被我的实践性规则排除在外。这种"排他性理由"理论赋予不可通约的直觉观念一种特定的实质，但并没有表明存在任何特殊的神秘事物使得两种理由不可通约。两种一阶理由可以相互权衡，但当其中一个理由处于排他性理由的范围之内时，行动者就不能根据这些理由的权衡采取行动。因此，一种道德选择可以被理解为允许实施或忽略某种行为，这种行为产生于一个道德上的排他性理由，该理由禁止行为人在道德理由的权衡下行事。主体相关性理由能够被理解为在这些选择中创立了排他性理由。例如，假如我可以帮助费内隆大主教或帮助我的表弟，但我不能同时帮助两个人。这两人中的一人是我的表弟这个事实构成一种主体相关性理由，这个理由既给予我一种理由去帮助我的表弟，又可以作为一种排他性理由排除基于所有理由权衡后的行动，因为后者会有利于我去帮助费内隆大主教。

不可通约性和排他性理由这两种观念充其量只能算作对道德选择如何纳入更广泛的道德解释（比如结果主义）的一种概述。但是难题依然存在：道德如何能容忍不做道德理由权衡支持之事的理由呢？什么事情能够成为对你而且只是对你的一种理由呢？为什么我们想去主张，在与做什么决定有关的两种理由中，它们既不具有相同的权重，也不具有不同的权重，而是不可通约的呢？也许会有完全令人满意的答案，但在解决这些问题之前，对存在道德选择的信念仍然急需得到辩护。

第十章 什么是干涉？

准确地说，只有当人们开始区分一般意义上的权利（what is right in a general sense）和关于某个人的权利（what is right with respect to a certain person）时，我们的权利概念才首次在历史上显现出来。这种区别的标志就是我们使用"客观权利"和"主观权利"这两种颇具误导性的概念。对于历史上何时开始做出这种区别，以及至少在一些非西方文化中这种时刻是否已经到来，还一直存在争议。这种可能的历史和文化变迁助长了人们对相对主义的担忧，也就是说，人们担心权利根本不具有普遍性，至少可以说，除非它们被强加在整个地球上（这种方式可能会引发对帝国主义的相关担忧），否则权利就不具有普遍性。

尽管主观权利观念很必要，但并没有穷尽许多人所认为的权利概念的性质和贡献。实际上，每个人都同意权利的活力和利益在于它所蕴含的相关义务。正如我们在第五章看到的，霍菲尔德关于权利及其逻辑关系的分析并没有在不干涉义务（duties of non-interference）和如此这般的义务（duties that such-and-such be the case）之间的区别做出任何解释。因此，霍菲尔德的框架并没有包含很多人认为的权利的这种基本功能，也就是保护个人自由不受干涉，特别是不受国家及其代理人的干涉。如果这一切都归结于如此这般的义务，那么至少根据这个观点，权利概念的独特贡献就丧失了。

还有另外一种不满，就是让道德权利具有如此这般的相关性义务，而不是不干涉的相关性义务。这种不满情绪可以恰当地被描述为一种通胀忧虑(inflationary worry)。这种担忧是指,表达各种道德主张的权利话语的流行将会导致做出言过其实的和不公正的甚至是荒谬的主张的趋势,除非坚持权利内容在概念上的准确性。比起认定一种如此这般的权利,认定免于干涉的权利(也就是西奇威克所说的自由的权利,以及布兰代斯所说的"不被干涉的权利")似乎不太容易被滥用,也不太容易引起混淆、失望和毫无根据的怨恨。

一、免于干涉的权利是首要的吗?
——论一般权利和特殊权利

有没有一种方法可以证明免于干涉的权利凌驾于如此这般的权利之上?确立首要地位的一种方法是诉诸一般权利(general rights)与特殊权利(special rights)之间的差异。一般权利是指人仅因为人或具有某种特质而拥有的权利。例如,我的言论自由权就是一项一般权利,这是因为,我拥有这项权利仅仅因为我是一个人,我不需要做任何事情来获得这种权利,也不需要向他人施加不干涉的相关义务。相反,债权人的求偿权是一种特殊权利:它产生于债权人向债务人提供贷款的行为。确实,债权人的特殊权利是由请求偿还债务的一般权利与特定的债权人和特定的债务人通过相关方式行事这个特殊事实相结合而衍生出来的。一项权利之所以是一项特殊权利,不是因为它脱离了一般权利的背景,而是因为它不能仅仅从一般权利中衍生出来。从我拥有言论自由权这个事实可以推论出我享有在淋浴时唱歌的权利,但这不能使我在淋浴时唱歌的权利成为我们讨论意义上的一项特殊权利。一项特殊权利不仅仅是对已在一般权利范围内更为特殊行为的具体规定；相反，它取决于权利持有者或相关性义务承担者通过某种方式行事。

鉴于一般权利与特殊权利之间的区别，可以建构出如下结论：一般性主张权就是免于干涉的权利；它的相关性义务从来不是如此这般的义务，而一直是不干涉的义务。具体的特殊权利是与如此这般义务相关的唯一道德主张权。我们可以称之为"积极义务均属自愿"（positive duties are voluntary）命题。这告诉我们，所有的义务要么是不干涉的义务，要么是基于某种自愿行为产生的义务。"积极义务均属自愿"观点之所以对那些人具有吸引力，是因为他们认为权利世界既包括我们按照自己选择的方式生活而不受他人干涉的一般权利，也包括由于自愿行为而产生的特殊权利，但不包括任何情况下的任何一般权利。

"积极义务均属自愿"观点排除了获得福利、生活津贴或任何其他帮助的一般权利的可能性。它还排除了身份本位的义务的可能性，诸如父母或子女的义务，除非这些义务在某种程度上通过某种方式与自愿行为相关联。一般性主张权具有不干涉的相关性义务，但是未能提供必需品不应被理解成干涉。未能提供必需品可能违反了某些特殊权利的相关性义务，但特殊权利预设了权利持有者或义务承担者做出的某些自愿行为。例如，如果我没有承诺将你从水中救起，那么你就没有权利要求我救你，无论这么做是多么地安全和容易。当然，我有义务不去干涉你的救援，但那是我必须履行的一般性义务，与任何自愿承担的义务无关。同样，不作为和干涉是相较而言的。

什么样的行为会引发特殊权利？三种可能的行为最为突出显著：义务人的行为、权利持有者的行为以及前两种行为的结合。义务人的行为引发特殊权利很容易被理解。让我们假设，我承诺要把你洗好的衣服放进烘干机。我的承诺是一种自愿行为，创造了一种特殊权利，该权利的相关性义务就是一种如此这般的义务,也就是将你洗好的衣服放进烘干机。你作为这个义务的受益人,不需要为权利的形成做任何事情。但是,我作为义务人,要做的不仅仅是不干涉将你的衣服从洗衣机送入烘干机,还必须实现这种传送。

第二种类型的情况只涉及权利持有者的自愿行为,这种情况会产生更多的问题。权利持有者的单方自愿行为如何能够给其他人施加一种负担性义务呢?即使权利持有者的行为会使得义务人从中获益,而且这种义务的负担小于获益,但仍有一些东西会使我们产生怀疑。如果我主动帮你清洗挡风玻璃,我就能因此获得一种权利让你做一些碰巧对我好的事情吗?尽管对于某些文化而言[莫斯(Mauss),1990年],这个答案是肯定的,但我们大部分人(不是特罗布里恩岛居民,也不是特林吉特或夸扣特尔部落的成员①)的答案会是否定的。我们需要的是一个令人信服的例子,以说明权利持有者单方面的行为会使他人承担负担性义务。

约翰·洛克的财产权理论正是我们寻找的那种解释。洛克的理论依赖于如下的理念:通过将我的劳动与世界上的一个无主之物进行"结合",我可能因此获得它的产权。那么,全世界都有一种义务不干涉我去支配如此获得的东西。这种财产权是特殊权利而不是一般权利,因为拥有一般权利所必需的任何特征都不足以创设出我对这个东西的权利。例如,如果仅仅作为一个人类就足以创设财产权,那么他们必须和其他人分享这个财产权,但洛克追求的是对私有财产的辩护,也就是财产权赋予一个人对某物的支配而排斥其他所有人。

---

① 法国人类学家马塞尔·莫斯在其著作《礼物:古代社会中交换的形式与理由》中研究了这些岛民和部落成员的交换行为。——译者注

第十章 什么是干涉？

我获得私人财产权这一事实向所有其他人施加了不干涉的相关性义务。他们做了什么会引发这样的义务呢？什么都没有做。一个特殊权利的例子仅仅源于权利持有者的行动，或者如果你愿意的话，源自结合了权利持有者的行动与那些在我之前未能将自己劳动和事物混合起来的不作为和不合时宜。但是，有些人会被特殊权利预设了义务人一方(the part of the duty-bearer)的自愿行为这种观念所吸引，他们发现洛克对于私人财产权的证成并不令人满意。这种排他性权利无视了可能会有利于早到之人的机会因素，就像无视晚到之人可能会有更大的需求和更大的能力去培育将其排除在外事物的可能性一样。那么晚到之人在使用早到之人主张排他性权利的事物时，他们做了什么应被视为干涉呢？洛克的理论受制于一种著名的附加条件，即早到之人留下了"足够的和同样好的"东西，后来之人可以通过结合自己的劳动获得这些东西，并且先到之人并不会糟蹋这些东西。但即使有这种附加条件，洛克的理论也没有解决一个关键问题：为什么每个人都要承担一种既不是一般性的不干涉义务（就所拥有的东西而言，私人财产并不是如此，因此所有者可以干涉我，而我不可以干涉所有者），也不是义务人自愿行为所产生的义务呢？换句话说，如果你不请自来地为我谋利，但这通常不足以施加一种义务给我，那么你不请自来地为自己谋利却拿我做代价(benefit yourself at my expense)，这如何足以施加一种义务给我？

如果权利在某种意义上根本就是"消极的"，也就是说那种反对干涉或胁迫的主张权，那么这个事实必须通过某种方式呈现出来，而不是援引一般权利与特殊权利之间的区别。正如诉诸霍菲尔德并没有证实主张权的相关性义务在根本上就是不干涉义务，而不是如此这般的义务，诉诸一般权利和特殊权利的区别也没有确立起不干涉义务的首要性。

二、自主的首要性能确保免于干涉权利的首要性吗？

主张不干涉义务具有首要性还有其他可能的理由。我们可以将注意力转回到权利及其给相关性义务增添了什么，从而寻找到这些理据。很多人主张，这是因为个人自主性价值（the value of individual autonomy）是权利概念的核心，所以道德权利的核心必然是一种免于干涉的权利，而不是一种如此这般的权利。让我们假设这个论证是合理的，看看它会走向何处。有了这种假设，我们能够用下面这种一般性方式去解释道德权利是什么。权利限制了允许他人去做的事情，即使通过某种方式干涉权利持有者，能够获得最佳结果，但权利的存在意味着这种干涉在道德上是被禁止的，也就是说，除非超越一种阈值，否则都是被禁止的，而且即使如此，权利并没有消失，而是产生了修复侵害造成损害的剩余义务。权利的这种约束力量保护个人在选择生活方式时不受干涉，并且在不依赖于权利持有者选择的特定行动方式是否正确或值得的基础上扩展了这种保护。准确地说，权利提供保护的基础是自主选择本身的重要性，而不考虑自主指向的目的的优点或缺点。这种权利基础的概述，既与作为一种证成理论的选择理论或利益理论相一致，又与道德权利的受保护选择的观念具有明显的亲缘关系。

因为自主性选择通常假定存在一种根据自己的选择采取行动的能力，尊重自主性意味着禁止对行动进行干涉。关于干涉的最明显案例是，行为人在身体上无法像他有能力选择的那样进行行动。因他人的行动而被杀害或致残、关押、流放或幽禁的人显然已经受到了干涉。但那些被欺负、恐吓或威胁的人也已遭到干涉。现在我们不得不考虑两种边缘情景。一种情况是，他人的行为使权利持有者做出某种选择的代价高于他愿意或能够为自己的选择付出的代价。另外一种情况是，权利持有者缺乏必要的手段，无法按照自己的选择行事。这两种情况都涉及成本（cost）问题，但是在第一种情况下，其他人对权利持有者施加或者威胁施加成本，而在第二种情况下，成本不是由其他人可能施加的，而是已经附加在权利持有者的选择上，从而阻止了他的选择。这两种情况分别提出了这样两个问题：成本是否可以适当地被强加于权利持有者的行动选择之上？一种完整的权利解释是否允许这种成本顺其自然？我们将在本章余下部分讨论第一个问题，下一章讨论第二个问题。

三、施加的成本总是干涉吗？

让我们继续假设，实施一种行为 φ 的道德权利蕴含着一种义务，即他人不得干涉权利持有者是否选择 φ。但是，正如我们所看到的，一项指向 φ 的道德主张权单独存在，并不蕴含着权利持有者拥有一种做 φ 的道德选项。道德权利的受保护许可模式会增加那个选项去建构一种新的霍菲尔德元素，但是在第九章中我们发现有理由去质疑道德选择的存在。因此，问题产生了：如果权利持有者对是否选择 φ 享有一种不受干涉的主张权，那么这是否保护他免于他人对他的错误选择施加成本呢？更坦率地讲，如果权利是做错事的权利，那么其他人在权利范围内对权利持有者做错事施加的成本（如果有的话）是什么呢？为了更好地理解这个问题，我们以摩托车护目镜为例进行分析。

假设在没有交通法规的自然状态下,驾驶摩托车时不戴护目镜会对自己和他人造成伤害,因此不戴护目镜是错误的。再假设个人自主性的重要性是如此大,以至于骑摩托车的人拥有一种道德权利去选择是否带护目镜。摩托车手可能出于各种原因倾向于不戴护目镜:眼镜可能在某种程度上削弱或扭曲了视力;护目镜可能很昂贵;骑手可能讨厌戴护目镜;骑手可能会感到戴护目镜减少了骑摩托车的自由乐趣。有些骑摩托车的人甚至会主张,对他们而言,不戴护目镜开车要比戴护目镜开车更安全,但我们认为他们在这一点上是错误的。护目镜可以防止东西被吹入眼睛,从而防止突然的视力受损而导致的碰撞和其他事故。我们认为,不戴护目镜是错误的,但摩托车手有权利不戴护目镜。

什么构成对不戴护目镜这种权利的干涉呢?隐藏、盗窃或破坏不戴护目镜者的摩托车,显然构成了干涉。给不戴护目镜的人的轮胎放气,也是一种干涉。另外一种干涉是如同外科手术一样,将护目镜安装在摩托车手的脸上。向不戴护目镜的人扔石头也是干涉。威胁他人,使他人相信你会做上述这些事情,也是干涉。戈德温肯定会同意,至少会尊重谨慎的骑摩托车者:即使在一般情况和每个特定情况下,戴护目镜都是最佳的,但尊重个人自主地依据自我判断做出最佳的决定并采取行动,需要我们其他人不进行干涉。但是我们回忆一下,戈德温会允许我们规劝那些不戴护目镜的人改变他们的生活方式,如果他们不愿意,甚至会威吓他们离开附近地区。主张一个人在驾驶摩托车时不戴护目镜是错误的,就等于说在道德上允许别人对一个人的错误行为发表不受欢迎甚至伤人自尊的评论。这不是干涉,也不是侵害。当由于满足了抵消理由的阈值而允许出现违反权利的行为时,侵害发生了,但这不是我们此时正在设想的那样。允许这种社会压力意味着我们在严肃地对待错误。

第十章 什么是干涉？

在可允许的批评和暴力强迫的两极之间，我们能够发现对讨论中行为的其他各种类型的反应（或预感），其中很多行为被认为对权利持有者的错误行为选择施加了成本。一种类型与权利持有者选择做错事的不良后果的责任分配有关系。如果一点沙子吹进了骑手的眼睛，导致他没有及时看到行人并避免与之相撞，那么我们可能会认为他要对事故负责，而且判定他有义务去赔偿行人遭到的任何伤害。追究责任的依据是他错误地没有戴护目镜从而导致了事故。如果他戴了护目镜，沙子不知怎么就钻进了他的眼睛，那么我们就不会觉得他有错，也不会要求他赔偿行人。

在可预期的意义上，另外一种对这种行为的反应类型包括：通过一种培养戴护目镜文化的方式去影响骑手戴护目镜。这可能包括激励和灌输。那么是否允许要求摩托车骑手对这些措施做出经济上或其他方面的贡献呢？不戴摩托车护目镜的权利显然并不蕴含着一种拒绝为支持护目镜教育贡献力量的权利。换句话说，被要求为消灭做 φ 贡献力量并不意味着必然会干扰一个人去做 φ 的权利。（举另外一个例子，政府禁止吸烟的措施不会被认为干涉吸烟的权利，不过将室内吸烟限制在私人住宅的措施更接近这个界限。）

当我们离开一种自然状态并想象一个正在运行的法律制度，其他可能的反应就会出现在我们的视野中。尊重做 φ 的权利和未经许可禁止做 φ 是一致的吗？这和向做 φ 的人授予做 φ 的特许资格相一致吗？如果许可和许可费是允许的，为什么对每一个做 φ 的行为处以适当的罚款却不被允许呢？干涉与不干涉之间的区别在边界上变得模糊了。如果做 φ 根本没有什么错，那么我们倾向于主张，对那些选择 φ 的人进行批评或不必要的取笑都是错误的。但是，一旦我们假定做 φ 的行为是错误的，那么我们似乎经历了这种倾向的逆转，即使我们也假定存在

一种做 φ 的权利。存在一种做 φ 的权利在逻辑上要求,对做 φ 的某些反应在道德上是被禁止的。但是,做 φ 的错误性同样要求对做 φ 的某些其他反应在道德上是被允许的。任何与所谓做错事的权利接近的道德情形,都将受到这种相互对立、相互竞争的道德力量的影响。

那么,干涉的本质究竟是什么呢？比较一下戴护目镜的情况和没有权利做错事的情况,比如偷窃。在道德上对盗窃的可允许的反应是有限度的。当然,在道德上并不禁止对偷窃之人施加成本,但在道德上也肯定不存在对小偷的"解禁时刻"(open season)。正如存在一些道德规范松散地界定什么是而什么不是对不戴摩托车护目镜的干涉,也有道德规范界定什么是而什么不是对偷窃的"干涉"。让我们感到奇怪的是这样的建议:为了应对诸如偷窃等无权的错误行为(a wrong-without-a-right)而采取措施也可能是具有初步性(prima facie)的错误。但这个建议就是所谓"干涉盗窃"似乎想传达的意思！

一种大胆的想法可能会让我们感到惊讶:讨论一种反对干涉做 φ 的主张权,可以简单地归结为讨论做 φ 的行为在道德上允许的反应的范围和轮廓。无论做 φ 的行为类型是否是行为人有权从事的类型,这个范围都受制于一些边界。当我们将两种错误的行为类型并置时,一种就是有权去做的行为,而另外一种就是无权去做的行为,比如说,一种是不戴摩托车护目镜,而另一种就是盗窃。我们会发现对于这两种类型的行为都存在负担,这种负担在道德上基于该类型行为的错误性而允许强加给行为者。与此同时,我们发现,在允许强加于任一类型行为的负担范围内都存在道德上的限制。我们不被允许用油烹煮小偷,就像我们不被允许不戴护目镜骑摩托车一样。那么,除了权利持有者可能受到比道德上允许的范围更窄和更温和的制裁之外,受保护选择模式下的权利会变成什么样呢？我们得出的结论是,道德上允许制裁的范围和严厉程度的差异,是拥有一种做 φ 的受保护选择的权利和不拥有这种权利之间的唯一(only)区别。戈德温也许会感到高兴。

四、 作为身份性和比例性规范的免于干涉的权利

因此,上述反思表明,权利给予我们的保护受到两种不同形式的限制。第一,我们的权利不能使我们免于不足以构成干涉(short of interference)的社会压力和后果。第二,当存在支持干涉的特别权衡理由时,我们的权利不能在每种情况下(也可能没有这种情况)都使我们免受干涉。尽管存在这些限制,但权利依然是独特的和有价值的。如果根据受保护选择的观念,权利能够得到最佳理解,那么根据我所说的身份性(standing)和比例性(proportionality)规范,也能最佳地理解权利提供的保护。比例性规范只是明确规定了在一定范围内对个人施加多大压力以确保其行为符合道德要求的义务。并非所有的道德错误都可以用同样的权宜之计(expedients)进行纠正,例如监禁可能是对偷窃行为的一种可被允许的矫正措施,但对超时停车适用监禁就不被允许了。同样,不是每个人都有适当的身份施加压力来纠正道德上的错误,例如,父母纠正孩子的吵闹可能是完全适当的,但让陌生人去干涉可能就是不当地多管闲事。因此,干涉可以被理解为任何违反相关身份规范和比例规范的行为。这意味着干涉是一种道德概念,而不只是一种物理概念,而这种涵义是完全正确的。在歌剧院里,女高音的咏叹调和坐在我旁边的那位先生的哼唱都是声学振动,但其中只有一种干涉了我欣赏管弦乐队表演的权利。

一旦按照受保护选择观念理解权利,那么我们就能够更好地理解

权利在身份规范和比例规范方面对于我们的价值。依据受保护选择观念，至少我们拥有的某些权利就是"做错事的权利"。我们的错误选择必然会让我们面临着一些被允许的社会压力，但并不是不成比例或多管闲事的压力。相较之下，当一项权利被认为与受保护许可的模式相一致时，无论做出何种选择，我都不会犯错，因此对我的选择就没有社会制裁的理由，更不要说干涉了。我们可以在受保护选择模式中理解道德权利发挥的限制反应功能，就像保护我们免于不适当的社会压力和无根据的干涉一样。同时我们也意识到，我们仍然很容易受到经由适当主体传达的社会压力的影响，而且受制于特殊情况下允许的干涉。

我们也可以将这种关于权利提供保护的观点延伸到积极权利的情形。例如，X 获得 Y 帮助的权利依赖于 Y 帮助 X 的义务得到实现。换句话说，X 的积极权利这根刺位于 Y 的不干涉的消极权利的隐退位置。但是，就像 Y 从 X 那里偷东西的情况一样，身份性规范和比例性规范适用于限制那种为确保获得帮助或惩罚 Y 未能提供帮助而允许对 Y 采取的行动。这些规范一般适用于所有行为，无论它们被禁止、被允许或被要求。被允许的行为或道德上要求的行为就是不引起他人不利反应的行为，因此行为人不需要进一步的道德保护来避免这类反应（考虑到对他人的行为不能做出无理反应的一般性义务）。被禁止的行为确实需要保护，不受他人反应的影响，因为某些类型的反应是必要的。但是，做错事之人的权利保护他免受不成比例的严苛和专横的反应。这就是权利作为限制反应的价值，而且这就是免于干涉的权利的应有之义。

第十一章 权利的未来

我们一直在探索 20 世纪对理解权利性质和确定权利的道德基础所做的努力。但是，这种智识事业充其量只是故事的一部分。就像我们在第六章特别指出的那样，1948 年《世界人权宣言》开启了权利话语第二个扩张时期的序幕。然而，在至少 15 年的时间里，权利话语的扩张趋势受到了西方和苏联集团之间全球对峙——冷战——的抑制。部分原因是 1948 年《世界人权宣言》规定的权利在不断扩张，冷战双方都在利用《世界人权宣言》进行宣传。西方世界强调共产主义世界对政治权利的否定，而共产主义阵营则指出，西方世界在容忍那些经济不安全和不平等以及殖民主义遗留下来的不公正，其中包括非洲的种族隔离和美国南部的种族隔离。鉴于双方之间的紧张关系和敌意，它们都有足够的动机进行宣传。然而，一系列的发展打破了宣传与反宣传之间看似僵持的局面，这些发展包括西方列强的非殖民化、美国官方种族隔离的瓦解以及实行种族隔离的南非在外交上的孤立。转折点发生在 1975 年达成的《赫尔辛基最后议定书》，西方世界和苏联集团之间的这项协议着力使设在西方的非政府组织能够监督苏联和东欧国家遵守旨在尊重公民政治权利的协议。1989 年苏联集团和 1991 年苏联自身的解体结束了冷战。权利运动可以正当地宣称在分隔东西方的"铁幕"两边促成了所有这些事件的发生，而且这些事件似乎表明，如果不是已经到来的话，东西方也即将就一系列政治和公民权利的优先性与普遍存在达成全球共识。

但是,冷战的结束并不是标志着权利历史的结束,也不是标志着第二个扩张时期的结束。首先,地球上绝大多数国家及其人民尚未获得所谓的"第一代"(first generation)人权的有效保护,这些权利就是经济发达的西方民主国家的公民通常认为理所当然的公民权利和政治权利。在世界上的很多地方,政治异见者不被容忍,政治参与还不存在或毫无意义,任意的逮捕和拘留仍是司空见惯,种姓和性别歧视在制度上被强制实施。那些否认第一代人权的政府和社会通过一种不同于前苏联集团否认第一代人权的方式做着同样的事情。苏联时代的共产主义政府并没有否定而是分享了启蒙运动中关于个人自主和福祉的重要性的思想遗产。它们与西方民主国家的分歧集中在优先事项和执行问题上。此外,苏联国家的宪法至少在表面上尊重了第一代人权,而且苏联集团的女性在某种程度上享有有限的进步机会,而西方国家还没有实现这些进步。

在 21 世纪即将到来之际,人们通过诉诸所谓的第二代人权(second-generation rights)来表达和捍卫对第一代人权的抵制,第二代人权是一种由经济、社会和文化权利组成的混合体。我们可以确定两种主要的论证思路。第一种思路在冷战时期很突出,主要依赖于诉诸经济权利的优先性,不同于西方国家对第一代政治和公民权利的优先考量。第二种思路则与共产主义理想的国际主义相反,诉诸集体而非个人所拥有的权利来确定和追求他们自己的文化价值。这两种截然不同的论证思路值得进一步讨论。

一、第二代人权和第三代……？

国家之间存在着经济发展和个人福祉方面的巨大差异。根据世界银行2010年的统计数字，世界上人均收入最高的国家是摩纳哥（197460美元），而最低的国家是布隆迪（160美元）。两者之间差距巨大。这个差距不仅巨大，而且在迅速扩大。根据世界银行2000年的数据，排名第一的是卢森堡（45100美元），而排名最末的是埃塞俄比亚（100美元）。尽管存在着全球市场，但世界上很多地方仍然存在着几乎和布隆迪一样的极端贫困。没有一种适当的生活水准，任何权利都毫无价值。此外，1948年《世界人权宣言》第22条和第25条承认了第二代人权中享有适当生活水准的权利。正如新加坡前总理李光耀所认为的，经济发展的成功并不存在唯一的道路（新加坡的人均GNP在全世界都属最高）。不同国家的经济成功需要不同的方式，对于一些国家来说，为了建立适当的生活水准，可能需要一种更专制的治理模式。接受个人自主和福祉作为国家政策的适当目标并不一定意味着优先考虑第一代公民和政治权利。事实可能恰恰相反，正如新加坡等"东方之虎"的成功所表明的那样。因此，这种论证认为，尊重享有适当生活水准的人权要求优先于某些第一代公民和政治权利。

阿玛蒂亚·森（1999年）等人已经对此做出回应并论证道，侵犯第一代公民权利的国家会引发经济灾难是一种经验性事实。森的研究表明，饥荒通常不是食物短缺的问题，而是一个威权政府否认言论和新闻自由所导致的分配不当。此外，根据所谓的"民主和平"（democratic peace）假设，威权政府比民主政府更有可能发动侵略战争。因此，威权政府更有可能将一个国家带入饥荒和战争的灾难，而不是繁荣与和平。无论第一代人权是否具有任何理论上的优先性，它们都是实现第二代经济权利的必要手段，而不是障碍。

对于这些观点，可能有两种类型的回应。一种回应将会强调，什么最有利于某个国家的经济和文化发展这个问题具有经验性性质，而且森对现代饥荒与民主和平假设的分析具有不完全性。不是所有的欠发达都是一样的，也不是所有的欠发达都是战争或饥荒的结果。不是所有的威权政体都会将它们的国家带入战争或饥荒。因为各地情况并不相同，而当地官员最了解当地的需要和解决办法，这种回应得出如下结论：应当由每个国家自行决定分配第一代人权和第二代人权的相对优先次序。

第二种类型的回应同样诉诸自决（self-determination），但是这种回应将人权视为一项属于人民的人权，而不仅仅是一种审慎的经验法则。不仅每个国家的人民更清楚什么是对自己最好的，而且他们还有集体的道德权利来决定自己的优先选项。如果任何西方政府或非政府组织强迫发展中国家绝对重视第一代人权的企图，或者更糟糕，给予第一代人权的西方观念（western conceptions）以绝对优先地位的企图，那么这就是一种新殖民帝国主义。这种扭曲体现了第一章中提及的对帝国主义的担忧，但在这里采取了一种更微妙的形式。这种回应不必对人权观念本身表示怀疑，或者质疑其普遍适用性。相反，它提出诉诸全体人民而不是个人拥有的自决权，反对为保障第一代权利的普遍性制度所做的国际努力。虽然可以将某些第二代权利直接视为个人权利，例如至少享有最低限度生存的权利，但其他第二代权利则并非如此，例如文化完整或国家自决的权利。后者的这些例子只能被理解为群体权利(group rights),也就是说,不是由个人单独拥有而是由集体拥有的权利。

第二代人权的群体权利建构得到了所谓社群主义(communitarian)观点的支持。社群主义者强调归属于一个独特的社群的重要性,认为这是作为个人幸福或"繁荣"的重要组成部分和手段,正如他们经常所说的那样(用适当的示意动作来暗示)。社群主义者捍卫(通常有资格捍卫)爱国主义和民族主义的重要性,但从普遍性人权观念蕴含的世界性观点和有时被认为由权利"文化"培养的个人主义观点来看,爱国主义和民族主义往往会遭到蔑视。

构建出的群体权利被命名为"第三代"人权似乎更为贴切。第三代人权(third-generation rights)是指环境达到一定品质或经济发展到一定程度的权利。后代人的权利自然属于第三代人权的范畴。第三代人权并不是社群主义的,但也不是个人权利。它们在某种程度上必须被理解为属于全人类,而不是被任何个人或任何特定群体所拥有。尽管第三代人权在某些人看来似乎充其量是一种"宣言性"权利,但是存在这种分类的事实从根本上足以强调了"权利话语"已经成为一种国际话语的程度,在这种话语中,所有的道德争论和主张都被形塑了。[罗伯特·昂格尔(Roberto Unger)(1987年)从更为激进的角度出发,建议给予被剥夺权利的人和弱势群体"破坏稳定的权利",从而打破经济和政治权利的集中。]

正如我们所看到的,权利概念具有足够的灵活性,以至于可以容纳很多(如果不是全部的话)扩张性的观念。提及后代人所拥有的权利,或者环境不受污染的权利,似乎是在表达什么是权利(what is right),而不是被特定个人或群体拥有的一种权利(a right held)。换句话说,这是在表达客观权利,而不是主观权利。但是,与其试图通过立法反对某些第三代人权主张,只是因为它们混淆了我们所说的主观权利和客观权利,不如注意到这些含糊不清的地方,然后以最宽容的方式来评估每一种道德主张。

我们在第五章已经看到,尽管将一项(主观)权利归于一个群体并没有什么荒谬之处,但如果将关于第一代人权和第二代人权相对优先性的争论曲解为关于个人权利和群体权利之间相对优先性的争论,那么这种争论就很容易被混淆。这种混淆显然与第二代人权中至少享有最低限度生活的权利并没有关系。如果该权利存在的话,每一个苏丹人都拥有这项权利,而且不管是否每一个苏丹人都有权建立苏丹国家,他们都拥有这项权利。只要足够谨慎,就可以将可处理和可理解的道德问题从公认为拥挤的人权主张中分离出来。

二、人权的最低限度主义

然而,还有另一种路径坚持将人权主张限制在最低限度,从而处理围绕人权定义和优先次序的分歧问题。所谓的"最低限度主义"(minimalist)路径的动机可能是担心人权话语似乎在变成"一种过于沉重而无法举动的棍棒"。随着权利主张的激增,权利语言在规范性类型和元伦理类型两个方面都承担了不必要和难以处理的包袱。额外的规范性负担在于,每增加一代权利,共识就会被抛得越来越远。我们可以比较一下第一代人权中典型的免于酷刑的权利和第二代人权中享有适当生活水准的权利。(这是一个比《世界人权宣言》第 24 条规定的两周带薪休假权更为恰当的例子。)

酷刑几乎受到普遍的谴责,尽管在实践中还是会被经常性地使用,但对于很多人而言,讨论一种享有适当生活水准的权利似乎混淆了什么是有价值的目标与什么是尚未被承认的、无定形的和无法强制执行的个人权利主张。如果人们有权享有适当的生活水准,那么谁应该承担相应的义务呢?附近的邻居吗?附近的富人邻居吗?国家或国际社会吗?你和我吗?如果存在这样一种权利,那么可以通过什么手段实现呢?自助实现吗?诉诸政府吗?诉诸那些能够提供救助的人的良心吗?如果存在这样的一种权利,它会因懒惰或鲁莽的冒险而丧失吗?很多——如果不是全部的话——持怀疑态度的人担心边沁反对法国《人权和公民权利宣言》的话再次出现:毕竟,"饥饿不是面包"。而且很多并非麻木不仁的人会补充说,对面包的需求并不是一种获得面包的权利。当人权主张扩大到超越共识的范围时,这种扩张不仅可能无法为假定的权利持有者赢得任何有效的利益,而且通过削弱对普遍认可的第一代人权的保护,权利话语本身也被削弱了。

权利话语之所以会出现令人担忧的衰弱,是因为解决有争议的权利主张面临着不可避免的困难,导致人们对一切有争议或无争议的权利话语的形而上基础产生怀疑。最低限度主义的路径采取了罗尔斯所言的"回避方法"(method of avoidance)处理元伦理和形而上学的问题。人们关注最低限度主义是唯恐权利革命过了头。对人权话语的普遍接受所代表的道德进步并不能掩盖如下的事实:权利话语没有得到元伦理学与之同步的进步(parallel metaethical progress)的支持和配合。现在所有类型道德主张的思想基础都比它在第一个权利话语扩张时期更具争议性。忽视这个事实将鼓励一种权利的教条主义,也就是在忽视第一个扩张时期的惨痛教训:关于权利(人类、道德或自然)的教条主义可以像任何其他类型的道德教条主义一样具有破坏性。更好的路径是尊重道德问题的难度,尊重不同的人和民族在回答这些问题时采取的不可缺少的价值观多样性。共识应当得到珍惜和保护,如果这意味着将有效的和国际上可执行的人权主张限制在最低限度的清单上,甚至不包括所有的第一代人权,那就这样做吧。如果不这样做,那就等于宣布一场(准)宗教战争。

尽管最低限度主义在逻辑上并不要求拒绝一项可执行的、适当的和经济上最低成本的人权——无论是作为一项个人对其居住的国家的主张,还是作为一项对其他国家甚至世界各地的个人提出的广泛主张——但它的态度显然并不情愿。作为一种策略问题,将一种维持最低限度经济水准的适当生活权的第二代人权搁置一旁,最多将其算作一种"宣言式"权利,这对于保持国际共识可能是一种必要和合理的代价,这种共识反对公然侵犯第一代人权的行为。约翰·罗尔斯等最低限度主义者不仅拒绝将国内正义所要求的分配原则应用到国际舞台上,还弱化了国际上对某些第一代人权的实施,尤其是那些与非歧视和政治参与有关的权利(2001年)。

三、人权的最低限度主义可以被证成吗？

在这一点上,有必要简单概括一下,当提出一个关于人权存在的主张时,问题的关键是什么。至少,一项人权主张就是主张某些人类利益足够重要,以至于其他人有义务履行或避免某种类型的行为,如果被执行的话,这些行为将包括或产生阻碍——干涉——权利持有者的利益,或与该利益相关的权利持有者的行为。例如,言论自由权的基础是一种表达个人思想和情感的普遍性人类利益,这具有足够的重要性,可以强加于人至少一项初步性义务(a prima facie duty),该义务要求不得通过强迫、威胁或者采取其他会否认人们表达利益的行为来使人保持沉默。我的言论自由权可以让其他人自由地反驳、批评、嘲笑或无视我，但其他人不能自由地给我戴上嘴套、鞭打我或用警笛将我淹没。我的言论自由权受制于一系列条件，一旦发生大规模灾难，该权利会被废止。当我们遵循证成性利益理论和选择理论的一般模式来支持霍菲尔德的权利主张时，这就是我们从中获得的核心概念。从最字面的意义上讲，这个最简单的分子具有"限制反应"的功能。我的言论自由权意味着，他人在某些方面有义务不对我说的话做出反应（或预先准备）。

当主张一个人对待权利的方式更倾向于适度或"最低限度主义"时，这可能意味着下列任何一种情形。例如，这可能意味着人们更喜欢受保护选择的权利观念，而不是受保护许可的模式，前者刚才已经概述过，而后者将权利本身构建为权利持有者的一种道德选择。或者，这可能意味着人们不愿意将权利持有者实施和放弃的双向权力纳入一种权利观念中，这就是概念性选择理论的特色。或者，这可能意味着人们准备坚持认为，足以产生一项主张权及其相关义务的人类利益范围要比可能设想的窄得多。又或者，这可能意味着一个人更喜欢其中的某些选择，或者可能更喜欢其他限制条件。（例如，有些人认为群体权利的概念没有吸引力。）

但是，那些建议对人权采取一种最低限度主义态度的人，他们的动机与其说是概念上的顾虑，不如说是前面提到的实践上的忧虑。由于缺乏逻辑上强制性的概念边界，这使得运用权利概念表达任何一种规范性主张都颇具诱惑力，而且权利话语固有的通货膨胀敏感性，有可能破坏"二战"以来国际上取得的道德进步。在科索沃和卢旺达这样的地方，为了保护人权而要求人道主义武装干预的可能性使得这些担忧更加突出。如果人权是迈克尔·伊格纳季耶夫所说的一种"战斗信条"(1999年),那么谨慎的做法是坚持人权是温和的,甚至具有最低限度。

然而至少在一个方面,最低限度主义的态度远远超越了实施权利时要审慎的忠告,而且这就是前面提到的一个问题,即存在一项维持最低限度经济水准的适当生活权。此处隐含的想法可能是,这种权利具有内在的不稳定性,以至于仅仅是承认它,甚至是将它视为一种"宣言性"权利,都会带来灾难性后果。一项人权可能在两种意义上代表着一种正义要求:它可能是一项指向权利持有者居住的国家(如果有的话)的要求,但也可能是一种指向其他国家、国际体系和世界各地个人的要求。在坚持尊重人权是成为国际大家庭成员先决条件的情况下,在第一种意义上,承认一种人权的适当最低限度主义可能要求各个国家采取国内再分配措施从而免遭国际性制裁。在第二种意义上,人权表达着一种正义要求这个观念的影响甚至更为深远。如果事实上存在一种最低限度的适当生活水准权,那么国际社会中的所有国家和世界各地的所有人都应被纳入这个范围。这种令人担忧的断裂与其说横亘在西方与非西方之间,不如说横亘在南北之间以及穷国与富国之间。

在这里,令人感到讽刺的是,最低限度主义与基于第二代人权抵制第一代人权国际保障的某些理论联合起来。这种理论强调的不是经济权利,而是民族或文化自决权。一个民族通过一种表达和延续其独特文化传统的方式对自身进行政治建构的群体权利,也反映在基本人权文件中,特别是1966年的《经济、社会、文化权利国际公约》[布朗利(Brownlie),1992年]。一种只关心最小化规范性(normative)和元伦理假设的最低限度主义者可能会对这种群体权利的观念持怀疑态度。但是,一个主要关注促进共识的最低限度主义者会关心民族主义意识形态在今天所获得的广泛拥护。事实上,"实在的"或描述性意义上的国际法依赖于这样的假定:各国拥有领土完整的权利和排斥移民的权利。作为一种道德权利,如此广泛的群体权利应当会让最低限度主义者感到困扰。因为它们如何与经验性社会科学的"方法论个人主义"(methodological individualism)相协调呢?它们如何在证成性利益理论的模式下获得辩护呢?但在另一方面,审慎意义上的最低限度主义将会压制这些具有腐蚀性的问题,并希望在一个仍执着于民主主义意识形态的世界里维持对人权的广泛共识。

四、允许的成本究竟是不是干涉?

在国家正义理论中,分配正义问题的模糊、难度和潜在的爆炸性经常被援引为优先考虑第一代公民和政治权利而不是第二代经济权利的理由。当分配正义的问题转换到国际语境,特别是考虑到赤道以北的工业化国家与赤道以南的发展中国家之间的关系时,这种关系具有的令人烦恼的历史性和巨大的不平等特性等因素混合在一起了。如果将分配正义问题从国家人权议程中排除出去,那么情况可能会好一点。但重要的是,不能将谨慎坚持一项权利的问题与该权利存在的这一独立问题混为一谈。面对分配正义的人权的最低限度主义态度不应该利用这种混乱。有什么特别的理由去怀疑分配正义的权利(包括一种适当的最低限度权利)的存在吗?

在第十章中,我们区分了两种类型的情况,一种是个人缺乏采取行动所必需的手段,另一种是必须承担获得这些手段的成本。在第一种情况中,这些成本是他人施加或威胁的;而在第二种情况下,这些成本并不是他人施加的,而是已经附加在权利持有者的选择上,并以这种方式阻碍了他的选择。现在的问题是,坚持一个人有权不被强加成本(也就是不被干涉的权利),但无权让别人帮助他承担成本,这是否站得住脚。如果从利益论的角度来看这个问题,我们必然会发现,权利持有者拥有的利益具有足够的重要性,可以证成强加给他人一种不对自己行为施加成本的义务,但是这种利益仍然不足以证明强加给他人一种帮助自己承担行为成本的义务。那种利益是什么呢?有人可能坚持认为,一种自主利益才符合要求,换句话说,一个人的自主利益是如此重要,以至于可以禁止其他人在一定范围内干涉他的行动,但这与其他人拥有不支持或帮助他在此范围内行动的道德许可无关。为什么呢?因为在后者的情况下,其他人的支持将使他的行动不再是一种自主吗?如果帮助做事(helping-to-do)等同于替人做事(doing-for),那么利用自主反对承认一种获得帮助的权利这种论证可能会行得通。但当他人帮助你时,你却不能为自己做点什么,在一般情况下,这就是不对的。有时候这是对的,但一般情况下是不对的。同意给学生提供经济资助和替他参加考试并不是同一回事。如果是这样的话,除了我们自己做的事情,我们从来没有真正做过任何事情,那么结果是我们确实做得很少。

诉诸自主并未能应对如下挑战:如果自主是如此重要的一种利益,为什么它不能像产生不干涉义务那样产生帮助义务,以及相对应地产生免于干涉的权利和获得帮助的权利呢?或者就权利而言,问题就变成了:如果自主是如此重要的一种利益,为什么人类不能拥有行使自主的最起码必要手段的权利呢?这里的答案并不是去主张听任他人缺乏充分的手段行使自身的自主是被允许的,即使让他们缺乏这些手段是不被许可的。这个答案实际上只是迂回地诉诸如下观念:相对于"积极"权利,"消极"权利享有某些优先性。正如我们在第十章看到的那

第十一章 权利的未来

样,这种优先性主张并不具有良好的概念性理由。相反,任何这种优先性主张的理由都必须具有规范性,也就是说,它们必须包括道德性理由,而且当我们努力寻找理由去否认人类有权获得起码足以让他们自主行动的生存水平时,缺乏的恰恰是这种理由。

在一个严重不平等的世界里,调和关于个人经济权利的最低限度主义和关于将个人排除在国家领土之外的群体权利的"超最低限度主义",是一件很不容易的事情。例如,美国目前有数百万的劳动力非法居留。这些非法移民大多数是经济难民而不是政治难民。他们之所以来到美国,是因为在这里他们可以找到愿意付给他们最佳工资的雇主。如果他们的存在并没有侵犯任何人的权利——事实上确实没有侵犯任何人的权利——那么任何一个人有什么权利将他们排除在这片领土之外呢?世界上存在着严重的财富分配不公,而像他们这样的移民正在通过和平的、建设性的方式来纠正这种不公。他们不需要主张任何获得积极援助的权利,因为他们所要求的只是在工作和居住时不受干涉的"消极"自由,而工作和居住是市场自发为他们提供的。他们不会质疑自己应该获得多少,因为这是由市场自己做出的决定:他们应该获得他们与雇主自由签订的合同所支付的劳动报酬。那些主张移民抢走了本地人工作的人忽略了一个简单的事实:这些工作本来就不是任何人的财产。确实,在边境开放的情况下,本土居民被剥夺了通过排他性手段确定自己领土性质的权利。但是,这种假定的(群体)权利是否符合那些自由活动和从事生产劳动的个人权利呢?[如果洛克的财产理论被用来支持一个群体对领土的主张,在劳动力短缺导致工作无法完成的情况下,那么他的"反糟蹋"(nonspoilage)限制性条款如何被满足?]

这并不是说根本没办法对限制移民的做法做辩护,而是强调人权理念中固有的个人主义和世界主义的结合会腐蚀民族主义的信条。在某种程度上，这并不令人惊讶，因为第二个权利扩张时期的开始正是对德国和日本令人可怕的民族主义暴行的反应，就像第一个扩张时期的开始是对导致英国和欧陆之间战争的破坏性宗教争议的反应一样。

五、平等权利和分配正义

正如本节一开始提到的，将分配正义看作一个实质性权利的问题，也会带来一系列难题。亚里士多德是第一个区分分配正义（distributive justice）和矫正正义（corrective justice）的人。矫正正义就是恢复先前分配的问题。例如，我本来有一辆很好的自行车，直到你开卡车把它撞坏了。我要求你纠正这个错误，或者恢复我的自行车，或者给我同等价值的钱。这就是一个矫正正义的问题。分配正义主要在两个方面有所不同。矫正正义将有价值东西的预先分配视为至少暂时是正确的（这是我的自行车），并着重说明某人有权恢复预先分配的条件。分配正义并不假定事物现有分配的正确性，而是关注分配本身是否公正的问题。矫正正义通常会挑选出某些特定主体，负责对其他特定主体先前状况的不当损耗进行矫正（你弄坏我的自行车，所以你必须赔偿我）。相较之下，分配正义更具有全球性，因为它可以界定出不是特定个人造成或非特定个人所遭受的不公正。例如，天赋异禀的人（无论他们是谁）是否有权保留他们运用禀赋创造的全部收益，假如他们从一开始就没有做什么值得拥有这些禀赋的事情，或没有欲望去运用这些禀赋，这是一个分配正义的问题。分配正义将努力运用一种原则性方式回答这些问题。矫正正义将会依赖于这些答案，而且将以一种原则性方式告诉我们何时错误地偏离了假定正确的分配(以及该怎么去做)。事实上,这个自行车主是一个亿万富翁,而卡车司机是一个穷光蛋,但这并不是矫正正义需要去矫正的事情(除非自行车主人从卡车司机那里偷了十亿美元)。

由于分配正义规定了对任何可能值得拥有的权利的适当分配,因此它成为具有很多争议的主题也就不足为奇了。其中一个问题与持有模式(patterns of holdings)在根本上是否至关重要有关系,而与它们如何产生并无关系。罗伯特·诺奇克(Robert Nozick)(1974年)认为,如果它们源自一个公正起点的一系列自愿交易,那么无论多么不平等,这些模式都是无关紧要的。当然,沿着这些思路,一种理论将不得不阐述什么构成一个公正的起点,什么构成一种自愿交易,以及正如在现实世界中,如果当前的财富分配是一个漫长和糟糕的历史的结果,这个历史过程充满了暴力和欺骗性的征收、阴暗的转移、极端贫困和自然灾害等等,那么我们要怎么办呢。即使一种"最佳"(first-best)理论是一种"非模式"(unpatterned)理论,我们也有充分的理由认为,为了在我们这个没有公正起点的世界里实现正义,我们必须考虑各种模式。

正如作家阿纳托力·弗朗斯(Anatole France)指出,穷人和富人在形式上都享有平等地在桥下睡觉的权利,这个事实似乎没有解决正义的要求。我们想知道什么原则支配着实质性权利的分配,我的意思是说,权利不仅指向物理性对象和空间,诸如我们认为的财产以及类似医疗保健和失业保险等无形事物,而且也包括任何使得其他权利在一定程度上有意义的必要条件,诸如获得法律援助的权利或在桥下睡觉的权利。"形式性"(formal)权利和"实质性"(material)权利的术语太过模糊,除了让人们注意到写信给报纸编辑的权利与拥有出版企业的权利之间的区别之外,并没有什么帮助。这些权利可以被平等地持有,但约翰·罗尔斯(1993 年,第 356—363 页)认为这些权利在不同人手中的"公平价值"(fair value)可能是极其不平等的。

151   正义需要什么样的分配模式呢？平等显然提供了一种可能的原则,如果分配正义在某种程度上包含了一种平等原则,那么这个理论就是平等主义(egalitarian)。平等主义理论可以拥有多种不同的形式。最简单的平等主义理论认为,无论何时每个人都拥有平等分享一切事物的权利。也许除了作为一种无法忍受的自然状态图景,没有人曾经持有这样的理论。一种平等主义理论将不得不规定什么适合分配而什么不适合分配,从而避免被指责在"强求一致",这就是所谓的普罗克汝斯忒斯(Procrustes)①。这个神话人物试图让每个人都和他一样高,如果需要的话,就把每条腿锯得或拉得跟他的铁床一样长。显然,像身高、长相和天赋这样的资产不能被重新分配。尽管如此,但它们的分配方式可能与其他类型事物的分配是否公正具有相关性。

平等主义理论不得不面对这样的一个问题:"在什么方面平等?"有的人会主张,平等的社会基础是自尊;有的人认为是资源;有的人认为是机会;有的人主张是能力;还有其他的理论观点。但是没有一个平等主义者认为财富应该被均等化。即使可以达到这样的条件,但若不对自由施加严厉的限制,也不可能维持下去。众所周知的"拉平式异议"(leveling-down objection)将会迫使平等主义做出一种更为重要的让步。如下所示。假如行星 A 上存在某种物质上的平等,且平等处于一个适当高度的水准,可以用 n 级来加以定量标识。在临近的星系中,有一个不知道行星 A 存在的行星 B,那里的人口(和行星 A 的人口大体相当)

---

① 普罗克汝斯忒斯是希腊神话中的一个强盗,他开设黑店,并在店内设一长一短两张铁床,强迫个子矮的旅客睡长床,将其身子拉得和床一样长;强迫个子高的旅客睡短床,将其腿锯短。——译者注

享有的物质平等是 n+m 级。一个平等主义者必然会认为,在这两个行星之间的总分配是不公平的。这看起来似乎很荒谬。更糟糕的是,这种异议认为,一个平等主义者必须判断,从正义的角度来看,行星 B 下降到 n 级要比行星 A 和行星 B 在不同的繁荣水准上共存更好。这种异议会继续主张,这是一种普罗克汝斯忒斯主义。如果行星 A 的繁荣在绝对意义上没有遭受损失,那么存在一个更繁荣的行星 B 当然更好。这种异议的结论认为,一个平等主义者,要么必然是普罗克汝斯忒斯,要么必然承认平等本身并不重要。

反平等主义的拉平式异议是另外一种异议即滴涓式异议(the trickle-down objection)的前奏(run-up)。改变一下这个例子。假如物质性平等并没有在行星 B 占据主流,但是有两种相关的标准呈现出来:普通民众像以前一样享有的福祉(或繁荣或无论任何相关的指数)标准是 n+m 级。但有一个特殊群体,也是一个较小的群体,其享有的福祉标准是(n+m)+1 级。行星 B 上的每个人在绝对意义上都要比行星 A 上的任何人好。但是一个平等主义者不得不主张,从正义的角度来看行星 A 更好。这似乎看起来很荒谬。什么原因让人们宁愿待在行星 A 而不是行星 B 上呢?因为一个人可能不属于享有(n+m)+1 等级的非凡人物吗?只有当嫉妒(envy)是一种提供理由的情感时,这才是一个理由,而平等主义才能持续。嫉妒这种丑陋的态度如何给人提供一个正义的理由(a reason of justice)去偏爱行星 A 呢?

假设行星 B 可以变得像行星 A 一样。正义会要求行星 B 做出这种改变吗?这似乎是难以置信的。正如在拉平式意义上,如果星系之间的正义并没有要求行星 B 下降到行星 A 的规格,为什么在目前的情况下,正义要求更低的行星 A 整体水平只是为了平衡行星 B 的两个更高水平之间的差异呢?反平等主义的最后一招是去质问:如果行星 A 能够变得像行星 B,那么会怎么样? 这是一种不正义吗? 除了嫉妒,为什么会这样呢? 如果 n 和 n+m 之间的差异真的很大(可能就像摩洛哥和布隆迪之间的差异那么大),又会怎么样呢? 正义如何能够要求那些更喜欢行星 B 的人反倒要生活在行星 A 上呢?

在这个例子中,这两个行星被设想成没有工具性或历史上的联系。如果人类的本性是有才能的人需要有一些物质激励才能为社会创造更多的价值,那会怎么样呢? 这并非不切实际。即使允许这些激励会让每个人都过得更好,那么允许这些激励措施就是不正义的吗? 只有发生这样的事情,行星 A 才可能变成行星 B。允许物质上的不平等就要允许上层的财富(或任何看似合理的价值标准)向下层人士渗透滴涓。另外一种流行的设想是:通过让有才能的人保持高于平均水平的份额来激励他们,从而实现一种"水涨船高"的状态。这种修辞典型地来自政治右翼的政客,但是这个观念塑造了罗尔斯著名的"差异原则"(Difference Principle):

> 社会和经济上的不平等将被如此安排,以至于人们可以合理地期待这些安排对每个人都有益处。(1971 年,第 60 页)

平等构成了理论的起点,因此罗尔斯在此意义上是一个平等主义者。但是平等需要服从于一般性利益,这是在不考虑嫉妒或任何其他对比较性利益回应的情况下做出的判断。只要所有人的政治和公民权利都得到保障,而且职位向所有人开放,可以毫无限制地允许水涨船高的物质上不平等,尽管可能需要对开支进行一些限制,从而保证物质上处于弱势的群体能够拥有政治权利的"公平价值"(罗尔斯,1998 年)。

如果说罗尔斯的正义理论一直备受争议,那就太轻描淡写了。对一些人而言,该理论太平等主义了。为什么每个小小的不平等都必须让穷人过得更好:从绝对意义上看,只要他们的境况没有变得更糟,他们有什么权利去抱怨呢?对其他人来说,这不够平等主义,或者说根本就不是真正的平等主义。一些被称为充足主义者(sufficientarians)的人确信,不平等根本就不是问题的关键:关键在于每个人都很富足。另一些人则反对罗尔斯忽略了人们如何利用他们所拥有的东西。这些运气平等主义者(luck egalitarians)认为,消除由人们的坏运气导致的不平等是正义的要求,但他们否认,由人们的糟糕选择导致的不平等在这种意义上有重要影响。有些人走得更远,认为正义要求人们必须承受自己选择的后果。

争议的范围甚至比这个更为广泛,但我将让读者决定如何以及在何处进一步讨论。尽管如此,还有一点必须提一下。对于罗尔斯而言,分配正义是应该如何建立社会"基本结构"(basic structure)的问题,而不是应该如何治理世界的问题。此外,这也不是个人应该如何在他们碰巧居住的基本结构内生活的问题。例如,在一个相当公正的社会中,再分配可能采取累进所得税的形式。当那些坚持正义原则的人附属于制度并遵守适用于他们的法律规则时,他们似乎能够过着自私而贪婪的生活[科恩(Cohen),2008年]。这削弱了正义与我们生活方式的相关性。因此,从罗尔斯的观点来看,布隆迪的穷人与我们相距甚远。国与国之间的正义需要援助从而实现适当的基本制度,但它不需要满足一个繁荣的西方国家内部对分配正义的更严格要求,而且这些幸运国家的公民没有任何个人的正义义务来限制他们的占有欲,节制他们的消费,或者做出牺牲以减少国内的分配不公,更不用说在全球范围内了。

所有这些学说并不排斥慈善。但是,那些确信他们应该缴纳比现在更多税款的人怎么办？他们是否有一种正义性义务（a duty of justice）去区分政府应该得到的和它确实得到的呢（科恩，2000年）？一个人怎么可能没有一种正义性义务去做他在正义上应该被强制去做但却没有做的事情呢？假设这些人确实有一种义务。如果富人被公平地征税，那么那些本应得到更公平待遇的人怎么可能没有一种"完全"的权利从富人那里按比例得到等额的税收呢？这些问题的难度解释了最低限度主义的路径——即使它不能完全证成这个路径，也解释了为什么许多人一开始就不情愿承认第二代人权。

六、人类有什么特别之处吗？

在第二个扩张时期，还出现了另一个扩张的面向。理解道德进步的一种方式是运用"扩张圈"（expanding circle）的比喻。在18世纪，权利主要留给那些拥有财产的白人男性，但也逐步扩展到不分种族、性别和资源的人。几乎没有人会真正地怀疑这种权利范围的扩大是一种道德进步。但是"扩张圈"这个比喻是模糊的，因为它并没有定义这种扩张在人类圈（或者是正常的成年人圈子）的末端是否有一种内在的限制，或者这些扩张是否应该被理解为能够超越整个人类的圈子，比如说包括高等动物或所有动物，甚至是所有生命或陆地生物圈本身？是"圈子的扩张"，还是仅仅是"扩张到圈子的极限"呢？

对人权概念的分析并不能解决这种模糊性问题。人们会认为，人权是所有人（也只有人）拥有的权利，他们拥有这些权利仅仅因为他们的人性，也就是说因为他们是人。尽管这点听起来似乎老生常谈，但其实并非如此，事实上这是有争议的，而且争议可能会一直存在。争议是

第十一章 权利的未来

可能且不可避免的,因为人权这个概念和扩张圈这个比喻一样模棱两可。"人权"这个概念可能意味着"那些属于人类本身的权利",或者也可能是"那些由于具有重要特征和能力而被典型地归于人类的权利"。在第一种意义上,非人类的动物没有人权是完全正确的(人类胎儿和永久昏迷的人也有人权)。但在第二种意义上,人类胎儿或永久昏迷的人也有人权是不完全正确的(非人类的动物一定不拥有权利,这一点也不太正确)。显然,将一项人权归于一个既不是人也不是人类群体的权利持有者,这听起来很奇怪。但是,这种奇怪现象只是一种不合时宜的"物种主义"思维模式的产物吗?我们必须正视这个问题:当我们说"人权"而不是不加限制的术语"权利"时,附加的意义(如果有的话)是什么呢?〔如果一个术语意味着一种不正当的限制,也许应该避免它,这就解释了为什么"男性的权利"(the right of man)这个术语已经不再被听到,因为这个术语隐含着女性不能够成为权利持有者。〕

一种观点认为,谈到人权只是强调某些权利的普遍性和非偶然性,这些权利在人类中是平等分配的,而不是那些取决于某些资格或满足某些条件的权利。因此,一位年轻的勇士坐在部落会议上的权利将不是一种人权,因为部落会议是一个地方性制度,参与会议可能取决于一个人是否满足该会议规定的任何条件。与之形成鲜明对比的是年轻勇士不受部落会议折磨的权利将是一项人权,因为它至少适用于所有人,而且无条件地适用于所有人。质问一只山羊是否有不被部落会议折磨的人权有意义吗?如果只有人类才有人权,那么答案是没有意义的。如果山羊拥有赋予所有人类免于酷刑权的特性,那么答案就是有意义的。

对于"人权"一词的另外一种解释,则是强调人权作为法律权利的地位。有人会质疑说,人权不能被解释为实在的法律权利,因为不存在颁布人权的全球性法律制度。然而,这种质疑可能是以讹传讹。由独立和主权领土国家组成的世界体系[有时候被称为"威斯特伐利亚体系"(Westphalian system),产生于结束三十年战争的《威斯特伐利亚条约》]一直处于不断变化的过程中。诸如欧盟、国际刑事法院和世界货币基金组织这些国际机构已经开始行使一些以前被认为只属于主权国家的特权。即便(有些人坚持认为)《世界人权宣言》不被视为法律本身,它也是一种法律渊源。即使那些对法律是什么持一种狭隘观点的人,在国家、跨国组织和非政府组织中也存在一个明显的趋势,那就是将人权视为法律权利。

尽管存在这种走向普遍的法律承认的趋势,人权仍主要是道德权利,它的存在和效力并不依赖于它们被承认或创立。主张人权只是18世纪所谓的自然权利并且就此打住,这种观点自然是很诱人的。将上述两种观点合二为一会凸显几个世纪以来对人民与他们的政府以及人民彼此之间关系的核心关切的连续性。"人权"一词提请人们注意如下事实:这些重要的道德权利现在几乎普遍地被认为分配给每一个人,而不分种族、肤色、宗教信仰、国籍、财产资格、婚姻状况和性别。而且性取向也将加入禁止歧视的行列。相较之下,"自然"权利一词似乎开启了一种可能性:认为人类之间的某些自然差异是有选择地分配权利的良好理由。不可否认的是,在权利话语的第一个扩张时期,很多其他的先驱思想家都认为,人类之间的自然差异是存在的,而且与权利的分配具有相关性。拒绝将"自然权利"和"人权"两个概念互换,就是在承认这种深刻的差异。

形容词"自然的"和"人类的"标志着一种更深层次的差异,在此范围内它们表明了分配权利的不同依据。人们很容易认为,18世纪"自然权利"一词所提及的"自然"只不过是同样的人类本性,而我们在"人

第十一章 权利的未来

权"一词中用"人"表达了相同意思。但是这个观点忽视了如下事实:在18世纪,人们一般将自然视为一个创造物,它的结构是一种有意安排的升序等级制度,并且顶端是上帝自身。尽管生活在今天的很多人依然持有这种类似的观点,但"自然"一词已不再传达任何这种特性。相反,自然越来越被视为世俗科学的主题,而在自然中发现的任何等级制度都被视为盲目力量无意中产生的结果。在18世纪,人们被"他们的造物主赋予"某些权利这种观点,构成了权利是自然的而不是人为的这种理论的核心。但是,我们当代人的人权观念必须在一个更广阔的世界中蓬勃发展,在这个世界中,我们必须考虑到更多关于"造物主"的解释,而且人们寻求的关于人类本性的答案要依赖科学而不是宗教。

有人认为,人权概念具有"难以消除的宗教性"的观念是正确的,如同迈克尔·佩里(Michael Perry)(1998年,第11页)已经论证的那样,因为一位物理学家对自然的完美描述将不包括任何权利。但它也不会运用任何其他具有道德意义的分类,比如人、伤害、义务或价值。权利并不比任何其他道德观念更好或更糟糕:如果"宗教"被视为一种对我们重要但对自然科学家不重要的东西的剩余类别,那么可以说所有事物都具有"难以消除的宗教性"。另一方面,我们没有理由认为人权概念不能用其他道德观念进行理解。如果这意味着还原性忧虑得以展现,或许我们应该认为,这一直以来是一种杞人忧天的担忧:主张A能够通过B、C和D获得最好的理解,这并不是主张A就是毫无用处的累赘。但是,最令人不安的方式是接受人权具有"难以消除的宗教性"的建议,这意味着必须参考宗教教义来决定什么是人权。

因为18世纪的自然权利预设了一个道德秩序世界和一个具有道德意义的自然等级制度,所以相对容易理解为什么"自然性类别"(natural kinds)(例如种族、性别和物种)可能具有道德意义,甚至可能是自然权利差异性分配的充分依据。至于它们是否具有这样的意义,还存在争议,但是说服的责任似乎更容易落在那些否认任何自然差异具有道德相关性的人身上。如果上帝不想将山羊和绵羊区分开,那么他为什么要费尽心思去创造这两种动物呢?几乎两个世纪的努力和争论必然会抑制种族与性别构成差异性分配权利的良好自然基础。在这个时期,作为自然性类别的种族和性别发生了一种根本性变化。在达尔文(Darwin)之后,自然性类别从被认为是神圣规定的类别,其道德意义存在于最终神秘的神圣目的之中,变成了一种盲目的自然过程的突变和选择的人工产品。(关于种族和性别的存在是作为自然性类别还是纯粹的"社会建构"的持续性争论,代表着这种残余势力依然盘踞在如下观念中:存在一种自然的道德秩序,而且定位一种自然边界在表面上至少界定了一种道德上相关的差异。)1948年《世界人权宣言》以及后续的人权成就可能代表了这样的结论:人类作为一个物种(不仅仅是其中拥有财产的白人男性)在一个道德秩序井然的宇宙中占据着特殊的地位,而种族内的界限在道德上显然不具道德相关性。但是,这将会忽略如下事实:在1789年至1948年间,自然性类别——甚至是物种——反映出一种潜在道德秩序的假设已经失去了对受过教育的头脑的牢固控制。

1948年《世界人权宣言》标志着人们认识到,人类对自然过程的洞察力带来了如此可怕的破坏力,为了自身的生存利益,人类别无选择,只能接受对国家行为、权力的卓越拥有者和滥用者的严格限制。人类国家的代表们意识到,人类在性质上不再享有一种确定的地位,而且事实上人类能够通过自身的愚蠢行为消灭自己。如果人类的代表们发表了一份关于自然权利的世界宣言,那就太具讽刺意味了,因为他们的动机与其说是为了重申一种自然道德秩序,不如说是为了弥补这种道德秩序的缺失。束缚原子的力量显然不足以约束人类。

七、谁的人权?

代表胎儿、儿童、动物、机器人、后代和生态系统作为权利持有者的主张,从人权而不是自然权利的视角呈现出一个不同的样貌。人权将价值定位于人,如果从生物学的角度来看,这似乎增强了代表胎儿、儿童和人类后代的主张,但削弱了代表动物、机器人和生态系统的主张。但是作为人并不需要从生物学的角度来看待。"作为人"(being human)可能指的是一种关于意识、深谋远虑和行动自主的某些实施能力。(利益理论可能会用"有能力拥有利益意味着什么"来表达这个问题。)这种表述"作为人"的方式削弱了代表胎儿、人类后代、动物、未成年人和严重残疾的人的主张。降低实施能力的要求将倾向于提升代表胎儿、未成年人、后代以及(可能)代表机器人和严重残疾的人的主张,但却将动物和生态系统抛在身后。

权利标志着某些利益的特殊重要性,因此我们可以将我们追求的问题归纳为"人类有什么特殊之处?",通过追问人类作为一个物种具有哪些利益,将他们与非人类的权利候选人(例如动物、机器人和生态系统)区别开来。对人类而言,拥有权利的那些不断发展的限定条件可以毫无争议地适用某些权利,比如政治参与权和从事有偿雇佣的权利。儿童不能投票而且被认为不具有签订雇佣合同的资格,尽管如此,儿童仍拥有免于酷刑或成为试验品的权利,严重残疾和永久昏迷的人也是如此。然而,一只山羊拥有免于酷刑的权利吗?通过主张所有人有义务不去折磨山羊但山羊没有不受折磨的权利,我们是否赋予了山羊完全应得的东西呢?(请记住,山羊的感知能力可能超过一个极度迟钝或处于昏迷状态的人类。)通过主张所有人都有义务不去拿严重残疾的人做实验但残疾者并没有不当实验品的权利,我们是否赋予了严重残疾的人完全应得的东西呢?

　　正如我们所看到的,权利话语往往发挥了一种承认功能。有时候,按照某种方式生活的权利只是通过一种方式宣称依那种方式生活并没有什么错。通过表明权利持有者的某些利益具有特殊的重要性,而这种重要性足够强大,以至于能对他人强制施加不干涉的义务,甚至在允许干涉会产生一种对他人更好或更令人满意的结果的情况下亦是如此,在这种情况下,这种权利话语也发挥了一种承认功能。要理解"人权"一词中对作为人的强调,也许最好的方式是:人权承认某些极端特殊和基本的利益,这通常使得人权与权利甚至道德权利区别开来。我们拥有一种期待他人遵守承诺的道德权利。我们之所以拥有这项权利,是因为我们在规划和组织我们生活的能力中拥有一种重要的利益。但是,人们会犹豫是否将其称为一种人权,或者将违背承诺称为侵犯人权本身。这是因为人权话语发挥了承认功能,从而能甄别出特别重要的利益。一旦这种特别重要的利益被非人类的生物所共享,例如不被迫遭受无端痛苦的利益,那么即使将这种权利归于非人类生物,也绝不会减损其承认功能。"甚至山羊也有权不遭受虐待"这个主张可以作为谴责虐待人类的一种有力方式,就像说"虐待违反了人权"一样。

　　只要我们清楚哪些利益处于危险中而哪些义务处于争论中,似乎就没有任何理由不允许讨论任何假定的权利持有者拥有的权利,例如从生态系统到受精卵。在一定程度上,"人权"一词倾向于混淆而不是揭示真正发生的事情,可能它的用处已经被耗尽了,就像"自然权利"一

第十一章 权利的未来

词的用处随着对神授道德秩序的信仰而消失一样。在一定程度上，"人权"一词表明在属于人类物种和享有权利之间存在某种深刻的概念联系，也许它应该被取消了，就像"男人的权利"一词已经让位于中性的对等词一样。

18世纪就像我们生活的今天一样，可能存在着非人类的理性存在。（在法国，乘坐热气球飞行的人偶尔会被误认为是外星人。）那个世纪最伟大的哲学家伊曼努尔·康德，小心谨慎地将他的伦理学仅仅建立在理性基础上，而理性是从那些可能把人类和宇宙中其他理性存在区分开来的品质中抽象出来的。然而，我们的时代还有另外一种理由不将伦理学局限于人类的圈子里。这是因为我们对生物学中基本分子的运行过程的理解，以及我们操纵、改变和增强它们的能力，都正在变得如此强大，以至于存在一种生物学上给定的人类本性的观念正在受到质疑。技术进步的速度进一步增强了我们的能力，以至于我们再也不能说我们的后代在多大程度上与我们相似。这些都是令人不安的事实。一种回应认为，要坚持控制那些可能改变我们所认为的人性的技术应用：产生权利的人类利益足够重要，以至于要求我们需要确保我们的基本人性不会转变成其他东西。另外一种回应是放任主义：我们没有权利（有的人可能会主张有权利）坚持让后代共享我们的本性，而且活着的人选择的优生或控制技术不一定侵犯任何个人的权利。因此，不要管发生什么事情（或谁会发生什么事情）。权利概念不太可能决定这个问题。事实上，这个问题似乎不是简单地使用什么道德推理工具就能够解决的。

第十二章　结语

我已经论证过,道德权利最好被理解为受保护的选择。这种保护可以不受他人或国家的干涉,但也可以不受自然状况、坏运气或权利持有者自己错误决定的剥夺。道德权利提供的保护有程度之分。我引入了身份性和比例性规范去解释为什么一个人拥有做错事的权利。我认为,没有人有权利做错事而不受惩罚,问题在于:单单凭借权利持有者做出了道德上的错误选择这个事实,什么样的惩罚是被许可的呢? 尽管答案可能很简单,就是某些东西。经由授权的执行者实施某些社会制裁。它可能像死刑那样可怕,也可能像蔑视、嘲笑和排斥一样轻微(真的轻微吗?)。但是,道德错误也有自身的影响力,正如拥有一项道德权利也有自身的影响力一样。

那些认为权利与责任完全不成比例的人,正以一种模糊的方式试图引起人们对这个事实的注意。拥有一项权利(根据受保护选择模式的理解)并不蕴含着拥有一种做一个人有权去做之事的道德许可,也不蕴含着其他人有义务不对一个人行使自己的权利施加制裁(不足以构成干涉)。但是,拥有权利本身蕴含着权利持有者不承担任何义务。权利持有者通常会有义务,但这些义务在逻辑上并不是由他拥有的权利派生出来的。虽然他的很多义务由其他人可能拥有的对等权利衍生而来,但孤立地看,权利概念在逻辑上并不蕴含着更多的义务。此外,正如我们已经看到的,拥有做某事的权利本身从来不是做这件事的理由。事实上,可能存

第十二章 结语

在反对这样做的好理由,甚至是决定性的理由。权利概念固然重要,但并不是故事的全部。权利会告诉我们一些恰当的生活方式,也会告诉我们很多不恰当的生活方式。但权利并不会告诉我们,怎么样才能最好地或最幸福地生活。在苏格拉底追求的意义上,权利不能完全回答我们将如何生活或我们应该如何生活这个问题。这个事实可能有助于解释,为什么古人似乎只留下了模糊迹象表明他们和我们一样关心权利。

正如我们逐步了解的那样,道德权利的目的既可用于限制反应,也可用于承认。权利不是通过授予许可而是通过保护个人在做出某些选择的利益来发挥一种承认功能:权利通过限制他人对这些选择的反应来实现这个功能。正如我们所看到的,道德权利可能包括也可能不包括放弃和实施作为权利核心的相关义务的权力。选择理论的观念有力地证明了,成熟法律体系中的法律权利包含着这种权力。但是在道德权利领域,存在一些保护某些利益的相关性义务,这些利益对我们关于体面的共同观念至关重要,因此我们不能放弃对这些利益的保护。这就是不可剥夺权利的领域。但并非所有的道德权利都是不可剥夺的。有些权利是不可剥夺的,特别是那些基于具有特殊重要性而被承认为人权的权利。有些道德权利既可以丧失也可以被剥夺,但是有些道德权利则既不可以丧失也不可以被剥夺。

如果这就是道德权利的全部,那么它们是否代表了某种概念上的突破,或者它们是否能使人类发展早期阶段不可能实现的实质性道德进步得以实现呢?答案是否定的。但是,权利既不代表道德思想的堕落,也不代表着恶意的自私在其中找到庇护所和行动的基础。正如我们所看到的,权利本身并不能将我们与道德的要求相隔离。即使存在这样的隔离,也不能从纯粹的权利概念中推导出来。在权利概念中也不存在任何支持下列实质性道德主张的必要基础:消极权利在某些方面优先于积极权利。那也许是对的,但需要确立实质性的道德论证。权利能够限制的反应之一就是对他人需求漠不关心的反应。

权利观念的历程很复杂。我提供的两个扩张时期的图景充其量只是粗略的和近似的。如何理解权利在世界历史舞台上的(具有争议性的)姗姗来迟及潮起潮落呢?权利并不是道德相对主义命题的一个确定性实例,但它们也不预示着道德思维的哥白尼式革命。随着时间的推移,不连续性总是具有两面性:一方面,它展现出不一致,而另一方面,它代表着进步。一方面,它向我们展示了不可调和的多样性,但另一方面,它展示了接近真实的进步。科学领域的哥白尼革命表明我们如何才能发现我们旧思维方式中存在的巨大错误,然而,我们仍然可以确信,我们并没有被完全欺骗,也没有被判定永远用一种幻想去交换另一种幻想。这个发现并不是突然出现的,而是随着更多有价值的发现的展开而出现的。

162　　权利革命尚未通过类似的方式证明自己。权利通常就像道德观念一样,但与科学观念有所不同,在预测事件方面具有很微小的价值。错误的事和正确的事都有可能发生,而且也许错事发生的可能性更大(这是一个可悲的事实)。今天处于奴隶状态的人比世界历史上的任何时候都多,今天美国监狱里的黑人比 1850 年美国南方的奴隶还多。科学观念在"传达一些善",因为它们使我们能够预测和控制经验将向我们展示的东西。道德观念必须表明它们有能力通过其他一些方式而不是通过实证的方式"传达一些善"。然而,道德观念能够在一种较为宽松意义的经验中体现出来,密尔所说的"生活实验"并不完全是一种比喻。即使我们不能总是对什么是更好的方式达成一致,我们也知道存在更好和更糟糕的生活方式。在某种程度上,权利使人们有可能在生活中进行实验,而不仅仅是在他人身上进行实验,这些权利是值得珍惜的。

书目注释

这些注释只涵盖了有关这个主题大量的和不断增多的文献中的一部分。我标示出对这本书写作影响最大的阅读材料，以及好奇的读者接下来可能会查阅的其他资料。

第一章 权利的史前时代

尽管麦金泰尔（1981年）和多佛（1974年）发现，古希腊并不愿意接受我们的权利观念，但弗莱德·米勒（Fred D. Miller）（1995年）主张一个截然相反的结果。约瑟夫·拉兹（Joseph Raz）（2004年）解释道，拥有一种实践的概念（如尊重权利）并不是从事这种实践的必要条件。小威特（Witte, Jr.）（2007年）论证了罗马人对主观权利的牢牢掌控。我对中世纪争论的讨论在很大程度上得益于塔克（Tuck）（1979年）的论述。施尼温德（Schneewind）（1998年）和斯金纳（Skinner）（1978年）也非常有帮助，而对于"旧时美国南部的黑奴制度"的讨论，戴维斯（Davis）（1966年）的研究必不可少。李光耀与阿玛蒂亚·森之间的差异被森进行了陈述。格伦顿（Glendon）（1991年）告诫当代人不要沉溺于权利，而威尔曼（Wellman）（1998年）和其他人则警告说，宽松的权利话语有日益扩张的趋势。"禀赋效应"已经经由塞勒（Thaler）（1990年）通过实验加以证实。

第二章 人的权利：启蒙运动

康德、霍布斯和洛克的著作广为流传,而佩利和普芬道夫的情况就不那么乐观了,而且格老秀斯的书很难买到,直到 2005 年由理查德·塔克(Richard Tuck)编辑的自由基金版出版时,人们才买得起。巴特勒主教的《关于美德性质的演讲》("A Dissertation on the Nature of Virtue")被收录到他的著作《五次布道》(Five Sermons)(1950 年)。义务的制裁理论是彼得·哈克(Peter Hacker)(1973 年)的一篇优秀文章的主题。罗西特(Rossiter)(1999 年)再版了《美国独立宣言》(The American Declaration of Independence),而沃尔德伦(Waldron)(1987 年)再版了《法国人权和公民权利宣言》(French Declaration of the Rights of Man and of the Citizen)。沙玛(Schama)(1990 年)的著作是一本关于法国大革命的较新、易读且略带轻蔑的书。

第三章 "有害的胡言乱语"？

马克·菲利普(Mark Philp)(1986 年)对戈德温通常被归类为行为功利主义的观点提出异议。戈德温的《政治正义论》(Enquiry Concerning Political Justice)目前已经绝版,但柏克的《反思法国大革命》(Reflections)有多种版本可供阅读。沃尔德伦这本精彩但已绝版的书(1987 年)提供了来自边沁(1843 年)、柏克和马克思的摘录,连同那些机敏的评论和优秀的书目文章。

第四章　迈入 19 世纪：巩固与紧缩

瑞恩(Ryan)(1974年)和汉布格尔(Hamburger)(1999年)提供了截然不同的密尔形象,但限于篇幅,我们不可能探究围绕这个关键人物的诠释所引发的诸多争议,尤其是围绕《论自由》(*On Liberty*)和《功利主义》(*Utilitarianism*)之间关系引发的争议。1850 年《逃亡奴隶法案》(Fugitive Slave Act)的合法性问题构成列文森(Levinson)(2007年)研究的主题。关于美国宪法,布莱斯特(Brest)、列文森等人撰写了一本很好的案例书(2006年)。就像罗西特(1999年)做的那样,该书包括了宪法和权利法案的文本。莱西(Lacey)和哈孔森(Haakonssen)(1991年)收集了关于美国权利法案哲学基础有价值的文章,而怀特(White)(1978年)特地强调了让-雅克·伯拉马克(Jean-Jacques Burlamaqui)的影响,但我未能在这本导论书中讨论他。在贝林(Bailyn)(1992年)、布鲁罗森(Blumrosen)和布鲁罗森(2005年)的书中,人们发现,在那些鼓动美国独立战争的人的心目中,对于奴隶制所处位置的解释存在着鲜明的对比。希金博瑟姆(Higginbotham)(1978年)有一份关于"萨摩赛特案"及其对殖民地影响的报告。

第五章　权利的概念衔接

霍菲尔德的评注者通常要比霍菲尔德更容易被人理解,特别好的是阿瑟·科尔宾(Arthur Corbin)对霍菲尔德(1964年)的介绍、费因伯格(Feinberg)(1973年)的介绍,以及汤姆森(Thomson)(1990年)更为详尽的描述。哈特(1982年)详尽地表明,边沁已经预见了霍菲尔德的诸多元素和关系。马丁(Maitin)和尼克尔(Nickel)(1980年),莱昂斯(Lyons)(1970年),雷恩博尔特(Rainbolt)(1993年),克莱默(Kramer)、西蒙斯(Simmonds)和斯坦纳(Steiner)(1998年)对霍菲尔德的分析做了进一步的解释和应用。

第六章 《世界人权宣言》和对功利主义的反抗

《世界人权宣言》全文收录于布朗利(Brownlie)的人权文件汇编(1992年)。尼克尔(1987年)探讨了人权新重点背后的哲学议题。斯玛特(Smart)和威廉姆斯(Williams)(1973年)以及森和威廉姆斯(1982年)在作品集中收录了功利主义者及其对手之间的争议。对权利解释做出贡献的三个主要人物是新契约主义者罗尔斯(1971年,1993年)和斯坎隆(Scanlon)(1982年,1998年)以及传统契约主义者高索尔(Gauthier)(1986年)。海萨尼(Harsanyi)(1977年)和斯坎隆(1982年)的重要论文可以在森和威廉姆斯主编的论文集(1977年)中找到,文集中还有一些其他(有时候具有技术性)论文。哈特的《是否存在自然权利》("Are There Any Naturel Rights")(1955年)被收录于多个文集中,包括沃尔德伦的权利理论丛书(1984年)。

第七章　权利的性质：""选择""理论和""利益""理论

威尔曼（Wellman）（1955年）和斯坦纳（Steiner）（1994年）对选择理论进行了有力辩护，并提出颇具雄心的应用。20世纪70年代初，约瑟夫·拉兹引入了"排他性理由"概念，并阐述了一个具有影响力的利益理论版本（1986年）。克莱默（2001年）和麦考密克（MacCormick）（1977年）提出了法律权利的利益理论。克莱默、西蒙斯和斯坦纳（1998年）之间的交流是对选择理论/利益理论之间争议的最新和最彻底的讨论。韦纳（Wenar）（2005年）和斯林瓦森（Sreenivasan）（2005年）为混合式选择理论/利益理论进行辩护。其他关于权利主题的引人注意的系统性论述包括菲尼斯（Finnis）（1980年）、英格拉姆（Ingram）（1994年）、雅各布斯（Jacobs）（1993年）、马丁（1993年）、雷恩博尔特（1993年）、萨姆纳（Sumner）（1989年）和斯佩克特（Spector）（1992年）。

第八章　一种做错事的权利？
——论道德权利的两种观念

杰里米·沃尔德伦的文章《一种做错事的权利？》(" A Right to Do Wrong")（1981年）和他的其他论文（1993年）合集出版。克莱默对权利（克莱默、西蒙斯和斯坦纳，1998年）的技术性争论的贡献和沃尔德伦与新戈德温主义者雪莉·卡甘（沃尔德伦，1994年）之间的部分争论也都具有相关性。桑德尔(Sandel)(1989年)检测了对某些道德争议进行"分类"的权利思想。

第九章 结果主义的压力

本章中提出的观点借鉴了结果主义中新戈德温主义者的主要观点:辛格(Singer)(1972年)、卡甘(Kagan)(1989年)和昂格尔(1996年)。罗纳德·德沃金(1981)将权利定义为超越追求目标的"王牌",而诺奇克(1974年)则首次使用"边际约束"这个术语。菲利普·富特在1967年提出电车难题的论文已经和她的其他论文(1978年)合集出版。弗朗西斯·康姆(Frances Kamm)(1992—1994年)对结果主义提出了持续的、以案例为中心的批评。施密茨(Schmidtz)(1991年)提出,加勒特·哈丁(Garrett Hardin)有影响力的论文《公地悲剧》("The Tragedy of the Commons")(1968年)中的主题和约束的一般性需求之间存在着联系。

第十章 什么是干涉?

利普斯坦(Ripstein)(2009年)为一种康德式干涉理论进行了辩护。哈特(1995年)区分了一般权利和特殊权利,而沃尔德伦(1988年,第4章)细致探讨了财产权理论背景下的差异。伯林(Berlin)(1969年)强调了积极自由与消极自由之间的区别,该观点受到了奥本海姆(Oppenheim)(1961年)、麦克拉姆(MacCallum)(1972年)、苏(Shue)(1996

年)和其他人的批评。莫斯(Mauss)(1990年)描述了特罗布里恩岛居民、特林吉特人和夸扣特尔人的风俗习惯。沃尔德伦(1994年)和卡甘(1994年)对义务与制裁之间的关系提出了截然相反的观点。在其他方面,我更详细地讨论了身份和比例规范(埃德蒙森,1998年)。

第十一章 权利的未来

马丁·戈尔丁(Martin Golding)(1984年)论证了福利权的首要性,而移民权利则构成施瓦茨(Schwartz)(1995年)论文集的主题。比较莫拉维克(Moravec)(1990年)、库兹韦尔(Kurzweil)(1999年)、卡斯(Kass)(2002年)、福山(Fukuyama)(2002年)、约翰·保罗二世(John Paul II)(1995年),我们会发现对人类未来的不同看法。罗纳德·德沃金警告说,生物技术的发展可能将我们扔进"道德自由落体的状态"(2000年,第448页)。比较辛格(1975年)和里根(Regan)(1983年)的观点,我们会发现两位倡导动物利益的哲学先驱在权利中心地位上产生了分歧。克莱默(2001年)从利益理论的角度为动物作为合法权利持有人的潜在性进行了辩护。苏(1996年)、贝茨(Beitz)(1999年)和布坎南(Buchanan)(2003年)主张将分配正义作为一项人权,而罗尔斯(2001年)和伊格纳季耶夫(Ignatieff)(2001年)提出了一种关于国际人权的对比鲜明和最低限度主义的路径。在道德权利是否只能建立在宗教基础上这个问题,伊格纳季耶夫和佩里(1998年)之间存有分歧。雷蒙德·戈伊斯(Raymond Geuss)(2001年)认为,权利是一种本质上保守但最终毫无意义的概念,而德里克·帕菲特(Derek Parfit)(1984年)则希望世俗道德理论能够调和结果主义与我们日益权利本位化的道德思想。

参考文献

Austin, John. [1832] 1995. *The Province of Jurisprudence Determined.* Ed. Wilfred E. Rumble. Cambridge: Cambridge University Press.

Bailyn, Bernard. 1992. *The Ideological Origins of the American Revolution.* Enlarged ed. Cambridge, Mass: Belknap Press.

Beitz, Charles R. 1999. *Political Theory and International Relations.* Rev. ed. Princeton: Princeton University Press.

Bentham, Jeremy. 1843. *Anarchical Fallacies.* In Vol. II, *The Works of Jeremy Bentham.* Ed. John Bowring. Edinburgh: William Tait.

⎯⎯⎯. 1970. *Of Laws in General.* Ed. H. L. A. Hart. London: Athlone Press.

⎯⎯⎯. [1789] 1996. *An Introduction to the Principles of Morals and Legislation.* Eds. J. H. Burns and H. L. A. Hart. Oxford: Clarendon Press.

Berlin, Isaiah. 1969. *Four Essays on Liberty.* Oxford: Oxford University Press.

Berlusconi, Robert and Anika Maaza Mann. 2005. The contradictions of racism: Locke, slavery, and the *Two Treatises.* In Andrew Valls, ed. *Race and Racism in Modern Philosophy.* Ithaca, NY: Cornell University Press.

Blumrosen, Alfred W. and Ruth G. Blumrosen. 2005. *Slave Nation: How Slavery United the Colonies and Sparked the American Revolution.* Napersville, Ill.: Sourcebooks.

Bradley, Patricia. 1998. *Slavery, Propaganda, and the American Revolution.* Jackson, Miss.: University Press of Mississippi.

Brest, Paul, Sanford Levinson, Jack M. Balkin, Akil Reed Amar, and Reva B. Siegel, eds. 2006. *Processes of Constitutional Decisionmaking: Cases and Materials.* 5th ed. Gaithersburg, MD: Aspen.

Brownlie, Ian, ed. 1992. *Basic Documents of Human Rights.* 3d. ed. Oxford: Clarendon Press.

Buchanan, Allen. 2003. *Justice, Legitimacy, and Self-Determination: Moral Foundations for International Law*. Oxford: Oxford University Press.

Burke, Edmund. [1790] 1971. *Reflections on the Revolution in France*. London: Dent.

Butler, Joseph. [1736] 1950. *Five Sermons*. New York: Liberal Arts Press.

Clarke, Samuel. 1705. *A Discourse Concerning the Unchangeable Obligations of Natural Religion*. Excerpted in D. D Raphael, ed. 1991. *British Moralists 1650 - 1800*. Vol. 1. Indianapolis: Hackett.

Cohen, G. A. 2008. *Rescuing Justice and Equality*. Cambridge, MA: Harvard University Press.

——— 2000. Political Philosophy and Personal Behavior. In *If You're an Egalitarian How Come You're So Rich?* Cambridge, MA: Harvard University Press.

Constant, Benjamin. 1820. The Liberty of the Ancients Compared with that of the Moderns. In Benjamin Constant, *Political Writings*. Trans. Bianmaria Fontana. Cambridge: Cambridge University Press (1988).

Cover, Robert M. 1975. *Justice Accused: Antislavery and the Judicial Process*. New Haven: Yale University Press.

Davis, David Brion. 1975. *The Problem of Slavery in the Age of Revolution: 1770 - 1823*. Ithaca, NY: Cornell University Press.

——— 1966. *The Problem of Slavery in Western Culture*. New York: Oxford University Press.

Dewey, John. 1927. *The Public and Its Problems*. Denver: Swallow.

Douglass, Frederick. 2000. *Selected Speeches and Writings*. Philip S. Foner and Yuval Taylor, eds. Chicago: Chicago Review Press.

Dover, Kenneth. 1974. *Greek Popular Morality in the Time of Plato and Aristotle*. Berkeley: University of California Press.

Dworkin, Ronald. 1981. Is There a Right to Pornography? *Oxford Journal of Legal Studies* 1: 177-212 (adapted and collected in Waldron 1984).

——— 2000. *Sovereign Virtue*. Cambridge, MA: Harvard University Press.

Edmundson, William A. 1998. *Three Anarchical Fallacies*. Cambridge: Cambridge

University Press.
Feinberg, Joel. 1973. *Social Philosophy*. Englewood Cliffs, NJ: Prentice Hall.
Finnis, John. 1980. *Natural Law and Natural Rights*. Oxford: Oxford University Press.
Foot, Phillipa. 1978. The Problem of Abortion and the Doctrine of Double Effect. In Phillipa Foot, *Virtues and Vices*. Oxford: Basil Blackwell.
Fukuyama, Francis. 2002. *Our Posthuman Future: Consequences of the Biotechnology Revolution*. New York: Farrar, Straus & Giroux.
Gauthier, David. 1986. *Morals by Agreement*. New York: Oxford University Press.
Geuss, Raymond. 2001. *History and Illusion in Politics*. Cambridge: Cambridge University Press.
Glendon, Mary Ann. 1991. *Rights Talk: The Impoverishment of Political Discourse*. New York: Free Press.
Godwin, William. [1793] 1976. *Enquiry Concerning Political Justice*. Ed. Isaac Kranmick. Harmondsworth, U. K. : Penguin.
Golding, Martin. 1984. The Primacy of Welfare Rights. *Social Philosophy & Policy* 1: 119-36.
Grotius, Hugo. [1646] 1925. *De Jure Belli Ac Pacis Libri Tres*. Vol. 2. Trans. Francis W. Kelsey. Oxford: Clarendon Press. (Vol. 2: English translation. Vol. 1: Latin original).
Hacker, P. M. S. 1973. Sanction Theories of Duty. In Oxford Essays in *Jurisprudence* (*Second Series*). Ed. A. W. B. Simpson. 131-70. Oxford: Clarendon Press.
Hamburger, Joseph. 1999. *John Stuart Mill on Liberty and Control*. Princeton, NJ: Princeton University Press.
Hardin, Russell. 1968. The Tragedy of the Commons. *Science* 162:1243-48.
Harsanyi, John. 1977. Morality and the Theory of Rational Behaviour. Reprinted in Sen and William 1982.
Hart, H. L. A. 1955. Are There any Natural Rights? *Philosophical Review* 44:175-91.
———. 1982. *Essays on Bentham: Studies in Jurisprudence and Political Theory*. Oxford: Clarendon Press.

Hazlitt, William. [1825] 1964. *The Spirit of the Age*. London: Everyman.

Higginbotham, Jr., A. Leon. 1978. *In the Matter of Color*. New York: Oxford University Press.

Hobbes, Thomas. [1651] 1996. *Leviathan*. Ed. Richard Tuck. Cambridge: Cambridge University Press.

Hohfeld, Wesley Newcomb. [1919] 1964. *Fundamental Legal Conceptions as Applied in Judicial Reasoning*. Ed. Walter Wheeler Cook. Westport, CT: Greenwood Press.

Hume, David. [1789] 1967. *A Treatise of Human Nature*. Ed. L. A. Selby-Bigge. Oxford: Clarendon Press.

Ignatieff, Michael. 1999. Human Rights: The Midlife Crisis. *The New York Review of Books*. May 20, 1999.

⎯⎯ 2001. *Human Rights as Politics and Idolatry*. Princeton: Princeton University Press.

Ingram, Attracta. 1994. *A Political Theory of Rights*. Oxford: Clarendon Press.

Jacobs, Lesley A. 1993. *Rights and Deprivation*. Oxford: Clarendon Press.

John Paul II, Pope. 1995. *Crossing the Threshold of Hope*. New York: Knopf.

Kagan, Shelly. 1989. *The Limits of Morality*. Oxford: Clarendon Press.

⎯⎯ 1994. Defending Options. *Ethics* 104: 333-51.

Kamm, Frances M. 1992-94. *Morality, Mortality*. 2 vols. Oxford: Oxford University Press.

Kant, Immanuel. [1785] 2002. *Groundwork for the Metaphysics of Morals*. [Grundlegung zur Metaphysik der Sitten]. Trans. Allen W. Wood. New Haven: Yale University Press. Citations in the text are to *Immanuel Kants Schriften. Ausgabe der Königlichenpreussichen Akademie der Wissenschaften* [AK]. 1902 -. Berlin: de Gruyter. The translations are my own.

Kass, Leon R. 2002. *Life, Liberty, and the Defense of Dignity*. New York: Encounter.

Kramer, Matthew H., N. E. Simmonds, and Hillel Steiner. 1998. *A Debate Over Rights*. Oxford: Clarendon Press.

Kramer, Matthew H., ed. 2001. *Rights, Wrongs and Responsibilities*. Basingstoke,

Hampshire, U. K. : Palgrave Macmillan.
Kuehn, Manfred. 2001. *Kant: A Biography*. Cambridge: Cambridge University Press.
Kurzweil, Ray. 1999. *The Age of Spiritual Machines*. New York: Penguin.
Lacey, Michael J. and Knud Haakonssen, eds. 1991. *A Culture of Rights*. Washington, DC: Woodrow Wilson Center and Cambridge University Press.
Levinson, Sanford. 2007. Hercules, Abraham Lincoln, the United States Constitution, and the Problem of Slavery. In Arthur Ripstein, ed. *Ronald Dworkin*. New York: Cambridge University Press.
Locke, John. [1690] 1952. *The Second Treatise of Government*. Ed. Thomas P. Peardon. Indianapolis: Bobbs-Merrill.
Lyons, David. 1970. The Correlativity of Rights and Duties. *Nôus* 4: 45–57.
MacCallum, Gerald. , Jr. 1972. Negative and Positive Freedom. In Peter Laslett W. , G. Runciman, and Quentin Skinner, eds. *Philosophy, Politics, and Society: Fourth Series*, pp. 174–93. Oxford: Basil Blackwell.
MacCormick, D. N. 1977. Rights in Legislation. In P. M. S. Hacker and J. Raz, eds. *Law, Morality, and Society: Essays in Honor of H. L. A. Hart*. Oxford: Clarendon Press.
MacIntyre, Alasdair. 1981. *After Virtue*. Notre Dame, IN: Notre Dame University Press.
Martin, Rex. 1993. *A System of Rights*. Oxford: Clarendon Press.
Martin, Rex, and James W. Nickel. 1980. Recent Work on the Concept of Rights. *American Philosophical Quarterly* 17:165–180.
Mauss, Marcel. 1990. *The Gift: The Form and Reason for Exchange in Archaic Societies*. Trans. W. D. Hall. New York: W. W. Norton.
Marx, Karl. 1844. On the Jewish Question. Excerpted in Waldron 1987.
Mill, John Stuart. [1838] 1962. Essay on Bentham. In Mary Warnock, ed. *John Stuart Mill: Utilitarianism*. Glasgow: William Collins.
[1859] 1956. *On Liberty*. Ed. Currin V. Shields. New York: Liberal Arts.
[1861] 1957. *Utilitarianism*. Ed. Oskar Piest. Indianapolis: Bobbs-Merrill.
Miller, Fred D. , Jr. 1995. *Nature, Justice, and Rights in Aristotle's Politics*. Oxford: Clarendon Press.

Moravec, Hans. 1990. *Mind Children: The Future of Robot and Human Intelligence*. New York: Oxford University Press.

Nickel, James W. 1987. *Making Sense of Human Rights: Philosophical Reflections on the Universal Declaration of Human Rights*. Berkeley: University of California Press.

Nozick, Robert. 1974. *Anarchy, State and Utopia*. New York: Basic Books.

Oppenheim, Felix. 1961. *Dimensions of Freedom*. New York: St. Martin's Press.

Paine, Thomas. [1791] 1994. *The Rights of Man*. New York: Random House.

Paley, William. [1786] 1811. *The Principles of Moral and Political Philosophy*. Vol 1. London: J. Faulder et al.

Parfit, Derek. 1984. *Reasons and Persons*. Oxford: Clarendon Press.

Perry, Michael J. 1998. *The Idea of Human Rights: Four Inquiries*. New York: Oxford University Press.

Philp, Mark. 1986. *Godwin's Political Justice*. Ithaca: Cornell University Press.

Pufendorf, Samuel. [1673] 1991. *On the Duty of Man and Citizen*. [*De Officio Hominis et Civis*]. Ed. James Tully; Trans. Michael Silverthorne. Cambridge: Cambridge University Press.

[1672] 1934. *De Jure Naturae et Gentium*. Trans. C. H. Oldfather and W. A. Oldfather. Oxford: Clarendon Press.

Rainbolt, George. 1993. Rights as Normative Constraints on Others. *Philosophy and Phenomenological Research* 53: 93-112.

Rawls, John. 1971. *A Theory of Justice*. Cambridge, MA: Harvard University Press.

1993. *Political Liberalism*. New York: Columbia University Press.

2001. *The Law of Peoples*. Cambridge, MA: Harvard University Press.

Raz, Joseph. 1986. *The Morality of Freedom*. Oxford: Oxford University Press.

1999. *Practical Reason and Norms*. 2d. ed. Oxford: Oxford University Press.

2004. Can there be a theory of law? In Martin P. Golding and William A. Edmundson, eds. *The Blackwell Guide to Legal Theory and the Philosophy of Law*. Oxford: Blackwell.

Regan, Tom. 1983. *The Case for Animal Rights*. Berkeley: University of California Press.

Ripstein, Arthur. 2009. *Force and Freedom: Kant's Legal and Political Philosophy*. Cambridge, MA: Harvard University Press.
Rossiter, Clinton, ed. [1788] 1999. *The Federalist Papers*. New York: Mentor.
Ryan, Alan. 1974. *J. S. Mill*. London: Routledge & Kegan Paul.
Sandel, Michael. 1989. Moral Argument and Liberal Toleration: Abortion and Homosexuality. *California Law Review* 77: 521.
Scanlon, T. M. 1982. Contractualism and Utilitarianism. In Sen and Williams 1982.
———. 1998. *What We Owe to Each Other*. Cambridge, MA: Harvard University Press.
Schama, Simon. 1990. *Citizens*. New York: Random House.
Schmidtz, David. 1991. *The Limits of Government: An Essay on the Public Goods Argument*. Boulder, CO: Westview Press.
Schneewind, J. B. 1998. *The Invention of Autonomy: A History of Modern Moral Philosophy*. Cambridge: Cambridge University Press.
Schwartz, Warren F., ed. 1995. *Justice in Immigration*. Cambridge: Cambridge University Press.
Sen, Amartya. 1999. *Development as Freedom*. New York: Knopf.
Sen, Amartya and Bernard Williams, eds. 1982. *Utilitarianism and Beyond*. Cambridge: Cambridge University Press and Editions de la Maison des Sciences de l'Homme.
Shue, Henry. 1996. *Basic Rights: Subsistence, Affluence, and U. S. Foreign Policy*. 2d ed. Princeton: Princeton University Press.
Sidgwick, Henry. [1874] 1981. *The Methods of Ethics*. Indianapolis: Hackett.
Singer, Peter. 1972. Famine, Affluence and Morality. *Philosophy and Public Affairs* 1: 229–43.
———. 1975. *Animal Liberation*. New York: Random House.
Skinner, Quentin. 1978. *The Foundations of Modern Political Thought*. 2 vols. Cambridge: Cambridge University Press.
Smart, J. J. C. and Bernard Williams. 1973. *Utilitarianism: For and Against*. Cambridge: Cambridge University Press.
Spector, Horatio. 1992. *Autonomy and Rights: The Moral Foundations of Liberalism*. Oxford: Clarendon Press.

Spooner, Lysander. [1845] 2010. *The Unconstitutionality of Slavery.* New York: Barnes and Noble.

Sreenivasan, Gopal. 2005. A hybrid theory of claim-rights. *Oxford Journal of Legal Studies.* 25: 257-74.

Steiner, Hillel. 1994. *An Essay on Rights.* Oxford: Basil Blackwell.

Sumner, L. W. 1989. *The Moral Foundation of Rights.* Oxford: Clarendon Press.

Taylor, Thomas. 1792. *A Vindication of the Rights of Beasts.* London: Edward Jeffrey.

Thaler, Richard H., Daniel Kahneman, and Jack L. Knetsch. 1990. Experimental Tests of the Endowment Effect and the Coase Theorem. *Journal of Political Economy.* December. 1325-48.

Thomson, Judith Jarvis. 1990. *The Realm of Rights.* Cambridge, MA: Harvard University Press.

Tuck, Richard. 1979. *Natural Rights Theories: Their Origin and Development.* Cambridge: Cambridge University Press.

Unger, Peter. 1996. *Living High and Letting Die: Our Illusion of Innocence.* New York: Oxford University Press.

Unger, Roberto. 1987. *False Necessity: Anti-Necessitarian Social Theory in the Service of Radical Democracy.* Cambridge: Cambridge University Press.

Waldron, Jeremy. 1981. A Right to Do Wrong. *Ethics* 92: 21-39.

——— 1987. *Nonsense Upon Stilts: Bentham, Burke, and Marx on the Rights of Man.* London: Methuen.

——— 1988. *The Right to Private Property.* Oxford: Clarendon Press.

——— 1993. *Liberal Rights: Collected Papers 1981-91.* Cambridge: Cambridge University Press.

——— 1994. Kagan on Requirements; Mill on Sanctions. *Ethics* 104: 310-24.

——— ed. 1984. *Theories of Rights.* New York: Oxford University Press.

Wellman, Carl. 1995. *Real Rights.* Oxford: Oxford University Press.

——— 1998. *The Proliferation of Rights: Moral Progress or Empty Rhetoric?* Boulder, CO: Westview Press (with bibliographical essay).

Wenar, Leif. 2005. The nature of rights. *Philosophy & Public Affairs* 33: 223-53.

Witte, John, Jr. 2007. *The Reformation of Rights.* Cambridge: Cambridge University

Press.

White, Morton. 1978. *The Philosophy of the American Revolution*. New York: Oxford University Press.

Wollstonecraft, Mary. [1790, 1792] 1995. *A Vindication of the Rights of Men with a Vindication of the Rights of Woman and Hints*, Sylvana Tomaselli, ed. Cambridge: Cambridge University Press.

索 引

(页码为原著页码,即本书页边码)

act consequentialism 行为结果主义

    and recognitional function of moral rights, 和道德权利的承认功能, 126

    see also consequentialism 亦见结果主义

act utilitarianism 行为功利主义

    inconsistency with "active" rights, 与"主动性"权利相冲突, 60—61

    of Godwin, 戈德温的, 40—41

active right 主动性权利

    defined, 定义, 41

    Godwin's critique of, 戈德温的批评, 41—42

    see also permission; right to do wrong; right to "do as one lists" 亦见许可;做错事的权利;"做自己想做之事"的权利

alienability 可转让性

    in Grotius, 格老秀斯, 16

    in Hobbes, 霍布斯, 19—20

    in Paley, 佩利, 32

    of dominion over one's body, in apologetics of slavery, 对自己身体的支配,为奴隶制辩护, 13—14

American Revolution 美国独立战争

    as experimental test of the value of rights, 作为权利价值的实验性测试, 36

    French support for, 法国的支持, 33

    see also expansionary period, first; Declaration of Independence, 亦见第一个扩张时期;《独立宣言》

Amistad, The, 阿米斯塔德号, 64, 66

animal rights 动物权利
  adumbrated by Bentham, 边沁预见的, 50
  significance of, 的重要意义, 153—154, 166
Anscombe, Elizabeth, 伊丽莎白·安斯康姆, 88
Aquinas, Thomas, 托马斯·阿奎那, 7
Aristotle 亚里士多德
  as apologist for slavery, 作为奴隶制的辩护者, 30
  expounded to rebut relativism, 为反驳相对主义进行阐述, 10
Ashoka, Emperor, 皇帝阿育王, 9
assistance, right to 获得帮助的权利
  as "positive" right, 作为"积极"权利, 79—80
  contractualist reconstruction of, 契约主义的重构, 90
  in Bentham, 边沁, 48
  in Godwin, "passive" right to, 戈德温所言的"被动性权利", 43—44
  in Grotius, 格老秀斯, 17—18
  in Paley, 佩利, 32—33
  in Pufendorf, 普芬道夫, 21
  right to immigrate not classifiable as, 移民权不被归类为, 149
  see also beneficence, principle of; positive rights, 亦见慈善原则;积极权利
Augustine, Saint, 圣奥古斯丁, 16
Austin, John 约翰·奥斯丁
  and choice theory, 和选择理论, 53
  and command theory of law, 和法律的命令理论, 52
  and legal positivism, 和法律实证主义, 52
  and moral rights, 和道德权利, 53
  and natural rights, 和自然权利, 53
  and "right divine", 和"神圣权利", 53
  and rule utilitarianism, 和规则功利主义, 54—55
  utilitarianism of, 的功利主义, 53—55
autonomy 自主(性)
  and allowing costs, 和允许的成本, 148

and choice theory of moral rights, 和道德权利的选择理论, 102—104, 106
and primacy of rights against interference, 和免于干涉的权利的首要性, 165—167
and protected-choice conception of moral rights, 和道德权利的受保护选择观念, 165—167

Bacon, Francis, 弗朗西斯·培根, 13
"barren" legal rights "无力的"法律权利
    in Bentham, 边沁, 49
    in Hohfeld, 霍菲尔德, 75—76
basic structure, 基本结构, 153
beneficence, principle of 慈善原则
    defined, 定义, 32
    Grotius's natural "law of love", 格老秀斯的自然的"爱的法则", 17—18, 31—33, 61
    in Bentham, 边沁, 48
    in Burke, 柏克, 37
beneficence, principle of (*cont.*) 慈善原则
    in Butler, 巴特勒, 32, 56
    in Godwin, 戈德温, 60—61
    in Mill, 密尔, 56, 60—61
    in Paley, 佩利, 30—31
    limited contractualist principle, 限制契约主义原则的, 90
benefit theory, *see* interest theory 获益理论, 参见利益理论
Bentham, Jeremy 杰里米·边沁
    and analysis of legal rights, 和对法律权利的分析, 48—49
    analytical methodology of, 的分析方法论, 44—45
    and animals, 和动物, 50
    anticipation of Hohfeld by, 对霍菲尔德的预见, 71—72
    and "barren" rights, 和"无力的"权利, 49
    and equality and property, 和平等与财产, 47—48
    and interest theory of legal rights, 和法律权利的利益理论, 49

and natural rights in objective sense, 和客观维度中的自然权利, 46—47

and negative critique of natural rights, 和对自然权利的消极性批评, 44—45

and right of liberty, 和自由权, 47

and right to assistance, 和获得帮助的权利, 48

and sanction theory of duty, 和义务的制裁理论, 49

and social contract, 和社会契约, 47

on pleasures, 关于快乐, 49—50, 59

bilateral permissions, see permissions 双向的许可, 参见许可

Bill of Rights《权利法案》

as amendment to Constitution, 作为宪法修正案, 62

anti-Federalist insistence upon, 反联邦主义者坚决反对, 62

and ninth amendment, 和第九修正案, 62

and successful charter of American government, 和美国政府的成功宪章, 36

Board of Regents v. Roth, 大学董事会诉罗斯案, 67

Boston Tea Party, 波士顿茶党, 27

Bowers v. Hardwick, 鲍尔斯诉哈德威克案, 70

"bracketing", see protected-choice conception "分类", 参见受保护选择观念

Brandeis, Justice, 布兰代斯大法官, 68, 131

Buch v. Amory Manufacturing, 布迟诉埃莫瑞制造业案, 100

Burgesses, Virginia House of, 弗吉尼亚议会, 27

Burke, Edmund 爱德蒙·柏克

as harbinger of communitarian critique, 作为社群主义批判的先驱, 39

and beneficence principle, 和慈善原则, 37

and conventional nature of rights, 和权利的习俗性质, 37—39

and critique of natural rights, 和对自然权利的批评, 36—37

and Hume's critique of social contract theory, 和休谟对社会契约论的批判, 37

and "real rights", 和"真正的权利", 37

and right of self-preservation, 和自卫权, 38

and rights discerned by utility, 和根据效用区分的权利, 39

moral relativist reading of, 的道德相对主义解读, 39

rule utilitarianism of, 的规则功利主义, 39

Burlamaqui, Jean-Jacques, 让-雅克·伯拉马克, 164
Butler, Bishop 巴特勒主教
　　and direct application of beneficence principle, 和慈善原则的直接适用, 32
　　and Mill, 和密尔, 56

charity, see beneficence, principle of 慈善, 参见慈善原则
choice theory 选择理论
　　contrast to interest theory, 相较于利益理论, 106
　　of legal rights, 法律权利的, 98—102
　　of moral rights, 道德权利的, 102—107
　　origin of, in Austin, 奥斯丁(选择理论)的渊源, 53
Cicero, 西塞罗, 7
circumstances of morality, see contractualism, Hobbesian 道德情境, 参见霍布斯式的契约主义
Clarke, Samuel, 塞缪尔·克拉克, 92
Cohen, G. A., 科恩, 153
Cold War, 冷战, 87, 140—141
Committees of Correspondence, 通信委员会, 27
communism, original, 原始共产主义, 7
communitarianism 社群主义
　　anticipation by Marx and Dewey, 马克思和杜威所预见的, 66
　　Burke and, 柏克和, 39
　　compliance problem, see contractualism, Hobbesian 服从问题, 参见霍布斯式的契约主义
　　defined, 定义, 143
　　support for national right of self-determination, 支持民族自决权, 142—143
conceptual analysis 概念分析
　　as curb against expansionary tendency, 作为对扩张趋势的控制, 70
　　Bentham's method of, 的边沁方法, 44—45
consent theory of political obligation 政治义务的同意理论
　　disparaged by Bentham, 被边沁所蔑视, 46—47

in Burke, 柏克, 37

in Declaration of Independence,《独立宣言》, 25—26

in Grotius, 格老秀斯, 15, 17

in Hobbes, 霍布斯, 18—19

in Kant, 康德, 29—30

in Locke, 洛克, 22—23, 24—25

in Mill, right to liberty retained, 密尔, 保留的自由权, 56—57

consent theory of property, in Pufendorf, 财产权的同意理论, 普芬道夫, 21

consequentialism 结果主义

    defined, 定义, 88

    difficulties attending, 伴随性的困难, 88—89, 94—95, 127—128

    implications for protected-permission conception, 受保护许可观念的含义, 121—127

    neo-Godwinian landmarks of, 新戈德温主义的标志, 165

    utilitarianism contrasted, 相较于功利主义的, 88

Constant, Benjamin 本杰明·贡斯当

    and Godwin, 和戈德温, 62

    and rights of moderns and of ancients, 和现代人的权利与古代人的权利, 61—62

Constitution of the United States, 美国宪法, 27—28, 62—70

constraints, see moral constraints 限制, 参见道德限制

constructed nature of rights 权利的建构性质

    and Burke's conventionalist account, 和柏克的习俗主义思想, 37—38

    and cultural and historical variability, 和文化与历史变迁, 3—5

    linguistic and cultural evidence insufficient to establish, 语言和文化上的证据不足以确立, 4—6

    and natural kinds, 和自然性类别, 156—157

Continental Congress, 大陆会议, 27

Contractarianism, 古典契约主义, 93, 94

contractualism 契约主义

    ambitions of, 的雄心, 89—90

    anti-aggregative concern of, 的反聚合性忧虑, 88—89

characterized, 特点, 88
Hobbesian 霍布斯主义者
　　circumstances of morality, 道德情境, 90—91
　　compliance problem facing, 面对的服从问题, 91, 93
　　consistency with utilitarianism, see Harsanyi, John 与功利主义的一致性, 参见约翰·海萨尼
　　difficulties involving fairness, 涉及公平的难题, 92—95
　　failure as general account of moral rights, 作为道德权利一般性思想的失败, 93—95
　　and rational choice theory, 和理性选择理论, 89—91
　　and veil of ignorance, 和无知之幕, 92—93
Kantian 康德式
　　charge of circularity, 循环论证的指责, 94
　　reasonable and concern for the good, contrasted, 相较而言,合理的善和对善的关心, 93—94
　　reasonable and rational, contrasted, 相较而言,合理的与理性的, 93—94
　　and principle of beneficence, 和慈善原则, 90
conventions 习俗
　　in American constitutional jurisprudence, 美国宪法法理学, 70
　　in Burke, 柏克, 37—38
　　and rights, 和权利, 11
　　corrective justice, 矫正正义, 149—150

Darwin, Charles, 查尔斯·达尔文, 156
Decalogue, 摩西十诫, 8, 61
Declaration of Independence《独立宣言》
　　determined inapplicable to Africans, 对非洲人坚决不适用, 65—66
　　marked beginning of first expansionary period, 标志着第一个扩张时期的开始, 10
　　natural rights in, 自然权利在, 25—26
　　right of revolution in, 革命权在, 25—26

Declaration of the Rights of Man and of the Citizen《人权和公民权利宣言》
　　application of, 的适用, 35
　　authorship of, 的作者身份, 34
　　provisions of, 的条款, 34—35
"democratic peace" hypothesis, "民主和平"假设, 142
destabilization rights, 破坏稳定的权利, 143
Dewey, John, 约翰·杜威, 66
d'Herbois, Collot, 克拉德·荷波斯, 35
Difference Principle, 差异原则, 152
direct utilitarianism, see act utilitarianism 直接功利主义, 参见行为功利主义
disability, legal 法律上的无能力
　　and Anti-Sedition Act, 和《反煽动法案》, 74
　　in Hohfeld, 霍菲尔德, 73—75
distance, moral relevance of, 距离的道德相关性, 124—125
distributive justice, see justice, distributive 分配正义, 参见分配正义
Dominicans, defense of the naturalness of property, 多明我修道会的成员, 为财产的自然属性辩护, 7
dominion 支配
　　alienability of, apologetics for slavery, 可转让性, 为奴隶制辩护, 13—14
　　as property right, 作为财产权, 6—7
　　human analogous to divine, according to Paul XXII, 根据保罗二十二世, 人类类似于神, 7①
　　in one's own body, 对自己身体的, 13
　　mere use and possession contrasted, 相较而言, 仅仅使用和拥有, 6—7
Douglass, Frederick, 弗雷德里克·道格拉斯, 64—65
Dover, Kenneth, 肯尼斯·多佛, 4—5
Dred Scott v. Sandford, 德里达·斯科特诉桑福德案, 65—66, 70
"due process" clause; see also rights, fundamental "正当程序"条款; 亦见基本权利

---

① 根据正文表述, 此处系作者笔误, "Paul XXII"应为"John XXII", 即"约翰二十二世", 特此说明。——译者注

duties, positive 积极性义务
    as imperfect, in Paley, 作为不完全的, 佩利, 33
    "positive duties are voluntary" thesis "积极义务均属自愿"命题
        is contrary to general right to assistance, 和一般性获得帮助的权利相冲突, 132—133
        is contrary to status-based duties, 和身份本位的义务相冲突, 132—133
        stated, 阐述, 132

duty of beneficence 慈善义务
    see beneficence, principle of 参见慈善原则

duty of noninterference 不干涉义务
    see interference 参见干涉

duty, legal 法律义务
    in Bentham, 边沁, 48—49
    in Hohfeld, 霍菲尔德, 72—75, 76
    see also legal rights, choice theory of 亦见法律权利的选择理论

Dworkin, Ronald, 罗纳德·德沃金, 117, 165, 166

"easy rescue" "简易救援"
    contractualism and, 契约主义和, 90
    duty to perform, 实行(简易救援)的义务, 79—80
    in Trolley Problem, 电车难题, 119
    recognitional function of right to, 权利的承认功能, 114—115
    right to receive, 获得(简易救援)的权利, 122—125
    see also assistance, right to; rights, positive 亦见获得帮助的权利; 积极权利

egalitarianism, 平均主义, 151—153
    luck egalitarianism, 运气平均主义, 152—153
emotivism, 情感主义, 87
endowment effect, 禀赋效应, 11, 163
Enlightenment, 启蒙运动, 13
envy, 嫉妒, 151—152
equality 平等

consequentialist view of, 的结果主义观点, 89, 95

economic, debated as a matter of rights, 作为一种权利的经济上的争议, 11

equality (*cont.*) 平等

    in Bentham, 边沁, 47, 48

    in Pufendorf, 普芬道夫, 21—22

    see also Declaration of Independence; Declaration of the Rights of Man and of the Citizen 亦见《独立宣言》;《人权和公民权利宣言》

expansionary periods of rights rhetoric, 权利修辞的扩张时期

    see first expansionary period; second expansionary period 参见第一个扩张时期;第二个扩张时期

expansionary period, first 第一个扩张时期

    consolidation following, 随后的巩固, 66—67

    defined, 定义, 10

    differences from second period, 和第二个时期之间的差异, 11—12

    ended with Reign of Terror, 伴随着恐怖统治而结束, 10, 51

    ending of, characterized generally, 的结束,呈现的一般性特征, 10

    natural moral order assumed in, 假定的自然道德秩序, 11, 156—157

    residual difficulties following, 随后残余的难题, 70

    see also American Revolution, French Revolution 亦见美国独立战争、法国大革命

expansionary period, second 第二个扩张时期

    current, and end not known, 当前的,和不知道何时会结束的, 11

    current similarities to end of first expansionary period, 和第一个扩张时期之间的相似点, 10—11

    defined, 定义, 10—11

    differences from first expansionary period, 和第一个扩张时期之间的差异, 11—12

    expansion slowed by Cold War, 被冷战延缓的扩张, 140—141

    inaugurated by Universal Declaration,《世界人权宣言》开启序幕, 87

    natural moral order doubted in, 遭受质疑的自然道德秩序, 11, 156—157

    post-Soviet developments in, 后苏联时代的发展, 140—141

    prominence of second-generation rights in, 第二代人权日益凸显, 141

    role of NGOs in, 非政府组织的角色, 140, 142

seeds of, 的种子, 67
expansionary worry 扩张忧虑
    contemporary expressions of, 的当代表达, 163
    and duty against interference, 和反对干涉的义务, 131—132
    and positive duties, 和积极性义务, 131—132
    see also minimalism 亦见最低限度主义

fair treatment, right to, 公平对待的权利, 93—95
fair value of political liberties, 政治自由的公平价值, 150, 152
Feinberg, Joel, 乔·范伯格, 81, 164
Fénelon, Archbishop, 费内隆大主教, 40, 128—129
Filmer, Robert, 罗伯特·费尔默, 22—23
fourteenth amendment, *see* "due process" clause 第十四修正案, 参见"正当程序"条款
Francis of Assisi, Saint, 圣方济各, 6—7
Franciscans, denial of the naturalness of property, 方济各修道会成员否认财产的自然性, 6—8
French Revolution 法国大革命
    as experimental test of the value of rights, 作为权利价值的实验性测试, 36
    background of, 的背景, 33—34
    reactions to, 对(法国大革命)的反应, 36
    and rights of ancients, 和古代人的权利, 61—62
    see also Declaration of the Rights of Man and of the Citizen 亦见《人权和公民权利宣言》

Garrison, William Lloyd, 威廉·罗伊·加里森, 63—65
Gerson, Jean, 让·格森, 4
Glorious Revolution, 光荣革命, 22, 24
Godwin, William 威廉·戈德温
    and active and passive rights, 和主动性权利与被动性权利, 41—43
    as act utilitarian, 和行为功利主义, 40—41, 164

and Burke compared, 和柏克相比较, 39—40

and correlativity of duty and right to assistance, 和获得帮助的权利与义务的相关性, 43

and critique of active rights, 和对主动性权利的批判, 41

and denial of self-ownership, 和对自身所有权的否认, 40

and interference, 和干涉, 121

and moral constraints, 和道德限制, 121

and moral options, 和道德选择, 121

and passive right to assistance, 和获得帮助的被动性权利, 41—43

and passive right to forbearance, 和获得宽容的被动性权利, 41

and philosophical anarchism, 和哲学无政府主义, 44

and property, 和财产, 43—44

and "right to do wrong", 和"做错事的权利", 41

and right to revolution, 和革命的权利, 44

and "sphere of discretion", 和"自主空间", 42—43, 56

unacknowledged influence of, 不被承认的影响, 44

governments 政府

for Grotius, formed by compact, 格老秀斯, 通过契约构建的, 15

for Hobbes, formed by rights transfers, 霍布斯, 通过权利转让构建的, 19

for Locke, bounded by consent, 洛克, 被同意限定的, 23—24

for Pufendorf, 普芬道夫, 21—22

Greece, ancient 古希腊

recognition of rights among, disputed, 古希腊人中权利的承认, 备受争议的, 3—5, 10, 163

rights of, contrasted to those of moderns, (古希腊人)的权利, 相较于现代人, 61

Griswold v. Connecticut, 格里斯沃尔德诉康涅狄格案, 69

Grotius, Hugo 胡果·格老秀斯

and alienability of rights enabling slavery and government alike, 和权利的可转让性能够使得奴隶制和政府具有相似性, 16

and denial of ideal government, 和对理想的政府的否认, 16—17

and epistemology of rights, 和权利的认识论, 15—16

imperfect and perfect rights in, 不完全权利和完全权利, 17—18, 21
and international law, 和国际法, 14
and justice as respect for rights, 和作为尊重权利的正义, 15
natural "law of love" in, 自然的"爱的法则", 17—18, 31, 32, 61
and origin of governments in compact, 和契约政府的起源, 15, 16
and rights extend to natural liberty and property, 和延伸到自然自由和财产的权利, 15
and secular natural law, 和世俗性的自然法, 14—15
and sociability, 和社会性, 14
superior authority of the state in, 至高无上的国家权威, 18
value pluralism of, 的价值多元主义, 16—17

Hamilton, Alexander, 亚历山大·汉密尔顿, 62
Hare, R. M., 黑尔, 88
"harm" principle "伤害"原则
 see Mill, John Stuart 参见约翰·斯图尔特·密尔
Harsanyi, John, 约翰·海萨尼, 91—92, 165
Hart, H. L. A. 哈特
 and Bentham's anticipation of Hohfeld, 和边沁对霍菲尔德的预见, 164
 and descriptive theory of law, 和法律的描述性理论, 87—88
 on natural right to fair treatment, 关于公平对待的自然权利, 93, 165
Hazlitt, William, 威廉·黑兹利特, 40
Hobbes, Thomas 托马斯·霍布斯
 and alienability of rights, 和权利的可转让性, 19
 and Grotius, 和格老秀斯, 18—19
 Hohfeldian rendering of, 霍菲尔德式解读, 93
 on civil rights, 关于公民权利, 20
 and retained rights, 和保留的权利, 19—20
 and sovereign injustice, 和主权者的不正义, 19—20
 state of nature a state of war, for, 一种战争状态的自然状态, 19
 and transition to civil society, 和公民社会的转变, 19

Hohfeld, Wesley Newcomb 韦斯利·纽科姆·霍菲尔德
  bundling of elements, 元素束, 76, 82, 108, 109
  expositors of, 的评注者, 164
  jural correlatives, 法律相关关系, 73
  jural opposites, 法律相对关系, 74—75
  relational nature of legal advantages, 法律利益的相关性质, 77
Hume, David, 大卫·休谟, 30, 37

Ignatieff, Michael, 迈克尔·伊格纳季耶夫, 87, 146, 166
immigration, right to 移民权
  absence from Universal Declaration, 《世界人权宣言》中没有, 86, 147
  grounds for recognizing, 承认的依据, 148—149
immunity, legal 法律豁免
  and Anti-Sedition Act, 和《反煽动法案》, 74
  in Hohfeld, 霍菲尔德, 73—75
imperialism worry 帝国主义忧虑
  described, 描述, 6
imperium, in contrast to dominion, misplaced where rights have conceptual footing, 相较于所有的统治权, 权利在概念根基上的错误, 9
  regarding Eastern cultures, 关于东方文化, 9
  relation to relativism worry, 涉及相对主义忧虑, 131
incommensurability 不可通约性
  see reasons, incommensurability of 参见理由的不可通约性
indirect utilitarianism 间接功利主义
  see rule utilitarianism 参见规则功利主义
individual judgment, right of 个人判断的权利
  see sphere of discretion 参见自主空间
individualism 个人主义
  not assumed by Hohfeld, 未被霍菲尔德假定的, 81—82
  of rights, 权利的, 66
inflationary worry, 通胀忧虑, 131—132

infringement 侵害
　　defined, 定义, 119—120
　　relation to defeasibility threshold, 和可废止性阈值的关系, 119—120
　　and sanction, contrasted, 和相较而言的制裁, 136—137
interests, aggregation of 聚合性利益
　　rights as guard against, 防范的权利, 118
　　see also thresholds; contractualism 亦参见阈值；契约主义
interference 干涉
　　and allowing costs, compared, 和相较而言的允许的成本, 147—148
　　duty against, correlative to right, in Pufendorf, 免于（干涉）的义务, 和权利具有相关性, 普芬道夫, 21
　　duty against, not attended by expansionary worry, 免于（干涉）的义务, 没有伴随扩张忧虑, 131
　　duty against, primacy not guaranteed by Hohfeld, 免于（干涉）的义务, 霍菲尔德不保证具有首要性, 131
　　duty that state of affairs obtain, compared, 相较而言, 通常状态下的义务, 77
　　failure to render assistance distinguished, 区别于未能提供帮助的义务, 132—133
　　Godwin's conception of, 戈德温的观念, 42, 121
　　and imposing costs, compared, 和相较而言的施加的成本, 135—137
　　moral and legal, contrasted, 相较而言, 道德和法律的, 78—80
　　as moral concept defined in terms of standing and proportionality norms, 依据身份和比例规范定义的道德概念, 138
　　nature of, 的性质, 78—80
　　primacy over, by appeal to general/special rights distinction, 首要性, 诉诸一般/特殊权利的区分, 132, 134
　　protected-choice conception must explain, 受保护选择观念必须解释, 111—112
　　right against, 免于干涉的权利, 66—67
　　right to be let alone, compared, 相较而言, 独处的权利, 68
　　with wrongs-without-a-right, 没有权利的不法行为, 137
interest theory 利益理论
　　in Bentham, of legal rights, 边沁, 法律权利的, 49

complex relation to choice theory, 和选择理论的复杂关系,52—53

conceptual implications of, 的概念性意涵,97—98

expansive tendency, regarding moral rights, 扩张性趋势,关于道德权利,106

fecundity of, regarding legal rights, 多产性,关于道德权利,98,106

and reductive worry, 和还原性忧虑,53,55

intuition 直觉

and differing orders of utility, 和不同的功利秩序,59

in fundamental rights jurisprudence, 基本权利法理学,70

in Grotius, 格老秀斯,15—16

Kant's rejection of, 康德对(直觉)的拒绝,28

rejected by Bentham, 被边沁拒绝,46

rejected by Paley, 被佩利拒绝,30

Jay, John, 约翰·杰伊,62

Jefferson, Thomas 托马斯·杰斐逊

author of Declaration of Independence, 《独立宣言》的作者,25,27

complexity of, 的复杂性,65—66

influence on the Declaration of the Rights of Man and of the Citizen, 对《人权和公民权利宣言》的影响,34

John XXII, Pope, and declaration of the naturalness of property, 教皇约翰二十二世,和对财产自然性的宣言,7

justice 正义

as respect for rights, in Grotius, 作为尊重权利的,格老秀斯,15

as respect for rights, in Mill, 作为尊重权利的,密尔,58

distributive, explosiveness in international context, 分配(正义),在国际社会语境中的爆炸性,147

distributive, increasingly debated as a matter of rights, 分配(正义),作为权利事务日益具有争议性,11

sovereign incapable of, for Hobbes, 主权者无能力,霍布斯,20

Justinian, Code of, 《查士丁尼法典》,10

Kant, Immanuel 伊曼努尔·康德
    anticipation of United Nations, 对联合国的期望, 28
    categorical imperative in, 定言令式, 29
    ethical focus on rational beings, 对理性存在的伦理关注, 29, 159
    formation of civil society in, 公民社会的建构, 29
    on property rights, 关于财产权, 29
    reason as basis of morality in, 作为道德基础的理性, 28—29
    rejection of intuition, 对直觉的拒绝, 28
    rejection of utilitarianism, 对功利主义的拒绝, 28
    rejects right of revolution, 对革命权的拒绝, 29—30

Lafayette, Marquis de 拉法耶特侯爵
    escape from the guillotine, 逃脱了断头台, 35
        see also Declaration of the Rights of Man and of the Citizen 亦见《人权和公民权利宣言》

"law of love" "爱的法则"
    see beneficence, principle of 参见慈善原则

Lawrence v. Texas, 劳伦斯诉得克萨斯州案, 70

Lee Kuan Yew, charge of human rights imperialism by, 李光耀, 对人权帝国主义的指控, 9, 163

legal positivism, and Austin's "command" theory, 法律实证主义和奥斯丁的"命令"理论, 52

leveling-down objection, 拉平式异议, 151—152

liability, legal, in Hohfeld, 霍菲尔德所说的法律上的责任, 73, 74

liberty, right to (or of) 去……的自由或……的自由
    in Bentham, 边沁, 47
    in Godwin, 戈德温, 42
    in Mill, 密尔, 56—57, 60
    in Sidgwick, 西奇威克, 66—67
    in U.S. constitutional jurisprudence, 美国宪法法理学, 67—68, 69
    see also natural liberty 亦见天赋自由

Lochner v. New York, 洛克纳诉纽约州案, 67—68, 69, 86

Locke, John 约翰·洛克

    and consensual origin of government, 和政府的同意来源, 23

    and East India Company, 和东印度公司, 22

    and Hobbes, 和霍布斯, 23

    and "natural executive right" to punish, 和惩罚的"自然执行权", 23

    and retained rights, 和保留的权利, 23

    and right of revolution, 和革命权, 25

    theory of property 财产理论

        as basis for excluding immigrants, 作为排除移民的基础, 149

        as example of special duty created by beneficiary's act, 作为慈善行为所产生的特殊义务的例子, 133—134

        as original appropriation by admixture of labor, 作为混合了劳动的原初占用, 23, 43, 133

        doubts about, 怀疑, 134

logical positivism, 逻辑实证主义, 87

Lord Mansfield, 曼尼斯菲尔德勋爵 26

"love, law of" "爱的法则"

    see Grotius 参见格老秀斯

    see also beneficence, principle of 亦见慈善原则

MacIntyre, Alasdair, on the modernity of rights, 阿拉斯戴尔·麦金泰尔, 论权利的现代性, 4, 5, 163

Maine, Henry Sumner, 亨利·萨姆纳·梅因, 4

majority rights, 多数人权利, 82

Marx, Karl, 卡尔·马克思, 66, 164

Marxism, 马克思主义, 87—88

Mazzolini, Silvestro, 西尔弗斯特罗·马佐里尼, 14, 24

metaethics, 元伦理学, 87

    see also expansionary period, first, natural moral order assumed in; expansionary period, second, natural moral order doubted in; minimalism, metaethical concerns of 亦见第一个扩张时期,被假定的自然道德秩序;第二个扩张时期,被怀疑的自然道德秩序;最低限度主义的元伦理学关注

Mill, John Stuart 约翰·斯图尔特·密尔
 and "active" rights, 和"主动性"权利, 60—61
 and defeasibility of rights, 和权利的可废止性, 59
 derives right to liberty from utilitarian principle, 从功利主义的原则中获得自由权, 57
 disparate interpretations of, 迥然不同的解释, 164
 and "harm" principle, 和"伤害"原则, 56
 and higher and lower utilities, 和高阶与低阶的功利, 59
 and majority tyranny, 和多数人暴政, 55—56
 and right to liberty, 和自由权, 56—57, 60
 unacknowledged debt to Godwin, 不承认欠戈德温的恩惠, 56

minimalism 最低限度主义
 ambiguity of, 的模糊性, 153—154
 characterized, 特征, 144
 metaethical concerns of, 的元伦理学关注, 144—145
 pragmatic concerns of, 的实用主义关注, 145
 and right of national self-determination, 和民族自决权, 147
 and right to decent economic minimum, 和维持最低限度的经济水准的适当生活权, 145
 and "supraminimalism" toward right to exclude immigrants, 和面对排除移民权的"超最低限度主义", 148—149
 see also expansionary worry 亦见扩张忧虑

Molina, Luis de, 路易斯·德莫林纳, 14

Moore, G. E., 摩尔, 88

moral constraints 道德限制
 defined, 定义, 121
 moral options contrasted, 与道德选择的比较, 125—126
 and neo-Godwin assault on moral options, 和对道德选择的新戈德温式攻击, 125—126

rule-consequentialist support for, 规则结果主义者支持, 126—127

moral options 道德选择

 centrality of, to protected-permission conception of rights, 面对权利的受保护许可观念的核心, 109, 125—126

 defended by invoking agent-relative reasons, 通过援引主体相关性理由进行辩护, 128—129

 defended by invoking exclusionary reasons, 通过援引排他性理由进行辩护, 129—130

 defined, 定义, 109

 and Godwin, 和戈德温, 121

 lack of rule-consequentialist support for, 缺乏规则结果主义的支持, 127

 and moral constraints contrasted, 和相较而言的道德限制, 125—126

 need to be located in wider account of morality, 需要更广泛地考虑道德问题, 129—130

 and undermining by neo-Godwinians, 和被新戈德温主义者侵蚀, 121—126

moral progress 道德进步

 ambiguity of "expanding circle" metaphor, "扩张圈"比喻的模糊性, 154

 not matched by metaethical progress, 和元伦理的进步并不匹配, 144—145

 and rights, 和权利, 3—4

 and subjective rights, 和主观权利, 14

moral sense 道德意识

 see intuition 参见直觉

moral skepticism 道德怀疑主义

 and the law of nations, 和国际法, 14

 and reaction-constraining function of rights, 和权利的限制反应功能, 113—114

 and second expansionary period, 和第二个扩张时期, 11

 see also metaethics 亦见元伦理学

Morally Relevant Differences, Principle of application to "easy rescue" duty, 道德相关性差异,"简易救援"义务的适用原则, 122—125

 stated, 阐述, 122

narcissism worry, 自恋性忧虑, 3
natural law 自然法
   in Grotius, 格老秀斯, 14—15
   and isomorphism of moral and legal rights, 和道德权利与法律权利的同构性, 105
   in Locke, 洛克, 23
   see also natural liberty, natural rights 亦见天赋自由、自然权利
natural liberty 天赋自由
   in Grotius, 格老秀斯, 15
   in Kant, 康德, 29
   in Locke, 洛克, 23
   in Pufendorf, 普芬道夫, 22
natural rights 自然权利
   as human rights, 作为人权, 34, 66, 155—156
   as modern invention, 作为现代发明, 4—5
   in Austin, as divinely ordained moral rights, 奥斯丁, 作为神圣规定的道德权利, 53
   Bentham's critique of, 边沁的批判, 45—48
   Burke's critique of, 柏克的批判, 36—39
   and conflict, in Hobbes's state of nature, 和霍布斯的自然状态中的冲突, 19, 20
   in Declaration of Independence, 《独立宣言》, 25—26
   foundational position in American constitutional history, 美国宪法历史中的基本立场, 64
   Godwin's critique of, 戈德温的批判, 40, 41—42
   in Grotius, 格老秀斯, 14—15
   in Locke, 洛克, 22—25
   Marx's critique of, 马克思的批判, 66
   and natural differences, 和自然差异, 155
   not controlling, in *Dred Scott v. Sandford*, 未能在德里达·斯科特诉桑福德案中发挥支配作用, 65—66
negative duties 消极义务
   see negative rights 参见消极权利

Nietzsche, Friedrich, 弗里德里希·尼采, 61, 92

ninth amendment 第九修正案

  see Bill of Rights 参见《权利法案》

noninterference 不干涉

  see interference 参见干涉

"no-right", "无权利", 73—75

  moral, 道德上的, 81—82

"no threshold" view "无阈值"观点

  see thresholds 阈值

Nozick, Robert, 罗伯特·诺奇克, 150, 165

options 选择

  see permissions 参见许可

Paine, Thomas, 托马斯·潘恩, 39—40, 41, 97

Paley, William 威廉·佩利

  and alienability of rights, 和权利的可转让性, 32

  and correlativity of rights and duties, 和权利与义务的相关性, 31

  and God's beneficence and utilitarian principle, 和上帝的慈善原则与功利主义原则, 30—31

  and imperfect right to assistance, 和获得帮助的不完全权利, 32—33

  and negative rights as perfect, 和作为完全权利的消极权利, 33

  on pleasures and happiness, 关于快乐和幸福, 31, 60—61

  and positive rights as imperfect, 和作为不完全权利的积极权利, 32—33

  principle of beneficence in, 慈善原则在, 30—33

  and property, 和财产, 33

  rejection of intuition by, 拒绝接受直觉, 30

  rule utilitarianism of, 的规则功利主义, 32

  and sanction theory of duty, 和义务的制裁理论, 31

  and slavery as contrary to duty rather than right, 和违反了义务而不是权利的奴隶制, 32

utilitarianism of, 的功利主义, 30—31

permissions 许可
 as "active" rights, in Godwin, 作为"主动性"权利, 戈德温, 41, 96
 as Hohfeldian privileges, 霍菲尔德式的特权, 73
 do not entail claim rights, 不蕴含主张权, 75
 in rem, 对物权, 75
 moral, not entailed by moral "no-rights", 道德上的(许可), 道德性"无权利"不蕴含(许可), 81
 not entailed by claim rights, 主张权不蕴含(许可), 75
 options as bilateral, 双向选择, 96
 rights as, 权利作为, xi

Perry, Michael, 迈克尔·佩里, 156, 166

180

philosophical anarchism, 哲学无政府主义, 44

Plato, 柏拉图, 16

pluralism, of values 价值多元主义
 in Grotius, 格老秀斯, 16—17
 see also reasons, incommensurability of 亦见理由的不可通约性

positive rights 积极权利
 see rights, positive 参见积极权利

"positive duties are voluntary" thesis, "积极义务均属自愿"命题, 132

powers, legal 法律权力
 in Bentham, 边沁, 49—50
 in Hohfeld, 霍菲尔德, 71—74
 and trust relationship, 和信托关系, 71—72, 74

privacy, right to 隐私权
 see also fundamental rights 亦见基本权利

privilege 特权
 see permissions 参见许可

prohibitions, rights as, 作为禁令的权利, xi

proportionality norms 比例性规范
 see standing and proportionality norms 参见身份性和比例性规范

protected-choice conception of moral rights 道德权利的受保护选择观念
  allows right to do wrong, 允许做错事的权利, 110—112
  as best rendering of moral rights, 作为道德权利的最佳描述, 160
  and "bracketing" substantive moral issues, 和"分类"的实质性道德议题, 165
  defined, 定义, 110
  and explaining the force of wrongness, 和解释不法行为的强力, 111
  implicate standing and proportionality norms, 意指身份性和比例性规范, 138—139
  independence of moral options, 道德选择的独立性, 125—126
  must offer account of interference, 必须提供对干涉的解释, 111
  narrows range of permissible sanctions, 允许制裁的狭窄范围, 137
  protected-permission conception contrasted, 相较而言的受保护许可观念, 110, 112—113
  serves reaction-constraining function, 服务于限制反应功能, 113—114
protected-permission conception of moral rights 道德权利的受保护许可观念
  defined, 定义, 108—109
  dependence on moral options, 道德选择的依赖性, 125—126
  illustrated, 分析, 109, 110—111
  incompatible with "right to do wrong", 与"做错事的权利"不兼容, 109
  protected-choice conception contrasted, 相较而言的受保护选择观念, 110, 112—113
  serves recognitional function, 服务于承认功能, 113—114
Pufendorf, Samuel 塞缪尔·普芬道夫
  as architect of European welfare state, 作为欧洲福利国家的设计师, 22
  on correlativity of rights and duties, 论权利和义务的相关性, 21
  on government, 论政府, 22
  on perfect and imperfect rights, 论完全权利和不完全权利, 21
  property rights founded upon consent, 基于同意的财产权, 21
  on rights as moral, not ordinary natural, powers, 论权利作为道德性而不是日常自然性的权力, 20—21
  on sociability and equality, 论社会性和平等性, 21—22
punish, right to, 惩罚权, 23

Rawls, John, 约翰·罗尔斯, 150, 152—153
    contractualism and, 契约主义和, 88, 94, 165
    and method of avoidance, 和回避方法, 144
    and minimalist approach to international human rights, 和国际人权的最低限度主义路径, 144—145
Raz, Joseph, 约瑟夫·拉兹, 163, 165
reaction-constraining function of rights 权利的限制反应功能
    defined, 定义, 113
    made salient if moral options denied, 如果拒绝道德选择则会显得很突兀, 125—126
    moral scepticism and, 道德怀疑主义和, 113—114
    and standing and proportionality norms, 和身份性规范与比例性规范, 139
reasons 理由
    agent-neutral 主体中立性
        defined, 定义, 128
        favored by consequentialism, 获得契约主义支持, 128
    agent-relative 主体相关性
        defined, 定义, 128
        foundational for contractualism, 契约主义的基础, 128
        ignored by consequentialism, 被契约主义忽略, 128
        importance for commonsense morality, 常识性道德的重要性, 128
        in defense of moral options, 为道德选择辩护, 128—129
    exclusionary 排他性
        defined, 定义, 129
        illuminate agent-relative reasons, 阐述主体相关性理由, 129
        in defense of moral options, 为道德选择辩护, 129
    for action, and rights, 行动理由, 和权利, 110
    incommensurability of 的不可通约性
        agent-neutral and agent-relative reasons, 主体中立性理由与主体相关性理由, 128—130
        exclusionary reasons and, 排他性理由和, 129—130

redescription approach 重描路径

    bolsters "rights as trumps", 加强"作为王牌的权利", 119—120

    contrasted to "threshold view", 相较于"阈值观点", 120

    defined, 定义, 120,

    see also thresholds 亦见阈值

reductive worry 还原性忧虑

    defined, 定义, 6

    dismissed as valetudinarian, 被误认为杞人忧天, 156

    palliated by choice and interest theories, 被选择理论和利益理论淡化, 53

    raised by utilitarianism, 被功利主义凸显, 55

Reign of Terror 恐怖统治

    characterized, 特性, 35

    ended first expansionary period, 结束了第一个扩张时期, 10, 51

    see also Declaration of the Rights of Man and of the Citizen 亦见《人权和公民权利宣言》

relativism worry 相对主义忧虑

    and Bentham, 和边沁, 45

    and Burke, 和柏克, 39

    fed by historical and cultural variability, 被历史和文化变迁所滋养, 131

    reconsidered, 重新考量, 161

    and subjective rights, 和主观权利, 9

responsibilities, their relation to rights, 责任, 它们与权利的关系, 160

revolution, right of 革命权

    and African slaves, 和非洲裔奴隶, 63

    in Bentham, 边沁, 47—48

    in Burke, 柏克, 37—38

    in Declaration of Independence, 《独立宣言》, 27

    in Godwin, 戈德温, 44

    in Grotius, 格老秀斯, 16—17

    in Locke, 洛克, 25

    Kant's denial of, 康德的否认, 29—30

right, objective 客观权利
　　defined, 定义, 7—8
　　in Bentham, 边沁, 46, 47
　　irrelevant connotations, 无关紧要的内涵, 8
　　subjective right contrasted, 相较而言的主观权利, 8—9
"right to be let alone", "独处的权利", 68, 131
　　see also right to privacy; interference, right against 亦见隐私权；免于干涉的权利
"right to do as one lists", "做想做之事的权利", 109
　　see also right, active 亦见主动性权利
"right to do wrong" "做错事的权利"
　　denied by Godwin, 被戈德温否认, 41
　　embraced by protected-choice conception, 被受保护选择观念接受, 108—109, 110
　　lacks recognitional function, 缺乏承认功能, 113
　　non-entailment of permission by claim right, 主张权下无意义的许可, 76
　　rejected by protected-permission conception, 被受保护许可观念拒绝, 108—109
　　right of individual judgment, compared, 相较于个人判断的权利, 42
　　see also right, active 亦见主动性权利
rights, abortion 堕胎权
　　recognitional or reaction-constraining function of, 的承认或限制反应功能, 113
rights, absolute 绝对性权利
　　see thresholds; trumps, rights as 参见阈值；作为王牌的权利
　　rights and duties, correlativity of 权利与义务的相关性
　　as essential to robust conception of rights, 对稳固的权利观念至关重要, 131
　　and duty of noninterference, 和不干涉义务, 79—80
　　in Austin, 奥斯丁, 52
　　in Godwin, 戈德温, 43
　　in Hohfeld 霍菲尔德
　　see legal rights, in Hohfeld 参见法律权利，霍菲尔德
　　in Paley, 佩利, 31
　　in Pufendorf, 普芬道夫, 21

and mutual entailment, contrasted, 和相较而言, 相互蕴含, 80

rights, civil 公民权利

    alienability of, in Paley, 的可让与性, 佩利, 32

    extended at sovereign's pleasure, in Hobbes, 延伸到主权者的快乐, 霍布斯, 20

    in U. S., following Civil War, 伴随美国内战, 67

rights, claim 主张权

    as right in Hohfeld's "strictest sense", 作为霍菲尔德"最严格意义上"的权利, 73, 74

    defined, 定义, 73

    do not entail permissions, 不蕴含许可, 76

    in personam, 对人的, 75

    in rem, 对物的, 75

    not entailed by permissions, 不被许可蕴含, 76

rights, conflicts of 权利冲突

    in Hobbes, 霍布斯, 19

    and specification, 和详尽规定, 118

rights, defeasibility of 权利的可废止性

    see thresholds 参见阈值

    see also Godwin, Austin, Mill 亦见戈德温、奥斯丁、密尔

rights, "first generation" "第一代"权利

    defined, 定义, 86

    priority vis-a-vis second generation, 优先于第二代权利, 140—141

rights, force of moral, 道德权利的强力, 108

    see also thresholds 亦见阈值

    rights, fundamental 基本权利

    see also "due process" clause 亦见"正当程序"条款

    constrain majority will, 限制多数人的意志, 68

    give legal effect to moral rights, 赋予道德权利以法律效力, 69

    history, tradition and, 传统和历史, 69—70

    how determined, 如何识别, 68—69

    need not be textual, 不需要文本化, 69

rights, gay, 同性恋权利, 113, 114
rights, general 一般权利
　contrasted with special rights, 区别于特殊权利, 132
　defined, 定义, 132
rights, group 群体权利
　in Hohfeld, 霍菲尔德, 81—82
　minimalism's indulgence toward, 对(群体权利)的最低限度主义纵容, 147
　see also self-determination, national right of third-generation rights as, 亦见作为第三代人权的民族自决权, 143
rights, human 人权
　alleged modern invention of, 所谓现代发明的, 4—5
　alleged religious presupposition of, 所谓宗教性假定的, 155—156
　ambiguous scope of, 的模糊边界, 153—154
　as individualist and cosmopolitan, rather than nationalist, 比起国家主义的, 更是个人主义和世界主义的, 149
　as moral rights, 作为道德权利, 155
　concept of, and restrictions of genomic manipulation, 人权概念和对基因控制的限制, 158
　general inalienability of, 的一般不可转让性, 161
　imperialism charge against, 对(人权)帝国主义的指控, 9
　in Declaration of the Rights of Man and of the Citizen, 《人权和公民权利宣言》, 34
　in Universal Declaration, 《世界人权宣言》, 85—87
　and natural rights, 和自然权利, 66, 155—156
　recognitional function of, 的承认功能, 158
　restriction to specimens of homo sapiens questioned, 对人类样本的限制遭到质疑, 153—157
　retiring the expression as objectionably speciesist, 不再使用令人反感的物种主义表达, 154
rights, imperfect 不完全权利
　in Godwin, 戈德温, 43
　in Grotius, 格老秀斯, 17—18, 43

in Paley, 佩利, 32—33

　　　in Pufendorf, 普芬道夫, 21

　　　rights to assistance as, 获得帮助的权利作为, 81

　　　see also perfect rights 亦见完全权利

rights, legal 法律权利

　　　Bentham's analysis of, 的边沁分析, 48—49, 71

　　　Hohfeld's analysis of, 的霍菲尔德分析, 71—76

　　　see also choice theory; interest theory 亦见选择理论；利益理论

rights, "manifesto" "宣言性"权利

　　　defined, 定义, 81

　　　second-generation rights as, 第二代权利作为, 145

　　　third-generation rights as, 第三代权利作为, 143

rights, moral 道德权利

　　　as protected choices, 作为受保护的选择, 160

　　　and convention, 和习俗, 70

　　　and fundamental rights jurisprudence, 和基本权利法理学, 68

　　　have both reaction-constraining and recognitional purposes, 兼具限制反应和承认的目的, 161

　　　Hohfeldian nature of, 的霍菲尔德性质, 76—77, 82

　　　and intuition, 和直觉, 70

　　　inalienability of, 的可让与性, 161

　　　value of, 的价值, 161—162

rights, negative 消极权利

　　　as perfect, in Paley, 佩利所言的作为完全的消极权利, 33

　　　in classical liberal view, 传统自由观点中, 79

　　　not fundamental, for Hohfeld, 霍菲尔德所言非基本的消极权利, 134

　　　reaction-constraining function typical of, 典型的限制反应功能, 114—115

rights, "passive" "被动性"权利

　　　defined, in Godwin, 戈德温的定义, 41

　　　to assistance, 获得帮助, 43

　　　against interference, 免于干涉, 41—42, 43

see also interference; assistance, right to 亦见干涉;获得帮助的权利

rights, perfect 完全权利

  in Godwin, 戈德温,43

  in Grotius, 格老秀斯,17—18, 43

  in Pufendorf, 普芬道夫,21

  see also rights, imperfect 亦见不完全权利

rights, positive 积极权利

  defined, 定义,79

  recognitional or reaction-constraining function of, 的承认或限制反应功能, 114—115

  relation to standing and proportionality norms, 关系到身份性和比例性规范,139

rights, property 财产权

  in Aquinas, 阿奎那,7

  in Bentham, 边沁,47

  in Godwin, 戈德温,43—44

  in Locke, by original acquisition, 洛克,通过原始取得,23

  in Paley, 佩利,33

  in Pufendorf, by mutual consent, 普芬道夫,通过相互同意,21

  Locke's "provisos", 洛克的"限制性条款",23, 134, 149

  see also Locke, theory of property 亦见洛克,财产理论

rights, "real" "真正的"权利

  in Burke, 柏克,37

  in Pufendorf, 普芬道夫,20

rights, recognitional function of 权利的承认功能

  defined, 定义,113

  illustrated by gay rights, 借由同性恋权利加以说明,113

  indirectly served by act-consequentialism, 行为结果主义间接服务于,126

  not served by protected-choice conception, 受保护选择观念不服务于,113

  not served by rights to do wrong, 做错事的权利不服务于,113

  of human rights, 人权的,158

  reaction-constraining function contrasted, 相较而言的限制反应功能,114

served by protected-permission conception, 受保护许可观念服务于, 113
rights, special 特殊权利
 actions triggering, 引起特殊权利的行为, 133
 defined, 定义, 132
right, subjective 主观权利
 ambiguous evidence of in Buddhist tradition, 在佛教传统中的模糊证据, 9—10
 assumed to mark emergence of modern rights concept, 假定标志着现代权利概念的出现, 9
 captures less than full modern concept, 未能体现完全的现代概念, 9—10
 and choice and interest theories, 和选择理论与利益理论, 53
 defined, 定义, 8
 essential reference to right-holder, 对权利持有者的必要关涉, 8
 in Bentham, 边沁, 47, 49
 in Grotius, 格老秀斯, 15
 involvement in the apologetics of slavery, 涉及对奴隶制的辩护, 13
 irrelevant connotations of, 的不相关的内涵, 8—9
 no guarantee of moral progress, 不保证道德进步, 13
 not assumed to exhaust the modern rights concept, 不被假定为耗尽现代权利概念, 9—10
 objective right contrasted, 相较而言的客观权利, 7—8
 relativism worry extends beyond emergence of, 相对主义忧虑延伸到(主观权利)出现之外, 9
rights, third-generation 第三代权利
 as group rights, 作为群体权利, 143
 as manifesto rights, 作为宣言性权利, 143
 as objective rather than subjective rights, 与其说作为主观权利, 不如说作为客观权利, 143—144
 defined, 定义, 143
rights, universality of 权利的普遍性
 assumption of, 的假定, 3
 history of rights discourse and, 权利话语的历史和, 3—5

practical importance of, 的实践重要性, 3—4
undermined by relativism worry, 被相对主义忧虑侵蚀, 3, 6, 131
see also relativism worry 亦见相对主义忧虑

rights in "strictest sense" "最严格意义上"的权利
see rights, claim 参见主张权

Roe v. Wade, 罗伊诉韦德案, 69—70

Rousseau, Jean-Jacques 让-雅克·卢梭
influence in Europe, 在欧洲的影响, 30
and the philosophes, 和启蒙运动, 33—34

rule consequentialism 规则结果主义
and moral constraints, 和道德限制, 126—127
and moral options, 和道德选择, 127
see also consequentialism 亦见结果主义

rule utilitarianism 规则功利主义
advantages over act utilitarianism, 优于行为功利主义, 57—58
of Austin, 奥斯丁的, 54—55
of Burke, 柏克的, 39
of Mill, 密尔的, 57—58, 60—61
of Paley, 佩利的, 32
and possibility of "active" rights, 和"主动性"权利的可能性, 60—61

sanction theory of duty 义务的制裁理论
in Bentham, 边沁, 49
in Paley, 佩利, 31

scope of moral rights, 道德权利的范围, 108, 158—159

Scotus, Duns 邓斯·司各脱
defense of natural propertylessness, 为自然的无财产性辩护, 6—7
role as conceptual innovator, 作为概念性创新者的角色, 4

"second generation" rights "第二代"权利
defined, 定义, 86
priority vis-à-vis first generation, 优于第一代权利, 140—141

self-determination, national right of, 民族自决权, 142
   communitarian support for, 社会共同体的支持, 143
   and rise of NGOs, 和非政府组织的出现, 142
self-ownership 自身所有权
   Godwin's denial of, 的戈德温否认, 40
   in Locke, not absolute, 洛克所言的非绝对性, 24
   see also alienability 亦见可转让性
self-preservation, right of 自我保存的权利
   in Burke, 柏克, 38
   in Godwin, 戈德温, 41—42
   in Hobbes, 霍布斯, 18—19
   in Locke, 洛克, 23
   in Mill, 密尔, 59, 60
Sen, Amartya 阿玛蒂亚·森
   and Eastern rights traditions, 和东方的权利传统, 9, 163
   and economic importance of first-generation rights, 和第一代权利的经济重要性, 142
Sharp, Granville, 格兰威尔·夏普, 26
Sherman's march through Georgia, 谢尔曼行军通过佐治亚州, 67
side constraints, 边际约束, 38, 165
Sidgwick, Henry 亨利·西奇威克
   on the right of freedom from interference, 论免于干涉的自由权, 66—67
   on utilities, 论功利, 59
Singapore 新加坡
   economic prosperity of, 的经济繁荣, 141—142
   Western perception of, 的西方认知, 9
slavery 奴隶制
   Aristotle on, 亚里士多德论述, 30
   Grotius on, 格老秀斯论述, 16
   in Hobbes's state of nature, 在霍布斯的自然状态中, 19
   Paley on, 佩利论述, 30, 32

role of rights in apologetics of, 权利在为(奴隶制)辩护中的角色, 13—14

trade, 贸易, 14, 22, 27

in United States, 在美利坚合众国, 26—28

social contract 社会契约

    see consent theory 参见同意理论

    see also contractualism 亦见契约主义

Somerset v. Stewart, 萨摩赛特诉斯图尔特案, 26—27

sphere of discretion 自主空间

    in Godwin, right of individual judgment in, 戈德温, 个人判断的权利在, 42—43

    in Mill, as aspect of right to liberty, 密尔, 作为自由权的方面, 56

Spooner, Lysander, 拉山德·斯普纳, 65

standing and proportionality norms 身份性和比例性规范

    defined, 定义, 138

    interference defined in terms of, 据此定义干涉, 138—139

    and positive rights, 和积极权利, 139

    and protected-choice conception of moral rights, 和道德权利的受保护选择观念, 138—139

    and reaction-constraining function, 和限制反应功能, 139

state of nature 自然状态

    in Locke, 洛克, 23—24

    in Pufendorf, 普芬道夫, 20—21

    sociable, in Grotius, 社会性的, 格老秀斯, 14—15

    a state of war, in Hobbes, 战争状态, 霍布斯, 18—19

    see also circumstances of morality 亦见道德情境

substance of moral rights, 道德权利的实质性, 108

sufficientarianism, 充足主义, 152

supraminimalism 超最低限度主义

    see minimalism 参见最低限度主义

Taylor, Thomas, 托马斯·泰勒, 40

Thirty Years War, 三十年战争, 14, 20, 155

Thomson, Judith, 茱蒂丝·汤姆森, 93, 164

"threshold" view "阈值"观点

 see thresholds 参见阈值

thresholds 阈值

 and concept of rights infringement, 和侵权的概念, 119—120

 and countervailing non-right considerations, 和势均力敌的非权利考量, 119

 and defeasibility, 和可废止性, 120

 problem, 问题, 118

 superiority of "threshold" view, "阈值"观点的优位性, 119—120

 "tragedy of the common", "公地悲剧", 126, 165—166

 trickle-down objection, 滴涓式异议, 151—152

 Trolley Problem, 电车难题, 117—118, 119, 165

 see also trumps, rights as 亦见作为王牌的权利

trumps, rights as 作为王牌的权利

 as distinctly modern idea, 作为显明的现代观念, 9—10

 explained, 解释, 117

 and specification of rights, 和权利的详尽阐释, 118

 and Trolley Problem, 和电车难题, 117—118, 119

Tuck, Richard, 理查德·塔克, 14, 163

Unger, Roberto, 罗伯特·昂格尔, 143

United Nations 联合国

 founding of, 的创立, 85

 Kant's anticipation of, 的康德预期, 28

 Universal Declaration of Human Rights《世界人权宣言》

  inaugurated second expansionary period, 开启了第二个扩张时期, 10—11

  major provisions of, 的主要条款, 85—97

  regarded as source of law, 被视为法律渊源, 155

utilitarianism 功利主义

 and approaches to moral rights, 和面向道德权利的路径, 51—52, 77

 as a species of consequentialism, 作为一种结果主义的类型, 88

as dominant theory in nineteenth-century England, 作为19世纪英格兰的主流理论, 51

of Austin, 奥斯丁的, 52—55

as reconstruction of commonsense morality, 作为对常识性道德的重构, 51

Kant's basis for rejecting, 康德拒绝的基础, 28

of Burke, 柏克的, 39

of Godwin, 戈德温的, 40—41, 164

of Mill, 密尔的, 55, 56—59

of Paley, 佩利的, 30—32

see also act utilitarianism, rule utilitarianism 亦见行为功利主义、规则功利主义

vacation, human right to, with pay 带薪休假的人权

and minimalist concern, 和最低限度主义者的关注, 144

in Universal Declaration, 在《世界人权宣言》中, 86

William of Ockham 奥卡姆的威廉

disputed role as conceptual innovator, 作为概念性创新者的角色备受争议, 4

rebuttal to John XXII, 反驳约翰二十二世, 7

Williams, Bernard, 伯纳德·威廉姆斯, 88, 165

will theory, *see* choice theory 意志理论, 参见选择理论

Westphalia, Treaty of, 《威斯特伐利亚条约》, 20, 155

Wollstonecraft, Mary 玛丽·沃斯通克拉夫特

rebuttal to Burke, 反驳柏克, 40

and women's rights, 和女性权利, 40, 41

women's rights, 女性权利, 40, 69, 113

World War II, 第二次世界大战, 10—11, 85, 146

译后记

起初来看,翻译这本书似乎是一个偶然,但回头再看,却也是一件顺理成章的事情。

2013年,为了夯实法科学生的理论根基,为了提升法科学生的理论素养,我创立了一个"法理学研究小组",试图通过翻译法学经典外文文献,将阅读、翻译和讨论融合在一起,慢慢磨炼学生翻译、分析、讨论和写作的能力。在这个意义上而言,这本书的出版似乎是读书活动的一个"副产品"。

对于读书而言,选择什么样的法学文本显得尤为重要。在翻译《权利导论》(第二版)这本书之前,小组已经用了四年多时间翻译讨论了一本法理学教材,同学们对法理学有了一个通识性的基础。在讨论后续的翻译文本时,大家就想选一本具有专题性质的著作,从而能够引导同学们对法理学内某个主题有更为精深的研究。最后选择权利这个主题和埃德蒙森的《权利导论》(第二版)这本书也是综合考量的结果。

权利研究是吉林大学法理学学科的重点研究方向。从20世纪八九十年代张文显老师倡导和研究的"权利本位"理论,到进入21世纪后姚建宗老师展开的"新兴权利"理论研究,权利研究已经成为吉大法理学研究的鲜明特色。在这种赓续的传统中,权利研究逐步走向更新的阶段,也就更需要了解世界范围内权利理论研究的前沿,吸引更多的人关注和拓展权利理论研究。在此背景下,选择权利理论作为研读的主题成为师生之间达成的一致意见。

选择埃德蒙森的《权利导论》(第二版)也是经过了不断的讨论才确定下来的。国外关于权利理论的经典作品很多,很多老师也向我推荐了不少经典著作,但最后还是选择了《权利导论》(第二版)这本书。这个选择自然是各方面权衡后的结果,主要原因则在于当时是在给读书会选择一个阅读文本,所以必须考虑参与读书会的学生的接受能力。即便是一个专题性质的著作,也不能过于艰深,既要有学术厚度,也要有一定的可读性或者说引导性。于是,埃德蒙森教授的这本书在供选择的书单中脱颖而出。

埃德蒙森是佐治亚州立大学法学院的荣休教授(Regents' Professor of Law Emeritus),其研究领域涉及动物权利、强制、守法的义务、分配正义、政治平等、惩罚、隐私,以及道德哲学、政治哲学和法律哲学领域内的其他主题。《权利导论》是埃德蒙森教授的代表作之一,这本书不仅对权利的发展历史进行了简要而又清晰的梳理,也对权利概念的形式结构进行了分析,特别是在一种理论演变的时间维度内阐述了权利理论发展中的各种争论。这本书的体例和内容就像埃德蒙森在"第一版序言"中所说的那样:"我希望它能引起一般读者的兴趣,但它的目标读者是攻读伦理学、道德哲学、政治哲学、法学、法律哲学、法理学、政治学、政治理论或政府管理学的高年级本科生和研究生。"在翻译和讨论完此书后,我认为此书达到了作者的预期,对于那些对权利理论感兴趣的高年级本科生和研究生而言,这是一本值得反复阅读的著作,能够为进一步的权利研究奠定基础。

翻译的过程是令人兴奋而又痛苦的,幸好当初并没有出版的压力,让自己有更充分的时间与精力去慢慢地阅读和翻译。更为关键的是,有一群坚毅、勤奋和好学的学生的鼓励和监督。读书会从2020年9月开始，一直到 2022 年 12 月结束，持续了将近两年半的时间，几乎贯穿了整个疫情时期。在这段时间里，基本上是每周四的晚上举行读书会，每次两个小时，有时候是线上，有时候是线下，疫情也没能阻挡我们研读的脚步。有的时候，一个晚上只能推进一页，对一个概念和句子的理解会争论很长时间。同学们总是有各种各样稀奇古怪的问题在等着我，这也督促我必须事先进行认真的翻译，广泛阅读相关的权利理论文献。尽管我在 2021 年年底就完成了全部书稿的翻译，但依然坚持到读书小组讨论完毕后再正式出版，因为这本书也凝聚着他们的贡献，也承载着他们大学时代的青春与热爱。这些学生中，有的人还在继续读大学本科，有的人已经离开学校、踏入社会，有的人继续在国内外攻读研究生，但我还是希望在这本书的后记中能有他们的名字：陈越瓯、李垚鹏、林景楠、焦民强、项楚枫、刘子铭、林治豪、杨鼎晨、宋涵豫、田薇、闫灵犀、刘奕含、兰琦钰、王建皓、燕然、陈欣欣、陆奕铭、陈城伟、闫雅楠、谢彬、戴丙莘、路鹏宇、娄沛林、曲颢、朱欣格、岳婷婷、陈怡婷、邹小婷、张浩骏。期待匡亚明楼五楼的灯火和争论会给他们留下美好的大学回忆。

  书稿的翻译和出版得益于很多师友的帮助。在翻译过程中，我经常就一些概念术语的译法和理解向陈景辉教授、朱振教授、刘小平教授、杨帆教授、蔡宏伟老师等人请教，获益良多，也让自己少犯了很多错误。译稿完成后，我将译稿作为师门研究生读书会的精读书目，在阅读讨论中也修订了一些翻译，特别是邢绪伟同学给书稿提出了很多细致的翻译建议。在朱振教授的倡议下，在商务印书馆南京分馆的支持下，本书成为"权利理论译丛"的系列作品之一。没有朱老师和商务印书馆南京分馆的积极督促，本书与读者见面的时间不知还要等多久。本书还得到了吉林大学 2022 年度哲学社会科学学术翻译计划的资助，让出版工作没有资金之忧。特别感谢商务印书馆南京分馆的编辑在编校方面的督促和帮助，作为"重度拖延症患者"的我，就连这个后记也是迁延数日才完成的。

译事并非易事，翻译需要在两种语言之间闪展腾挪，尽可能地实现"信达雅"。知易行难，尽管校对数次，努力最完美地呈现著作的原貌，但依然难以避免其中存在的错误。译者能力有限，希望通过出版让此译本在市场上接受更多读者朋友的批评和指教，也希望有更多人关注和研究权利理论，推动中国权利理论和实践的发展。

侯学宾

于吉林大学匡亚明楼

2023 年 5 月 28 日

图书在版编目(CIP)数据

权利导论：第二版/(美)威廉·A.埃德蒙森著；侯学宾译.—北京：商务印书馆，2023
（权利理论译丛）
ISBN 978-7-100-22075-0

Ⅰ.①权… Ⅱ.①威… ②侯… Ⅲ.①权利—研究 Ⅳ.① D90

中国国家版本馆CIP数据核字（2023）第078637号

权利保留，侵权必究。

此版本仅限在中华人民共和国境内（不包括香港、澳门特别行政区及台湾省）销售。

权利理论译丛
权利导论
（第二版）
威廉·A.埃德蒙森 著
侯学宾 译

商务印书馆出版
（北京王府井大街36号 邮政编码100710）
商务印书馆发行
南京鸿图印务有限公司印刷
ISBN 978-7-100-22075-0

| 2023年7月第1版 | 开本 880×1240 1/32 |
| 2023年7月第1次印刷 | 印张 9¼ |

定价：56.00元